Über den Autor:

Jörg Albrecht, geboren 1954, ist Leiter des Ressorts Wissenschaft bei der Frankfurter Allgemeinen Sonntagszeitung. Seit 2012 erscheint ebendort seine Kolumne »Alles im grünen Bereich«, die sich aufgrund ihrer Originalität einer so großen Beliebtheit erfreut, dass es dem Autor bisher nicht gelungen ist, die Kolumne zu beenden. Dieses Buch versammelt ausgewählte Beiträge in einem Band – in teilweise stark überarbeiteter und erweiterter Form.

Jörg Albrecht

Alles im grünen Bereich

Ein Lesebuch für Gartenfreunde

Mit Illustrationen von
Charlotte Wagner

BASTEI LÜBBE TASCHENBUCH
Band 60867

Dieser Titel ist auch als E-Book erschienen.

Originalausgabe

Dieses Buch beruht auf der gleichnamigen Kolumne, die seit 2012 in der
Frankfurter Allgemeinen Sonntagszeitung veröffentlicht wird.

Copyright © 2016 by Bastei Lübbe AG, Köln
Textredaktion: Katharina Theml, Wiesbaden
Titelmotiv: © getty-images/The Image Bank, Victoria Pearson
Illustrationen: Charlotte Wagner
Umschlaggestaltung: Bürosüd, München
Satz: hanseatenSatz-bremen, Bremen
Gesetzt aus der Adobe Garamond Pro
Druck und Verarbeitung: GGP Media GmbH, Pößneck
Printed in Germany
ISBN 978-3-404-60867-6

2   4   5   3   1

Sie finden uns im Internet unter
www.luebbe.de
Bitte beachten Sie auch: www.lesejury.de

Ein verlagsneues Buch kostet in Deutschland und Österreich jeweils überall dasselbe.
Damit die kulturelle Vielfalt erhalten und für die Leser bezahlbar bleibt, gibt es die gesetzliche
Buchpreisbindung. Ob im Internet, in der Großbuchhandlung, beim lokalen Buchhändler, im Dorf
oder in der Großstadt – überall bekommen Sie Ihre verlagsneuen Bücher zum selben Preis.

Inhalt

Vorwort 7
Der Geruch von frisch gemähtem Gras am Morgen 9
Das bringt den Mann zum Rasen 12
Der Gärtner ist immer ein Mörder 15
Jedem Anfang wohnt ein Roden inne 18
Der Moment der Wahrheit 21
Das Grauen wohnt in der Vorstadt 23
Zaun muss sein 26
Der Winter ist ein rechter Mann 30
Dem Frost ein Schnippchen schlagen 33
Vogelmast 37
Das Leben im Lehm 41
Und doch geht es voran 45
Blaues Wunder 50
Frühling wird es immer wieder 55
Darwins Tulpen 61
Wollen wir sie reinlassen? 65
Lass dir raten: keinen Spaten 70
Mieze Schindler darf nicht sterben 75
In meinem Garten bin ich souverän 78
Ganz und gar kein Kindergarten 84
Stinkt das nicht zum Himmel? 90
Mit Kraut ist nicht zu spaßen 93
Heikel wie die Knolle 96
Wassersnöte 101
Stimmungskanonen 107
Schneide nie den Baum zum Scherz 110

Kleine Lieblinge *116*
Stein muss sein *124*
Irrsinn mit Methode *133*
Hoffentlich im roten Bereich *142*
Du bist nicht allein *146*
Beste Freunde *154*
Zufallsbekanntschaften *160*
Die Sache mit den Stauden *166*
Wenn ein Schnitt danebengeht *173*
Baumplagen *177*
Minzen schnackseln gern *184*
Immer Chaos mit den Pflaumen *190*
Der Apfel fällt sehr weit vom Stamm *196*
Zur Hölle mit ihnen *201*
Dem Efeu ist nicht zu trauen *205*
O trübselige *208*
Was kostet jetzt die Welt? *214*
Das Gegenteil vom Paradies *224*
Register *228*
Anmerkungen *233*

Vorwort

Wie kommt man dazu, über Gärten zu schreiben? Jedenfalls nicht wie die Jungfrau zum Kind. Ohne Rückenschmerzen geht das nicht. Auch nicht ohne den ewigen Dreck unter den Fingernägeln. Bei mir kam irgendwann der Ehrgeiz hinzu, nicht alles zu glauben, was man in schlauen Ratgebern lesen kann. Dass es zum Beispiel ein Kinderspiel sei, seinen Jahresbedarf an Salat aus dem eigenen Garten zu decken. Dass man auf der heimischen Scholle automatisch die besseren Tomaten erntet. Oder dass die Wühlmaus kapituliert, wenn man ihr Knoblauchzehen in die Gänge steckt. So kam ich auf die kühne Idee, es besser zu machen. Was Großvater angeblich noch wusste, wollte ich hinterfragen. Und weil die Kolumne, in der ich das unternahm, im Wissenschaftsteil der Frankfurter Allgemeinen Sonntagszeitung erschien, sollte alles Hand und Fuß haben. Bei der Auswahl der Themen waren zwei Kriterien entscheidend. Es musste qualifizierte Studien dazu geben. Und ich wollte alles in der Praxis ausprobiert oder wenigstens beobachtet haben. Das ließ sich nicht immer durchhalten. Man glaubt gar nicht, wie wenige Untersuchungen es zu der Frage gibt, ob Kaffeesatz gut für den Kompost ist. Behauptet wird es oft, erforscht so gut wie nie. Wie muss man Rosen beschneiden? Hunderte von Meinungen, Dutzende von Anleitungen, aber praktisch keine Erkenntnisse, die streng empirisch überprüft worden sind. Soll man Vögel auch im Sommer füttern? Pflaumenbäume auslichten? Den Maulwurf mit toten Fischen vertreiben? Es gibt ungefähr so viele Ansichten dazu, wie es Gärtner gibt.

Ich habe mir Mühe gegeben, Urteile und Vorurteile zu überprüfen. Manchmal ist mir das gelungen, manchmal nicht. »Alles im grünen Bereich« hieß die Kolumne, die ich dazu verfasst habe. Ein Anspruch, wie gesagt, der ziemlich hoch gegriffen ist. Denn es bleibt im Garten viel Platz für Unerklärliches, Unverstandenes, über den wissenschaftlichen Verstand hinaus Unbegreifliches. Was nicht heißt, dass man dem nicht gründlicher nachgehen sollte. Es gibt noch sehr viel zu entdecken.

Der Geruch von frisch gemähtem Gras am Morgen

Ich bin nicht gerade mit dem Grubber in der Hand zur Welt gekommen. Das Gärtnern lag nicht in der Familie. Im Garten meiner Eltern gab es, wenn ich mich recht erinnere, einen Versuch, Kartoffeln anzubauen. Nach einer Saison war damit Schluss. Der Rest gehörte dem Rasen.

Ich habe Rasenmähen gehasst. Es war eine Viecherei. Heute weiß ich, warum: Der alte Handmäher war zu klein, schlecht geölt und stumpf wie ein Brett. Ein anständiger Schnitt war nicht drin.

Der nächste Garten existierte nur in der Fantasie. Wir lebten als Studenten in einer Wohngemeinschaft, in der es kleinbürgerlicher zuging, als man sich das gemeinhin vorstellt. Wir träumten davon, einen Schrebergarten zu pachten. Ob das gut ausgegangen wäre, weiß ich nicht. Stattdessen zogen wir um in ein Haus am Stadtrand. Dort war dann wirklich ein Garten. Keiner wusste, wie man damit umgeht. Die eine Mitbewohnerin ging her und schnitt mit kapriziöser Geste die obersten Rosenspitzen ab. Der andere quartierte sich im Erdgeschoss ein. Von da aus bewunderte er die blickdichte Buchenhecke. Wir Übrigen sägten sie mit Stumpf und Stiel ab, als er mal nicht da war. »Ihr habt mich kastriert!«, wütete er bei der Rückkehr. Die Gemeinschaft ist bald darauf auseinandergegangen.

Ich zog in die Großstadt, nach Hamburg-Eppendorf, in den fünften Stock eines Altbaus. Von da aus hatte man einen prächtigen Blick auf die Einflugschneise von Fuhlsbüttel. Und eine Art Loggia. Die habe ich mühsam mit Topfpflanzen vom Isemarkt dekoriert. Bis eines Tages ein hamburgtypischer Orkan kam und das Ganze übers Dach hinwegfegte. Bei der Gelegenheit stellte sich heraus, dass die gesamte Wohnung von Hausschwamm befallen war und auf Anordnung der Bezirksregierung umgehend geräumt werden musste. So verschlug es mich nach Blankenese.

Das Treppenviertel von Blankenese liegt auf einer Endmoräne, die aus Sand und Geschiebemergel besteht. Die haben langfristig nur ein Ziel, nämlich in die Elbe zu rutschen. Mauern, die das verhindern sollen, fallen alle naselang um. Die Sache wird dadurch nicht besser, dass die Hamburger alles daran setzen, ihren Hafen nicht verschlicken zu lassen. Also wird die Elbe ausgebaggert und wegen der wachsenden Tonnage der Containerschiffe immer tiefer. Von Immobilien kann man da kaum sprechen.

Ich habe zehn Jahre lang am Elbhang gegärtnert. Hauptsächlich in großen Töpfen, denn der Boden gab wirklich nichts her. Wer sich über die großen Rhododendronbestände im Hirschpark wundert: Die gibt es nur, weil unermesslich reiche Kaufleute und Reeder Ende des 18. Jahrhunderts Abertonnen fruchtbarer Erde aus dem Alten Land ankarren ließen. In diesem Stil ist das heute nicht mehr möglich. Aber in Blankenese hat mich das Gärtner-Virus erstmals gepackt.

Worin äußert sich das? Ich würde sagen: durch Größenwahn. Und zwar bezüglich dessen, was möglich ist. Man kämpft gegen widrigste Umstände in der Illusion, alles irgendwie zu erreichen, was man irgendwo gehört, gelesen oder aufgeschnappt hat. Ein Feuchtbiotop auf knochentrockenem Terrain? Her damit. Warum nicht gleich ein Wasserfall? Oder eine Almwiese, ein Landschaftspark? Die Topfparade mit Blick auf die vorbeischippernde Handelsschifffahrt immerhin ist mir gar nicht so schlecht gelungen.

Dann hieß es Abschied nehmen auch von diesem Garten. Ich habe ihn vorübergehend gegen ein weiteres Dachgeschoss samt Blick über die Frankfurter Skyline getauscht. Aus dieser

Zeit stammt eine Erkenntnis, die ich für grundsätzlich halte und an dieser Stelle weitergeben möchte: Je weiter der Blick reicht, desto ärger zieht es. Wind ist ein Faktor, den Pflanzen nur begrenzt mögen. Und Balkonpflanzen schon gar nicht. Dächer zu begrünen hört sich theoretisch prima an. Ist in der Praxis aber ein aufwendiges und in letzter Konsequenz zum Scheitern verurteiltes Vorhaben. Das Grünzeug will Bodenkontakt. Der Gärtner auch.

So zogen wir schließlich in einen Frankfurter Vorort. Hier ist es fast wie bei Kurt Tucholsky: »Ja, das möcht'ste: Eine Villa im Grünen mit großer Terrasse, vorn die Ostsee, hinten die Friedrichstraße. Und drumherum Einsamkeit und Hummelgesumm.«

Ganz so ideal ist es dann doch nicht. Der Garten hinterm Haus ist ein schmales Handtuch, das steil in den Hang ragt. Seit mehr als zehn Jahren arbeite ich daran, es zugänglich zu machen. Hinzugekommen ist ein Pachtgarten, der nur wenige Minuten entfernt liegt. Die Nachbarn sind alle ganz reizend. Dort sind die meisten Betrachtungen entstanden, die in diesem Buch versammelt sind.

Gärtnern, so heißt es, sei die einzige Leidenschaft, die im fortschreitenden Leben noch zunimmt. Ich kann das, wenigstens zum Teil, bestätigen. Rasenmähen habe ich früher gehasst. Heute liebe ich den Geruch von frisch gemähtem Gras am Morgen. Ich kann jeden verstehen, den das kaltlässt. Aber an den ist die folgende Lektüre verschwendet.

Das bringt den Mann zum Rasen

Korrekt ist es schon lange nicht mehr, sich zum Rasen zu bekennen. Man möge doch, bitte schön, eine Wiese anlegen, heißt es. Oder wenigstens einen Blumenrasen. Das ist, mit Verlaub, Quatsch. Eine Wiese kann man nicht anlegen, sie ist Teil einer Landschaft und entsteht entweder durch Beweidung oder durch Mahd. Letztere darf höchstens zwei- oder dreimal pro Jahr erfolgen. Will man seinen Garten nicht mit einer Herde Schafe teilen und ihn außerdem bei Gelegenheit betreten, fällt Wiese schon mal flach.

Die meisten Gärtner haben ohnehin keinen Rasen, sondern einen lückenhaften Bestand von Futtergräsern. Die haben sie sich beim Kauf einer billigen Saatgutmischung eingehandelt. Die darin enthaltenen Sorten von Weidelgras und Rotschwingel wurden auf hohe Erträge hin gezüchtet. Sie schießen demzufolge rasch in die Höhe, der Besitzer nimmt das zum Anlass, sie radikal flach zu halten. Das wiederum nehmen Futtergräser übel und dünnen aus, was dem Klee, dem Löwenzahn, dem Breitwegerich und noch manchem widerstandsfähigen Kraut Gelegenheit gibt, nachhaltig Fuß zu fassen.

»Ich will auch gar keinen Vorzeigerasen«, sagt der Nachbar trotzig. Aber was denn sonst? Der Sinn eines Zierrasens besteht ja darin, dem Auge einen perfekt grünen Halt zu bieten, vor dem die übrigen Komponenten des Gartens erst richtig wahrgenommen werden. Der Gedanke geht auf Albertus Magnus zurück, der im siebten Buch seiner Schrift *De Vegetabilibus* außerdem noch empfiehlt, eine klare Quelle in der Mitte der Rasenfläche einzufassen.

Das A und O bei der Anlage eines ordentlichen Rasens besteht aus der Vorbereitung eines möglichst planen, von Unkräutern und Steinen befreiten Terrains und der Auswahl einer standortangepassten Samenmischung.[1]

Anschließend muss häufig (je nach Wetter zwei- bis dreimal pro Woche), aber nie zu kurz geschoren werden. Die mittlere Höheneinstellung des Rasenmähers ist meist die richtige.

Das bringt uns zum Thema Motormäher. Mit Abstand das wichtigste Gerät im Garten, da ist sich die Nachbarschaft ausnahmsweise einig. Wie durch Verabredung besitzen wir alle ähnlich schlichte Modelle, ausgestattet mit einem Einzylinder-Viertakter der Firma Briggs & Stratton, dem weltweit größten Hersteller luftgekühlter Benzinmotoren. Wahrscheinlich gab es die vor Jahren im Sonderangebot. Die Maschinen verhalten sich recht individuell. Der Nachbar zur Linken hat den Drehzahlregler so stramm gezurrt, dass der Motor periodisch aufjault, was nach einer Weile ganz schön auf die Nerven geht. Der Nachbar von gegenüber mäht seine ausgedehnten Latifundien stoppelkurz, sodass man unwillkürlich die Luft anhält, bis das rotierende Balkenmesser den nächsten Schlag abbekommt. Meiner wiede-

rum mag die Ruhepause im Winter nicht, er schwächelt beim ersten Einsatz im Frühjahr so lange, bis er endgültig absäuft. Selber reparieren kann man das nicht, und so ist jedes Mal ein Gang in die Werkstatt fällig. Eigenartigerweise beträgt die Rechnung stets 92 Euro und noch was, eine Summe, die gerade hoch genug ausfällt, um das widerspenstige Teil nicht zu verschrotten, sondern sich ein weiteres Jahr damit herumzuplagen. Einmal verlangte ich arglos nach einem neuen Messer. »Junger Mann«, sagte der Meister aller Landmaschinen, »wissen Sie überhaupt, wie viele verschiedene Messertypen es gibt?« Nach einer effektvollen Kunstpause gab er selbst die Antwort: »974!«[2]

Der Rasenmäher ist, wie nicht anders zu erwarten, eine britische Erfindung. Das Patent wurde 1830 dem Mechaniker Edwin Beard Budding zugesprochen. Er sah die Maschine als Werkzeug für den Gentleman, der eine »amüsante, nützliche und gesunde Beschäftigung« suche. Bis dahin war der Rasenschnitt eine schweißtreibende Sache, die vom niederen Gartenpersonal mit der Sense erledigt wurde. Mit dem Handspindelmäher schaffte nun ein einzelner Mann das Tagwerk von sechs Bediensteten. Und das war nur der Anfang. Die ersten dampfmaschinenbetriebenen Modelle wogen freilich noch eine Tonne, auf breiter Front setzten sich Motormäher dann nach dem Zweiten Weltkrieg durch.

Sie teilen die Menschheit bis heute in Freund und Feind. Die einen verachten das Geknatter und betrachten Mähen als Sklavenarbeit. Die anderen kennen nichts Schöneres. Die einen halten Rasenschnitt für toxischen Abfall, die anderen freuen sich über wertvolles Mulch- und Kompostmaterial. Typische Mähenthusiasten sind fast ausschließlich Männer; Frauen verweisen im Gegenzug darauf, dass Männer im Garten so oder so nichts anderes zuwege brächten. Es gibt neuerdings Roboter, die ganz von alleine mähen. Der Spaß daran hält sich in Grenzen, wenn sie einmal vom Weg abgekommen sind und ein Massaker unter den Lilien angerichtet haben.

Der Gärtner ist immer ein Mörder

Ganz am Anfang gab es noch keinen Rasen. Da gab es nur das Paradies. Gott setzte den Menschen hinein, auf dass er ihn bebaute. Nur wie? Wenn Arbeit im Garten Eden nicht vorgesehen war – wie haben Adam und Eva dann die Rabatten in Schuss gehalten?

Zum Wuchern neigt nicht nur die Quecke und der Knöterich, sondern auch manches erwünschte Gewächs. Der Apfelbaum hat sich durch den Winterschnitt derart anregen lassen, dass man die Hälfte seines Fruchtansatzes vernichten müsste. Die Hecke will alle paar Wochen in Form gebracht werden, der Rasen alle paar Tage. Man kommt nicht hinterher.

Dass Pflanzen von Natur aus friedlich sind, ist eine naive Vorstellung. Pflanzen beziehen ihre Lebenskraft aus der Photosynthese. Deshalb sind sie, ähnlich wie Besitzer von Photovoltaikanlagen, stets bestrebt, in die Fläche zu investieren. Viel Blattwerk zu bilden ist ihr oberstes Ziel. Den besten Platz an der Sonne gewinnen die, denen es gelingt, den Nachbarn kurz zu halten. Am erfolgreichsten sind in dieser Hinsicht die Bäume, die im fortgeschrittenen Alter jede Konkurrenz in den Schatten stellen. Will der Gärtner nicht zum Förster werden, muss er ohne Erbarmen eingreifen.

Wobei die geobotanische Lehrmeinung auch nicht immer zutrifft, dass, wo nichts weiter unternommen wird, in unseren Breiten automatisch Wald heranwächst. Bei mir ist und bleibt es die Brombeere. Seit ich mich erinnern kann, führe ich Krieg gegen sie. Genauer gesagt gegen ihre Ranken, denn allein gegen die Beeren hätte ich nichts, wobei der oberschlaue Einwand an dieser Stelle lautet, dass es sich in Wahrheit um Sammelsteinfrüchte handelt; die einzelnen Kerne finden sich später in der Marmelade und zwischen den Zähnen wieder.

Brombeersträucher sind ein Wunder an Vitalität. Kaum hat man sich umgedreht, sind die frischen Triebe etliche Meter gewuchert. Entweder in die Höhe, wo sie sich als typische Spreizklimmer irgendwo festhaken. Oder in die Länge, wo sich die Triebspitzen bei Kontakt mit dem Boden umgehend neu bewurzeln. Wo das nicht der Fall ist, sorgen unterirdische Ausläufer für das Fortkommen. Und weil das noch nicht reicht, scheißen Vögel den Samen überall dort hin, wo noch keine Brombeeren wachsen. Ergebnis: ein zähes Dornröschen-Dickicht, das sich auch nach hundert Jahren nicht von allein in einen Buchenwald verwandelt.

In Australien sind allein neun Millionen Hektar fruchtbares Land unter Brombeerranken verschwunden; dort rückt man dem Eindringling mit Herbiziden und Bulldozern auf den Leib. Meine Methode bestand bislang darin, Zentimeter um Zentimeter mit der Gartenschere vorzurücken, wobei man sich unweigerlich in dem Gestrüpp verheddert und blutige Schrammen davonträgt, die nur langsam heilen. Nach ungefähr zehn Jahren niemals nachlassender Mühen hat man das Zeug annähernd unter Kontrolle. Als »Pest in der Sonne« hat es der Römer Plinius bezeichnet; selbst die sanfte Muttergottes soll den Strauch verflucht haben, als sie mit den Haaren darin hängenblieb.

Nicht nur in der Praxis ist die Gattung Rubus ein Problemfall. Spezialisten teilen die heimischen Vertreter in zwei Sektionen ein, die wiederum ganze Subsektionen, Serien und Subserien enthalten. Manche Taxonomen sprechen der Einfachheit halber von »Aggregationen«. Die einzelnen Arten, allein in Europa zweitausend an der Zahl, können sich zu allem Überfluss untereinander kreuzen. Dabei entstehen Bastardformen, die zum Teil nicht mehr auf Befruchtung angewiesen sind und sich als stabile Klone fortpflanzen.

Der Fairness halber muss man sagen, dass all dies nur auf die wildwachsenden Brombeeren zutrifft. Es gibt gezähmte Sorten wie ›Theodor Reimers‹, die im Erwerbsanbau geschätzt werden. Und für den Hobbygärtner sogar stachellose Züchtungen wie ›Thornfree‹ oder ›Loch Ness‹. Durch Kreuzung mit der Himbeere haben sich aus der Brombeere auch die Loganbeere und die Boysenbeere entwickelt. Mein Ding wäre das trotzdem nicht. Ich kann auf alles, was Rubus heißt, locker verzichten.

Jedem Anfang wohnt ein Roden inne

Nehmen wir an, man hat einmal im Leben die Chance, einen Garten neu anzulegen. Wobei die Betonung auf »neu« liegt. Also auf einem Grundstück, das bislang nicht als solches genutzt wurde. Dann hängt alles davon ab, wie lange es brachgelegen hat. Nach zwei, drei Jahren hat sich jeder Acker in einen Grünstreifen verwandelt.

Was da in der Regel wächst, sind keine bunten Blumen, auf denen sich die Schmetterlinge tummeln. Sondern das, was ganz von allein herbeigeweht ist oder im Boden geschlummert hat. In den allermeisten Fällen sind das hartnäckige Burschen wie Quecke, Brennnesseln, Binsen, Ampfer und dergleichen. Die naheliegendste Lösung wäre, alles mit der Fräse unterzupflügen. Was aber keine gute Idee ist, denn diese Überlebenskünstler kommen garantiert wieder hoch. Am gründlichsten würde ein Totalherbizid aufräumen, zum Beispiel »Roundup Unkrautfrei«. Auf der Basis des Wirkstoffs Glyphosat entwickelt, ist es das am häufigsten verwendete Unkrautvernichtungsmittel überhaupt. Für wie schädlich man das hält, ist Ansichtssache. Die Zahl der Hobbygärtner, die zu dieser Keule greifen, dürfte stark abgenommen haben.

Was auch helfen würde, wäre eine schwarze Folie, die man lückenlos über das Grundstück verlegt, nachdem man die Krautschicht gemäht hat. Sie erhitzt sich bei Sonneneinstrahlung im Sommer derart, dass alles Leben darunter gekocht wird. Nachteil: Wer keine starken Nerven hat, erträgt den Anblick nicht lange. Mindestens ein Jahr lang müsste das Zeug liegen bleiben.

Bleibt die Zeitungsmethode. Dazu werden Schichten von Zeitungspapier überlappend ausgebreitet und gut gewässert. Wer nicht immer wieder dieselben Schlagzeilen lesen will, deckt alles mit Rindenmulch ab, was darüber hinaus verhindert, dass die Zeitungen davonfliegen. Wie dick sollten die Schichten sein? Nun, der Politik- und der Wirtschaftsteil kommen eher in Frage als der Wissenschaftsteil. Im nächsten Frühjahr kann man Schlitze in die Zeitungsschicht schneiden und dort hineinsäen oder vorgezogene Pflanzen setzen. Irgendwann haben sich Zeitungen und Rinde in Humus verwandelt. Geduld ist also vonnöten.

Aber sind Zeitungen nicht giftig? Diese Sorge wird von Lesern immer mal wieder geäußert. Hier die Antwort aus der Druckerei: »Eine normale Zeitung weist nur wenige Gramm Farbe auf, die aus Rußen, Mineralölen, Naturharzen oder Kohlenwasserstoffen bestehen. Es werden weder polychlorierte Biphenyle noch Fluorchlorkohlenwasserstoffe oder andere giftige halogenorganische Substanzen eingesetzt.« Zwar könnten mit modernen analytischen Methoden auch in Druckfarben Schwermetalle wie Cadmium nachgewiesen werden. Doch diese fänden sich überall.

Wildes Grün ist das eine, was man vorfinden kann, wenn man einen neuen Garten anlegt. Eine Brombeer- oder Schlehenplantage wäre, wie gesagt, das nächste. Bei deren Anblick könnte man versucht sein, mit dem Flammenwerfer vorzugehen. Aber brennen tut das Zeug erst, wenn es vertrocknet ist. Dazu muss es erst einmal kurz und klein geschnitten werden. Ich würde einen Fachmann damit beauftragen.

Viel Freude winkt auch, wenn bereits das übernächste Stadium des Aufwuchses erreicht ist. Wenn sich erst junge Ahorne, Eschen, Buchen oder Eichen breitmachen, ist die Säge das Werkzeug der Wahl. Wer sich nicht daran stört, lässt die gekappten Bäume wieder ausschlagen und stutzt sie Jahr für Jahr in bequemer Höhe, wie es früher die Alpenbauern praktiziert haben.

In abschüssigem Gelände bieten die verbliebenen Baumwurzeln Schutz gegen Erosion. Im Garten allerdings will man sie meist forthaben. Und das ist eine echte Herausforderung.

Beim Versuch, einen einzigen Stumpen zu entfernen, habe ich nacheinander die Axt, das Brecheisen, einen Spaten und eine Spitzhacke ausprobiert. Vom Einsatz einer Seilwinde habe ich gerade noch Abstand genommen, nachdem ich von tödlichen Unfällen mit solchen Geräten gelesen hatte. Wie unsere Vorfahren es geschafft haben, Wälder in Äcker zu verwandeln, ist mir ein Rätsel. Wahrscheinlich haben sie Feldbau lange Zeit zwischen den Stubben betrieben. Denn bis diese von selbst verrotten, können Generationen vergehen.

Gelegentlich wird empfohlen, tiefe Löcher in den Baumstumpf zu bohren, die mit einem stickstoffreichen Dünger gefüllt und gut befeuchtet werden. Auch das Erdreich ringsum sollte mit dieser Mischung getränkt werden. Den Rest erledigen theoretisch Pilze und andere Zersetzer von Zellulose. Keine Ahnung, wie lange das dauert.

Angeblich schneller geht es, wenn man den durchlöcherten Kloben mit Kerosin übergießt und anzündet. Das klingt nach der altsowjetischen Methode, mit der seinerzeit eine Tiefenbohrung im Wostoksee eisfrei gehalten wurde. Auch mein Nachbar, ein Freund energischen Vorgehens, könnte sich damit anfreunden. Wobei sich die Frage stellt, wie man an Kerosin kommt. Für Betreiber kommerzieller Luftfahrtunternehmen ist Kerosin sogar steuerfrei. Privatflieger aber kommen nicht in diesen Genuss, was den bayerischen Ministerpräsidenten und begeisterten Piloten Franz Josef Strauß zu Lebzeiten immer schwer geärgert hat. Als Gartenliebhaber ist er andererseits nie in Erscheinung getreten, und so wollen wir an dieser Stelle mit dem Hinweis schließen, dass Roden nichts für Anfänger ist.

Der Moment der Wahrheit

Irgendwann schlägt endlich die Stunde null für den neuen Garten. Nichts wäre jetzt so falsch, wie in den nächsten Gartenmarkt zu stürmen, um dort sackweise Torf abzuschleppen. Bauherren neigen zu solchen Panikmaßnahmen, wenn ihr Neubau von einer Schlammwüste umgeben ist, die von schweren Maschinen plattgefahren wurde. Nach jedem Regen tritt sich das bis ins Wohnzimmer.

Die Bayerische Landesanstalt für Wein- und Gartenbau (und nicht nur die) empfiehlt in solchen Fällen Geduld. Wenn der Boden stark verdichtet ist, muss er aufgebrochen werden. Mindestens einen Spaten tief. In Extremfällen sogar zwei oder drei; man nennt das »holländern« beziehungsweise »rigolen«, eine Mordsarbeit. Außerdem darf dabei nicht das Unterste zuoberst kommen, man muss den Aushub strategisch umschichten. Mit einer Motorfräse geht es leichter. Vor allem, wenn der Nachbar eine besitzt und damit umzugehen weiß.

Anschließend muss das Gelände modelliert werden, bis alle Buckel ausgeglichen sind. Wie weit soll man gehen? Auch das Leben verläuft nicht eben, ohne Höhen und Tiefen wäre es fad. Für eine topfebene Gartenfläche trifft das genauso zu. Aber schief soll sie auch nicht sein. Der Ausweg heißt: terrassieren. Ein schräger Hang ruft immer den Drang hervor, ihn horizontal auszugleichen. Dass ebene Flächen leichter zu bewirtschaften sind und einen höheren Ertrag bringen, zeigt sich in jedem Weinberg.

Der Laie macht sich allerdings kaum eine Vorstellung, wie viel Erdmasse bewegt werden muss, um ein Gefälle zu beseitigen. Wenn es, um ein bescheidenes Beispiel zu nehmen, auf einer Fläche von zehn mal zehn Metern zwei Prozent beträgt, müsste man, um die Unebenheit zu egalisieren, rund zehn Kubikmeter Sand aufschütten. Bei einem angenommenen Gewicht von 1500 Kilo pro Kubikmeter wären das 15 Tonnen. Ein mittelschwerer Lastwagen voll. Oder zweihundert Schubkarren. Die anschließend mittels Schaufel und Rechen zu verteilen wären. Viel Vergnügen.

Hat man das geschafft, darf man zum ersten Mal säen. Der Landwirt greift in solchen Fällen gern zum »Landsberger Gemenge«. Das ist eine Gründüngung aus Winterzottelwicke (Vicia villosa), Inkarnatklee (Trifolium incarnatum) und Welschem Weidelgras (Lolium multiflorum), die den Boden mit Stickstoff anreichert und zudem verfüttert werden kann. Wer keine Kuh zu ernähren hat, kann sich selbst eine Mischung zusammenstellen. Senf, Ölrettich oder Raps wachsen rasch, haben aber den Nachteil, dass man später keinen Kohl und keine Radieschen pflanzen darf, weil alle Kreuzblütler Nematoden und ähnliche Schädlinge anziehen. Tagetes und Ringelblumen helfen angeblich gegen Nematoden, keimen aber deutlich langsamer. Lupinen, Luzerne, Phacelia, Spinat, Feldsalat, Buchweizen, Hafer oder Winterroggen wären Alternativen.

Man kann alles zusammen aussäen und bekommt dann ein buntes Durcheinander, das so lange stehen bleibt, bis es ausgeblüht hat. Noch vor der Samenreife mäht man die Gründüngerpflanzen herunter und legt mit dem Schnittgut einen Komposthaufen an. Die Stoppeln kann man flach untergraben, sie tragen zur Humusbildung bei.

In der Zwischenzeit empfiehlt es sich, immer wieder durch den Garten zu schlendern und sich vorzustellen, wie er künftig aussehen könnte. Das ist wahrscheinlich der magischste Moment im Leben eines Gärtners. Genießen Sie ihn!

Das Grauen wohnt in der Vorstadt

Ich weiß, das klingt alles sehr schön. Doch die Realität sieht oft anders aus. Da ist die junge Familie in die Vorstadt gezogen, weil Kinder bekanntlich im Grünen aufwachsen sollen. Dann hat der Etat aber nur zum Reihenmittelhaus gereicht, mit sieben mal zwanzig Meter Freifläche. Hier muss dringend Sichtschutz her. Hundert wurzelnackte Thuja, das Stück zu fuffzig Cent, wachsen sich bestimmt zu einer ordentlichen Hecke aus. Nach ein paar Jahren hat man eine drei Meter hohe Mauer ums Grundstück.

Oder auch nicht. Das Zeug fängt irgendwann an zu kränkeln, wird braun und unansehnlich. Eines Tages stellt Vater den Grill daneben, und in Windeseile kommt die Feuerwehr. Thuja enthält viel ätherisches Öl und fackelt ab wie nichts. Das ist aus ästhetischer wie ökologischer Sicht noch das Beste, was man über ihn sagen kann.

Der Lebensbaum Thuja occidentalis gehört zu den Zypressengewächsen. Im Handel gibt es verschiedene Zuchtformen (›Smaragd‹, ›Brabant‹) sowie die verwandte Art Thuja plicata, der Riesenlebensbaum, der in seiner Heimat im Nordwesten Amerikas die stolze Höhe von siebzig Metern und ein Alter von tausend Jahren erreichen kann. Beide sind als Solitäre majestätische Baumgestalten und lieben hohe Luftfeuchtigkeit sowie kühl gemäßigtes Klima. Dass sie auch dann noch überleben, wenn man sie in viel zu dichter Erde und praller Sonne zu Hecken stutzt, spricht nur für den zähen Lebenswillen der Gattung Thuja, die seit der Kreidezeit schon etliche Klimakatastrophen überstanden hat.

Wer Heim und Hof in eine Festung verwandeln will, kann statt Thuja natürlich auch Scheinzypresse nehmen. Die sieht genauso bescheuert aus. Etwas vornehmer wirkt Eibe, die den Nachteil hat, langsamer zu wachsen, dafür aber auch beliebig gekappt werden kann, ohne zu verkahlen. Eiben sind wegen ihres düsteren Charakters ideal, wenn es darum geht, einen Friedhof zu beschatten. Ist es das, was der Vorstadtbewohner anstrebt?

»Ich will nicht, dass mir jemand in den Garten linsen kann«, sagt der Nachbar. Vielleicht hat er seine Gründe dafür, und man möchte gar nicht so genau wissen, welche das sind. Doch wer so argumentiert, vergisst, dass er dann auch nicht mehr hinaussehen kann. Wenn nebenan das nackte Grauen lauert, kann man das sogar noch verstehen. Der einzige Sinn, eine Thujahecke zu pflanzen, besteht wahrscheinlich darin, sich den Anblick weiterer Thujahecken zu ersparen.

Nachdem ich diese Thuja-Schmähung in der Zeitung zum Besten gegeben hatte, gab es hier und da Zustimmung: »Sie glauben gar nicht, welchen Riesengefallen Sie unserem Berufsstand damit getan haben«, schrieb der Landschaftsarchitekt Kurt Reschke aus Bremen. Und zählte auf, was es in dieser Hinsicht sonst noch an gärtnerischen Verirrungen gegeben hat: Die serbische Fichte (Picea omorika), die in ihrer Wuchsfreude nicht einmal durch die Sitkafichtenlaus zu bremsen ist; diverse Bambusarten, deren Wurzelwerk noch jede Rhizomsperre überwindet; und seit Jahren nun die Lorbeerkirsche (Prunus laurocerasus), die entgegen den landauf, landab geführten Klagen »leider nur selten erfriert«, wie Kurt Reschke bedauert.

Immergrün und anspruchslos – so wird die Pflanze unter dem inkorrekten Namen Kirschlorbeer gepriesen. »Lorbeer« klingt ja auch schön nach Mittelmeer. Mediterran wirkt der Strauch allerdings nur bedingt, besonders dann nicht, wenn er seine derben, wie lackiert glänzenden Blätter in alle Richtungen ausbreitet und jedes zarter besaitete Gewächs in den Schatten stellt. Wer darauf herumkaut, kann im Übrigen mit einer hübschen Blausäurevergiftung rechnen; zehn verschluckte Samenkörner gelten als letale Dosis für Kleinkinder.

Man kann den Anblick einer Lorbeerkirschen-Hecke verschlimmern. Erstens, indem man sie mit einer Motorschere schneidet, was unweigerlich zu zerfetztem Blattwerk führt. Und zweitens, indem man sie auf den Stock setzt; die krüppeligen Überreste wachsen unförmig nach und sind noch jahrelang ein ästhetisches Ärgernis.

Lorbeerkirschen in ihrer abwaschbaren Wucht sind etwas für Leute, die am liebsten mit dem Kärcher herumfuhrwerken. Eine grüne Plastikattrappe würde vermutlich denselben Zweck erfüllen. Die einzig saubere Lösung im Umgang mit dem robusten Gewächs besteht im Ausreißen.

»Was soll ich denn stattdessen pflanzen?«, fragt der pikierte Nachbar. Geben wir noch mal Kurt Reschke das Wort: »Fagus sylvatica, die Rotbuche, hält ihr Laub bis zum Neuaustrieb. Sichtschutz perfekt.« Oder Hainbuche, Liguster, Feldahorn – allesamt heimisch und damit singvogel- und insektenfreundlich. Wobei der Nachbar beim Stichwort Insekten schon wieder die Stirn runzelt. Gegen Spatzen hätte er nichts. Doch was krabbelt, summt und eventuell sticht, ist ihm zutiefst zuwider.

Zaun muss sein

Und da wäre dann noch die Sache mit dem Zaun. Laut Duden stammt das Wort »Garten« vom althochdeutschen »garto« ab, gemeint ist im engeren Sinne »das Umzäunte«. Ein Garten ohne Zaun macht wenig Freude, weil er unweigerlich zum Treffpunkt von Karnickeln, Wildschweinen und anderen Störenfrieden wird. Also muss einer her. Aber was für einer?

Die Baumärkte haben von Maschendraht bis Schmiedeeisen jede Art von Geschmacksverirrung auf Lager. Das sieht alles nicht gut aus und wird mit der Zeit nicht schöner; bis es gnädig verrottet, vergeht eine Ewigkeit. Das Gegenteil trifft für den ältesten aller Zäune zu, den der Mensch erfunden hat: Einfriedungen aus geflochtenen Ruten lassen sich schon in der Steinzeit nachweisen. Erfreulich ist, dass sie langsam wieder in Mode kommen. Im gehobenen Handel finden sich inzwischen zu entsprechenden Preisen Beetumrandungen und Zaunelemente aus Flechtwerk nach altem Vorbild.

Es geht durchaus preiswerter. Man muss dazu nur einen Baum auswählen, der sich zum Schneiteln eignet. Darunter versteht man den regelmäßigen Rückschnitt der Astkrone, die auf diese Weise zum Neuausschlag angeregt wird. Traditionell geschneitelt werden Weide und Haselstrauch, aber auch andere Laubbäume kommen in Frage. Aus dem Material lassen sich Körbe flechten oder eben Einfassungen, ohne jede weitere Verbindung durch Nägel, Schrauben oder Drähte. Das hält locker vier, fünf Jahre und zersetzt sich anschließend auf natürlichem Wege. Steckt man die frischen Ruten direkt in die Erde, kann daraus sogar ein lebender Zaun heranwachsen.

Weiden, die je nach Bedarf alle ein bis fünf Jahre beschnitten werden, waren früher ein prägendes Element vieler Flusslandschaften, besonders charakteristisch am Niederrhein. Weil solche »Kopfweiden« skurrile Formen annehmen, und weil Weiden generell gern in sumpfigem Gelände wachsen, sah man in ihnen schlimme Gestalten, unter denen das Böse wohnte. Der Verräter Judas hat sich angeblich in einer Weide erhängt; nach anderen Überlieferungen kann es aber auch ein Feigenbaum, ein Holunder oder eine Pappel gewesen sein.

In einem klassischen Kinderbuch von Kenneth Grahame (*The Wind in the Willows*) tauchen Weiden sogar im Titel auf. Doch das führt auf eine falsche Fährte: Im Verlaufe der Handlung wird höchstens mal ein Boot an eine Weide gebunden, der Wind hingegen bläst verschiedentlich durch Schilf und Binsen und nur an einer einzigen Stelle durch eine »Osier«, also eine Korbweide. Tatsächlich dachte Grahame ursprünglich an den Titel »The Wind in the Reeds«, aber vor ihm hatte William

Butler Yeats *The Wind among the Reeds* herausgebracht, und da hätten Verwechslungen nahegelegen.

Die im Falle der Weide allerdings kaum zu vermeiden sind. Die Gattung Salix umfasst rund vierhundert Arten. Die bekanntesten Vertreter sind neben der Korbweide (Salix viminalis) die Silberweide (S. alba) und die Salweide (S. caprea), von der wiederum die Unterart caerulea das beste Holz für Cricketschläger liefert. Weidenbäume sind Pionierpflanzen von extrem feuchten Standorten. Im Garten haben sie eigentlich nichts zu suchen, mit einer Ausnahme, nämlich der Trauerweide. Auch hier herrscht gelegentlich Verwirrung, denn die Echte Trauerweide (S. babylonica) bastardiert sowohl mit der Silber- wie mit der Bruchweide (S. fragilis), und zu allem Überfluss gibt es daneben noch die Zuchtform S. alba ›tristis‹, die Anfang des 19. Jahrhunderts in Frankreich entstanden ist.[3]

Es gibt noch eine andere naturnahe Methode, sein Grundstück einzuhegen. Die Rede ist von der Totholzhecke. Ein großer Freund davon war der 2007 verstorbene Landschaftsgärtner Hermann Benjes. Landauf, landab predigte er, man solle Feld- und Wiesenränder beleben, indem man Äste, Zweige und Reisig zu lockeren Haufen türme: »Schon sitzen die Vögel drin und scheißen sich die schönste Hecke zusammen«, pflegte Benjes zu sagen. Mit den ausgeschiedenen Samen von Berberitzen oder Schlehen wachse im Handumdrehen ein wertvolles Kleinbiotop heran (»danke für die Benjeshecke, sagen Igel, Maus und Schnecke«). Die Anregung fiel auf fruchtbaren Boden; in den Neunzigerjahren wurden in Deutschland angeblich mehr als tausend Kilometer Benjeshecken angelegt. Hier und da kann man besichtigen, was daraus geworden ist. Brombeeren, Brennnesseln oder Goldruten gedeihen recht gut im Schutz des toten Holzes. Doch eine artenreiche, naturnahe Hecke stellt sich selten von selbst ein. Sie braucht wohl mehr Zeit, als ein Menschenleben dauert.

Trotzdem sind Totholzhaufen eine gute Idee. Man muss nur

ein paar Dinge beachten. Erstens ist es nicht damit getan, das sperrige Zeug irgendwo hinzuwerfen. Man muss es vielmehr verdichten und vom Längsende her möglichst fest ineinanderschieben, bis ein kompakter Wall entsteht. Im offenen Gelände kann man damit sogar Rehe abhalten, vorausgesetzt, das Hindernis ist mindestens einen Meter hoch und ebenso tief. Mit der Zeit sackt es zusammen, deshalb muss immer wieder aufgefüllt werden. Länger hält es, wenn man dicke Äste und ganze Baumabschnitte verwendet.

»Kerle, naa«, sagt der Nachbar, »wie sieht das denn aus?« Jedenfalls nicht wie sein Maschendrahtzaun. Man könnte dem Ordnungssinn entgegenkommen und das Schnittgut mit Pfählen einfassen, was dem Ganzen mehr Struktur verleiht. Auch lässt sich eine solche Anlage gezielt begrünen, zum Beispiel mit Waldreben oder Efeu. Nimmt man bewurzelungsfähige Triebe, bildet sich von ganz allein eine Baumhecke. Die muss man dann allerdings wieder regelmäßig stutzen.

Der Winter ist ein rechter Mann

Reden wir ruhig vom Unerfreulichen. Der Garten in der kalten Jahreszeit ist nichts für Feiglinge. Seiner sei jetzt so weit, hat der Nachbar gesagt. Alles abgehakt, die Gießkannen entleert, den Wasserhahn zugedreht, das Laub fortgeschafft und so weiter. Mit einem Wort, er ist »winterfest«. Dasselbe trifft für sein Auto zu. Und Streusalz hat er auch schon gebunkert.

Man könnte auf die Seychellen fliehen. Aber was hätte man davon? Der Winter ist wie das Älterwerden: Man muss da mit Anstand durch.

Vegetationskundlich gesehen leben wir in Mitteleuropa im Bereich der sommergrünen Laubwälder. Die Hälfte des Jahres über herrschen hier Temperaturen von mehr als zehn Grad Celsius, ausreichend für die Bildung von Blättern, Blüten und Früchten. Die Durchschnittstemperatur im Winter liegt nicht unter minus fünf Grad, sonst hätte man Taiga oder Tundra. Und trotzdem: Welchen Vorteil hat es, wenn die Jahreszeiten derart wechseln? Warum ist der Mensch nicht in Afrika geblieben, wo er keine Heizung braucht und keine dicken Felle?

Selbst Paläoanthropologen haben keine definitive Antwort auf diese Frage. Ein paar Faktoren kann man sich zusammenreimen. In den gemäßigten Breiten gibt es nicht so viele Parasiten wie in den Tropen. Hier lauern in den Fließgewässern keine ekligen Würmer und auch keine Krokodile. Man konnte daraus jederzeit trinken und darauf warten, dass ein Mammut oder ein Elch vorbeikam. In der kalten Jahreszeit verdarb das Fleisch nicht so rasch. Am Feuer in der Höhle musste man zusammenrücken, was das Sozialleben zweifellos gefördert hat. Die Jahreszeiten zu beobachten schärfte die Sinne und zwang zu längerfristiger Planung. Die gebratenen Tauben flogen einem nicht ins Maul, und so kam niemand auf die Idee, sich vor der Arbeit zu drücken.

Gärten kamen erst viel später hinzu, als Ergänzung zu dem, was der Acker hergab. Aber von Anfang an auch zur Befriedigung ästhetischer Bedürfnisse. Einer der letzten Könige des assyrischen Reiches soll zu diesem Zweck in seinem Lustgarten in Ninive die Köpfe erschlagener Feinde aufgehängt haben. Doch das war wohl eher die Ausnahme. Ein Garten sollte ein Ort des Friedens sein. Und eines muss man einräumen: Nie ist er friedlicher als im Winter.

Bis Anfang Februar passiert dort nicht viel. Der Winter ist, um Karl Foerster zu widersprechen, eben doch ein Wartesaal. Nun gut, es gibt den Winterjasmin. Der blüht wirklich, wenn draußen kein Blatt mehr am Baum hängt. Wenn der Winterjasmin in die Höhe wüchse, könnte man ihn mit der Forsythie verwechseln, mit der er entfernt verwandt ist. Leider sind seine Zweige so dünn, dass sie bis zum Boden hängen. Einen Winterjasmin in ein Klettergerüst zu zwängen, ist vergebliche Liebesmühe. Es geht ihm gegen die Natur. Am besten wuchert er an steilen Hängen über Mauern herab.

Jasminum nudiflorum, wie der Winterjasmin offiziell heißt, ist der einzige Vertreter seiner Gattung, der bei uns im Freien überwintern kann. Der Echte Jasmin, Jasminum officinale, aus dem ein aromatisches Öl zur Parfümherstellung gewonnen wird, braucht sonnige, heiße Standorte und hat sich nur in Teilen Südeuropas etabliert. Das Gleiche gilt für den Duftjasmin J. polyanthum und andere Jasminarten. Was dagegen in vielen Gärten wächst, im Juni blüht und betörend duftet, ist der Falsche oder auch Bauern-Jasmin, Philadelphus coronarius, der botanisch gesehen zu den Hortensiengewächsen gehört.

Winterjasmin dagegen blüht geruchlos. Warum blüht er dann überhaupt? Eine mögliche Antwort wäre, dass er nicht auf

Fremdbestäubung aus ist. Doch die Blütenmorphologie weist in eine andere Richtung. Ähnlich wie die Forsythie zeichnet sich der Winterjasmin durch Vielgriffligkeit (Heterostylie) aus. Das heißt, Staubblätter und Narbe ein- und derselben Pflanze sind unterschiedlich geformt, sodass sie sich gegenseitig nicht befruchten können. Tatsächlich übernehmen in seiner Heimat im Südwesten Chinas Insekten die Bestäubung. Hierzulande sind im Winter kaum Insekten aktiv. Deshalb wird man so gut wie nie einem Winterjasmin mit Früchten begegnen. Die Vermehrung erfolgt durch Stecklinge oder Absenker. Richtig frostfest ist aber auch die Blüte des Winterjasmins nicht – bei länger anhaltenden Minusgraden wird sie weißlich und schlapp.

Dem Frost ein Schnippchen schlagen

Klimaerwärmung hin oder her: Im Norden von Mitteleuropa muss man immer mit Wintereinbrüchen rechnen. Das führt zum Thema Winterschutz. Im Baumarkt werden Verpackungsmaterialien aller Art angeboten: Rupfen, Sackleinen, Jute, Folienvlies, Hauben und dergleichen. Vor Jahren gab es dies noch nicht. Andererseits sind die Winter auch nicht wesentlich kälter geworden. Die einzige Schlussfolgerung lautet: Die Bundesbürger besitzen immer mehr Gewächse, die von allein nicht durch die kalte Jahreszeit kommen.

Früher sah Winterschutz so aus, dass man das vertrocknete Tannengrün vom Weihnachtsbaum um die Rosen türmte. Die Billiglösung bestand darin, ihnen eine Plastiktüte überzustülpen, unter der sie dann folgerichtig verfaulten. Aber wenn man sich heute umsieht, wollen überall Lorbeerkugeln, Bonsai-Kiefern und Oleanderbüsche davor bewahrt bleiben, beim ersten strengen Frost zu erfrieren. Unter strengem Frost verstehen Meteorologen alles, was zwischen minus zehn und minus 15 Grad liegt. Unterhalb von minus 25 Grad wäre es extrem frostig. Eine Hortensie im Topf macht schon früher schlapp. Das liegt daran, dass das bisschen Topferde viel schneller durchfriert als der Boden im Freiland. Denn dieser besitzt noch eine Fußheizung, von der die meisten nichts ahnen. Befeuert wird sie aus dem Erdinneren, zum einen durch radioaktive Zerfallsprozesse und zum anderen durch die Restwärme, die von der Entstehung unseres Planeten zurückgeblieben ist. Die daraus resultierende geothermische Leistungsdichte liegt an der Erdoberfläche bei knapp hundert Milliwatt pro Quadratmeter. Das ist weniger als ein Zehntel dessen, was in einer beheizbaren Skistiefelsohle steckt. Aber durchaus nicht nichts. Zumal die Geothermie, anders als die Sonneneinstrahlung, rund um die Uhr zur Verfügung steht. Energiebewusste Hausbesitzer können sie mit einer Wärmesonde anzapfen.

So weit wird der Hobbygärtner nicht gehen. Profis, wie zum Beispiel die vom Frankfurter Palmengarten, packen Freiland-Exoten in eigens angefertigte Holzkonstruktionen, die mit Stroh ausgepolstert werden. Einer meiner Nachbarn hat mal eine komplette Araukarie im Vorgarten in Noppenfolie eingewickelt. Im nächsten Winter hat er das dann sein lassen, weil der Baum darunter arg gelitten hat.

Es kommt letzten Endes auch drauf an, wo man wohnt. In Berlin, im Oberharz oder auf der Schwäbischen Alb bringt man auf Dauer nicht mal einen Rhododendron durch, im verwöhnten Rhein-Main-Gebiet rollt er im Winter höchstens die Blätter zusammen. Wer unbedingt Zitronen ernten will, sollte nach Italien ziehen.

Doch auch dort kann es ihn auf dem kalten Fuß erwischen. Schon die Römer hatten damit zu kämpfen, als die ersten Zi-

trusbäume aus Asien nach Südeuropa kamen. Der Philosoph Seneca berichtet in seinen Episteln, dass in römischen Gärten durchsichtige Scheiben aus Glimmer verwendet wurden, um die kostbaren und seltenen Exoten vor der Kälte zu schützen. Der Dichter Martial verspottet in einem Epigramm einen Freund dafür, dass er seine Zitronenbäume besser behandle als seine Kinder.

Um Zitrusfrüchte am Leben zu halten, wurde ein erheblicher Aufwand betrieben. Im Spätmittelalter hat man die frostempfindlichen Gewächse in beheizten Gebäuden untergebracht, den »stanzoni per i cidri«. Im Barock kamen dann an Europas Fürstenhöfen Orangerien in Mode. Darunter verstand man ursprünglich nur eine Sammlung von Pflanzen, die nicht winterfest waren und im Halbkreis oder im Karree angeordnet wurden. Richtig in Schwung kam die Sache, als der Versailles-Gärtner André Le Nôtre den Kübel-Transportwagen erfand, mit dem die Bäume zu Beginn des Winters in ein warmes Quartier geschafft werden konnten. Bald wetteiferten die Herrscher um den Bau der prachtvollsten Anlagen. Die Erfindung des Walzglases machte es möglich, immer größere Fensterscheiben herzustellen. Auch die Größe der Bäume selbst wurde zum Statussymbol: Als der preußische König Friedrich Wilhelm I. zu Besuch bei August dem Starken war, musste er beschämt einräumen, dass die Gewächse daheim in Charlottenburg nichts im Vergleich zu jenen in Dresden seien.

Der gärtnerische Aspekt geriet mit zunehmendem architektonischem Aufwand immer mehr in den Hintergrund. Orangerien wurden zu repräsentativen Festräumen umgestaltet, in denen sich die höfische Gesellschaft zu Konzerten einfand oder aufwendige Bankette veranstaltete. Mit der Zeit verschwanden die Zitrusbäume ganz und machten anderen exotischen Früchten wie Feigen oder Ananas Platz. Gegen Ende des 18. Jahrhunderts kam dann der Typ des Palmenhauses auf, und der Ehrgeiz entwickelte sich dahin, möglichst vollständige Sammlungen von Tropenpflanzen anzulegen. Die industrielle Glasproduktion machte auch den Bau einfacherer Gewächshäuser möglich. Kommerzielle Gartenbaubetriebe entstanden und lieferten die ersten Zimmerpflanzen, die im Biedermeier bürgerliche Salons schmückten. Grünlilie und Gummibaum hielten Einzug in die Wohnzimmer, aus denen sie spätestens die Bauhausarchitekten endgültig verbannen wollten.

Es ist ihnen nicht gelungen. Schuld an der ganzen Misere ist der eifrige Pflanzengroßhandel, der immer neue Produkte auf den Markt wirft und den Leuten suggeriert, man könne auch in Fallingbostel mühelos Olivenbäume ziehen. Schuld ist aber auch der Gärtner, der sich partout in den Kopf gesetzt hat, Rosmarin zu kultivieren. Schuld ist schließlich das schlechte Gewissen, das einen daran hindert, die sparrige Yuccapalme oder den geerbten Ficus wegzuschmeißen. Oder sich von einem zwanzig Jahre alten Pfennigbaum zu trennen, der samt Gefäß und Erdballen einen halben Zentner wiegt und kaum noch durch die Tür passt.

Weitere Kandidaten für das normalerweise nicht vorhandene Winterquartier sind Bougainvilleen, Drachenbäume, Feigen, Engelstrompeten, Hibisken, Kamelien oder Palmfarne. Mancher mag noch nicht einmal seine Geranien entsorgen und stellt damit den Dachboden voll. Es nützt aber alles nichts ohne einen klimatisierten Wintergarten, der diesen Namen verdient. Man sollte die Sache den Profis überlassen, nicht jeder ist August der Starke.

Vogelmast

Wünsche äußern darf man ja. Als der Sänger Rio Reiser noch lebte, träumte er davon, dass Socken und Autos nicht mehr stinken. Wenn ich stattdessen König von Deutschland wäre, würde ich als Erstes Streusalz und Meisenknödel verbieten. Kaum fallen zwei Zentimeter Schnee, wird eine Logistik ohnegleichen aufgefahren, um das Ganze in eine Pampe zu verwandeln, welche die Kleidung ruiniert, Pfoten verätzt, Vegetation vernichtet und obendrein noch die Kanalisation überfordert. Meisenknödel wiederum, gleich daneben im Sechserpack oder im handlichen Zehn-Liter-Eimer angeboten, sind so ziemlich das Dümmste, was man für den Artenreichtum tun kann. Wenn der Naturschutzbund dazu aufruft, die heimischen Wintervögel zu zählen, kommt die Kohlmeise jedesmal auf den ersten Platz. Im prototypischen Garten drängelten sich im Schnitt fast sieben Exemplare. Fragt noch jemand, warum?

Die Kohlmeise ist eigentlich ein Teilzieher. Das heißt, sie würde bei knappem Nahrungsangebot im Winter gen Südwesten fliegen. Tatsächlich überwintern die Vögel mittlerweile selbst nördlich des Polarkreises. Sie schlagen sich den Magen mit Knödelfett und Sonnenblumenkernen voll und haben anschließend Mühe, ein Revier zum Brüten zu finden. Natürliche Auslese findet kaum noch statt. Die Balzgesänge, die in manchen Jahren schon kurz nach Neujahr einsetzen, sind ja nicht nur Ausdruck reiner Lebensfreude, sondern der Versuch, Konkurrenten zu vertreiben, die infolge der ewigen Fütterei allzu eng auf die Pelle gerückt sind.

Dabei kommt es zu nachhaltigen Änderungen im Verhaltensrepertoire. Zoologen der Universität Basel berichteten vor einiger Zeit, dass Kohlmeisenmännchen, die von Menschen gefüttert werden, im Durchschnitt zwanzig Minuten später zu singen anfingen als Artgenossen, die sich ihr Futter selbst suchen mussten, und das auch dann, wenn die Fütterung längst wieder eingestellt worden war. »Wer Vögel füttert, kann morgens länger schlafen«, lautete die Schlussfolgerung der Schweizer. Für Schlafgestörte ist das vielleicht ein Trost, für die Meisen eher bedenklich. Was die Vogelfütterei sonst noch bewirkt, haben Ökologen der Universität Freiburg vor einigen Jahren am Beispiel der Mönchsgrasmücke beschrieben. Unter diesen Singvögeln haben sich zwei verschiedene Populationen herausgebildet. Die eine überwintert in Spanien, wo die Bevölkerung wenig davon hält, sie zu päppeln. Die andere verbringt den Winter auf den Britischen Inseln, wo traditionell fleißig Körner gestreut werden. Die britischen Grasmücken haben inzwischen schmalere, spitzere Schnäbel als ihre Artgenossen und kürzere, rundere Flügel, mit denen sie die längere Reise nach Spanien gar nicht mehr bewältigen können. Genetisch stehen die beiden Populationen kurz davor, sich in zwei getrennte Arten zu entwickeln.

Man muss das nicht schlimm finden. Aber es zeigt doch, wie sehr das Füttern in den Naturhaushalt eingreift. Das Getümmel und die kaum zu vermeidende Verkotung an den Futterstätten führen zwangsläufig zu Hygieneproblemen. 2009 kam es dadurch zu einem Massensterben von Grünfinken, die sich mit Trichomonaden angesteckt hatten. Im Jahr darauf häuften sich Meldungen von Erlenzeisigen, die an Salmonellose verendet waren. In Süddeutschland breitet sich unter Amseln seit einigen Jahren das Usutu-Virus aus, das eng mit dem auch für den Menschen nicht ungefährlichen West-Nil-Virus verwandt ist. Auch hier kann man vermuten, dass die Dichte der Amselbestände, die durch Fütterung künstlich hochgehalten wird, eine der Ursachen ist.

Die vermeintliche Tierliebe, die sich in der Vogelfütterei äußert, ist in Wahrheit ein Ausdruck von Naturferne. Dass die Vögel draußen nicht gleich reihenweise tot vom Baum fallen, wenn die Temperatur unter den Gefrierpunkt sinkt, mag vielleicht wie ein Wunder erscheinen. Aber selbst der kleinste Vogel Europas, das kaum sieben Gramm schwere Wintergoldhähnchen, ist imstande, sein Futter unter einer Schneedecke zu finden und bei eisigem Frost zu überleben.

Wenn der Mensch meint, wild lebende Tiere füttern zu müssen, ist immer sein schlechtes Gewissen mit im Spiel. Umgeben von Asphalt und Beton, ahnt der Städter, dass es mit der Natur nicht mehr weit her sein kann. Also lockt er sie an, ähnlich wie der Jäger das Wild, das angeblich auch nicht ohne ihn über die Runden käme. Leider hat das meist unerwünschte Folgen. Was die Wildschweinplage im Forst, ist in vielen Städten das Elend der Tauben, von plündernden Ratten oder Waschbären ganz zu schweigen. Doch selbst zu den Hoch-Zeiten der Vogelgrippe konnten manche Besucher im Stadtpark nicht begreifen, warum man Enten und anderen Wasservögeln besser kein trockenes Brot hinwirft.

Geschätzte 20 Millionen Euro gibt der Bundesbürger jährlich für Vogelfutter aus. Was drin ist, will er gar nicht so genau wissen. Häufig genug war das in der Vergangenheit der Samen des Beifußblättrigen Traubenkrauts Ambrosia artemisiifolia. Die in Nordamerika beheimatete Pflanze hat sich seit den Neunzigerjahren flächendeckend verbreitet. Ihr Pollen gilt als einer der stärksten Allergie-Auslöser überhaupt, was angesichts der Tatsache, dass ein einzelnes Exemplar bis zu einer Milliarde Pollenkörner freisetzen kann, ein gewisses Unbehagen bereitet. Die Zeitschrift *Öko-Test* fand in fast allen untersuchten Vogelfutterproben mehr oder minder hohe Konzentrationen von Ambrosia. Die Einfuhr ambrosiahaltiger Futtermittel ist mittlerweile nach EU-Recht verboten. Das ist allerdings nur ein schwacher Trost, wenn man bedenkt, dass die ausgebrachten Samen bis zu vierzig Jahre lang keimfähig bleiben.

»Aber man muss doch auch an die Kinder denken«, heißt es, »die haben so viel Freude daran.« Noch mehr Freude an der Vogelfütterung, und das sogar bis ins hohe Alter, haben acht Millionen Hauskatzen. Die sorgen wenigstens für etwas Ausgleich in der einseitigen Bilanz der Vogelmast.

Das Leben im Lehm

Nach einem langen Winter kann es dauern, bis man wieder im Garten werkeln kann. Beim Deutschen Wetterdienst gibt es einen Spezialdienst für Landwirte, der unter anderem die herrschende Bodenfeuchte dokumentiert. Die kann selbst im tendenziell trockeneren Osten Deutschlands an die 90 Prozent und mehr heranreichen.

Wer auf Sand lebt, hat es noch verhältnismäßig gut. Den kann man wenigstens betreten, ohne dicke Batzen unter den Schuhen zu haben. Das krasse Gegenteil sind Tonböden, sogenannte Pelosole, die vor allem in den deutschen Mittelgebirgen vorkommen. Entweder sind sie klitschnass, dann bleibt sogar ein Traktor darin stecken. Oder sie sind trocken und so hart, dass kein Pflug mehr durchkommt. Man kann sie am ehesten noch als Grünland nutzen oder Forstwirtschaft darauf treiben. Wo sie dennoch in Ackerland umgewandelt wurden, spricht man von »Minutenböden«. Das ist nur leicht übertrieben, denn das Zeitfenster, in dem sie bearbeitet werden können, ist wirklich eng. Abhängig von der Witterung sind es meist nur wenige Tage im Jahr, und an diesen auch nur einige Stunden.

Ich persönlich sitze auf fettem Lehm. Der verhält sich nicht so extrem wie Ton, aber ähnlich. Zieht man Gartenbücher zurate, heißt es immer, man solle Sand unterarbeiten. Das ist aber nicht so einfach. Lehm besteht zum überwiegenden Teil aus Schluff und Ton, in beiden Fällen beträgt die Korngröße wenige Mikrometer. Sandkörner dagegen sind so groß, dass man sie schon mit dem bloßen Auge erkennen kann. Mischt man zu wenig Sand unter den Lehm, bekommt man eine ähnliche Mischung wie Beton, der ebenfalls aus feinem Gesteinsmehl und gröberen Zuschlagstoffen besteht. Gibt man Wasser dazu, ist das Ergebnis abzusehen.

Man muss dem Lehm bis zur Hälfte Sand untermischen, bis er nicht mehr klebt, sondern bröselt. Selbst dann hat er keine ideale Struktur. Der Bodenkundler spricht in diesem Fall von einem Primärgefüge, dessen Einzelteile auseinanderfallen. Guter Gartenboden dagegen ist ein Aggregatgefüge, in dem sich die Teilchen so zusammenballen, dass Luft und Wasser zirkulieren können. Erst organisches Material bringt das zustande. Ein Drittel Lehm, ein Drittel Sand, ein Drittel Humus, lautet die ideale Formel. Nur in innig verbundener Form bleibt der organische Anteil erhalten, der ansonsten in kurzer Zeit wieder abgebaut würde. »Dauerhumus« nennt man das Ergebnis. Das ist die fruchtbarste Erde, die wir kennen.

Ansonsten wissen wir erschreckend wenig über den Lebensraum zu unseren Füßen. Was sich im sogenannten Edaphon abspielt, ist noch weniger gut erforscht als das Geschehen in der Tiefsee. In einem Gramm Erde finden sich bis zu drei Milliarden Bakterien. Man kann sie grob einteilen in solche, die Stickstoff verfügbar machen, und solche, die ihn wieder freisetzen. Angehörige der Gattungen Nitrosomonas und Nitrobacter beispielsweise können Ammoniak, das beim Verrotten entsteht, zu Nitrat oxidieren, das von Pflanzen aufgenommen werden kann. Andere, wie Azotobacter, fixieren freien Stickstoff aus der Luft. Wieder andere, wie Achromobacter und Pseudomonas, bauen organisch verfügbaren Stickstoff unter anaeroben Bedingungen ab. Und hier ist nur die Rede vom bakteriellen Kreislauf des Stickstoffs. Alles zusammengenommen sind die Stoffwechselprozesse im Boden ähnlich komplex wie die analogen Vorgänge der Verdauung im menschlichen Darm.

Man kann das sogar mit dem bloßen Auge beobachten. Ein Blatt, das im Herbst zu Boden gefallen ist, wird nach kurzer Zeit von Bakterien und Pilzen besiedelt. Springschwänze nagen an der Epidermis, Asseln und Tausendfüßer sind für den anschließenden Lochfraß verantwortlich. Moosmilben und andere Saprophagen tragen zur weiteren Verwesung bei. Detritusfresser schließlich, wie der bekannte Regenwurm, schleusen die organischen Reste durch ihren Verdauungskanal, wobei diese mit Mineralien angereichert und zu Ton-Humus-Komplexen verbacken werden, die der Gärtner in Form der typischen Häufchen auf dem Rasen wiederfindet.

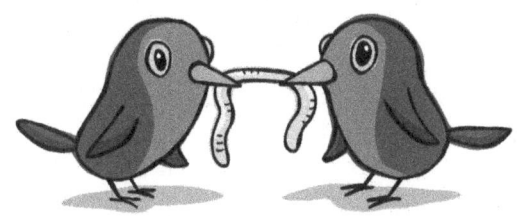

Charles Darwin, den die meisten nur als Begründer der Evolutionslehre kennen, hat den Regenwürmern sein Spätwerk gewidmet. *Die Bildung der Ackererde durch die Thätigkeit der Würmer* erschien 1881, ein Jahr vor seinem Tod. Inspiriert dazu hat ihn sein Onkel Josiah Wedgwood, der beobachtet hatte, dass Steine, die auf seinen Wiesen lagen, innerhalb weniger Jahre in die Tiefe gezogen wurden. Darwin startete ein Langzeitexperiment: Nahe seinem Wohnsitz in Down legte er Kreidestückchen aus und sah zu, wie sie versanken. Drei Jahrzehnte später fand er sie zwanzig Zentimeter unter der Grasnarbe wieder. Darwin rechnete nach und kam zu dem Schluss, dass unter einem Hektar Land ungefähr 133 000 Regenwürmer leben müssten, um ein solches Werk flächendeckend zu verrichten. Heute schätzt man, dass es zwanzigmal so viele sind.

Regenwürmer wurden für Darwins Familie zu Hausgenossen. Man spielte ihnen Fagott und Klavier vor, was sie wenig beeindruckte, auch verhielten sie sich »indifferent gegen Geschrei«. Dafür zogen sie sich schnell in ihre Röhren zurück, wenn sie hell beleuchtet oder durch Klopfgeräusche erschüttert wurden. Auch eine gewisse Intelligenz legten sie an den Tag, denn sie packten Blätter oder kleine Papierdreiecke stets an der schmalsten Stelle. Der Naturforscher ließ sich Kothäufchen aus Frankreich, Indien und Ceylon kommen und verglich sie mit heimischen Regenwurmexkrementen. Bewundernd fasste er zusammen, dass es wohl kaum ein anderes Tier gäbe, welches eine so bedeutende Rolle in der Geschichte der Erde gespielt habe. Jeder Krumen Ackererde sei bereits mehrfach durch die Verdauungskanäle der Würmer gegangen, und er werde das wieder und wieder tun.

Alle nachfolgenden Experimente haben Darwin bestätigt. Regenwürmer belüften den Boden, verbessern seine Wasserhaltekapazität, geben ihm eine feinkrümelige Struktur, fördern das Wurzelwachstum und bilden dauerhafte Ton-Humus-Komplexe. Gott weiß, wie man gute Erde macht, sagt ein französisches Sprichwort. Und dem Regenwurm hat er sein Geheimnis verraten.[4]

Und doch geht es voran

Der 2. Februar ist für den Gärtner der wichtigste Tag im Jahr. Warum? Weil es wieder aufwärts geht. Die Kirche feiert die Darstellung des Herrn, beziehungsweise Mariä Lichtmess, die Liturgie ist nicht ganz leicht zu erklären.

Für den Laien reicht: Jetzt ist die Weihnachtszeit vorüber. Die Tage werden deutlich länger, der Bauer beginnt mit der Feldarbeit. Getreu der Regel: Wenn's an Lichtmess stürmt und schneit, ist der Frühling nicht mehr weit. Sonne wäre weniger erwünscht, denn wenn der Dachs an diesem Tag seinen eigenen Schatten sieht, geht er für sechs Wochen zurück in den Bau, weil der Winter noch andauern wird. Ähnlich hält es das Murmeltier am Groundhog Day, der in Punxsutawney, Pennsylvania, seit 1886 begangen wird.[5]

Wenn es solche Hoffnungstage nicht gäbe, müsste man sie glatt erfinden. Der nächste, der um den 20. März herum bevorsteht, ist die Tag- und Nachtgleiche. Also der astronomische Frühlingsbeginn. Wenn dann zur Sommerzeit umgestellt wird, kann man abends wieder bis zur Tagesschau in den Garten gehen. Sogar noch länger. Denn beim Sonnenuntergang wird es ja nicht schlagartig dunkel. Man kann da präzise unterscheiden: zwischen »bürgerlicher Dunkelheit« (man kann auf der Straße keine Zeitung mehr lesen) und »nautischer Dunkelheit« (es kommt kein Licht mehr über den Horizont). Ganz dunkel wird es erst mit der »astronomischen Dunkelheit«, bei der die Sonne mindestens 36 Grad unter dem Horizont stehen muss; im Sommer wird das in unseren Breiten gar nicht mehr erreicht.

Wäre doch endlich Sommer! Wer so denkt, vergisst eines:

Astronomisch beginnt der Sommer um den 21. Juni herum mit der Sommersonnenwende. Anschließend werden die Tage wieder kürzer. Anfangs merkt man das kaum, aber von Mitte August an kann man schon wieder melancholisch werden. Wenn die heißen Hundstage sich nicht einstellen, hofft man auf den Altweibersommer, fällt auch der aus, tröstet man sich vielleicht mit der Aussicht auf einen goldenen Oktober. Aber es hilft nichts: Sechs Monate lang kommt der Berufstätige unter der Woche nicht in seinen Garten, weil die Tage einfach zu kurz sind.

Insofern ist jetzt die beste Zeit. Phänologisch betrachtet, also im Hinblick auf die Blütenentwicklung, hat der Vorfrühling mit den Schneeglöckchen begonnen. Die Gattung Galanthus, zu der es gehört, treibt seit einiger Zeit auch in Deutschland seltsame Blüten. In England schon sehr viel länger, wie man auf Auktionen beobachten kann: Da wechselt schon mal eine einzige Zwiebel für mehrere hundert britische Pfund den Besitzer. Zum Beispiel Galanthus plicatus »E. A. Bowles«, entdeckt und ausgelesen im Jahre 2002 durch Michael Myers von der Myddelton House Society. Acht Jahre hat es gedauert, bis sich die Rarität so weit vermehrt hatte, dass sie in einer streng limitierten Katalogauflage der hochgerühmten »Monksilver Nursery« in Brackley, Northamptonshire, auftauchte, nur um sofort vergriffen zu sein.

»Natürlich sind das Bekloppte«, sagt Günter Waldorf. Er muss es wissen, er ist einer von ihnen.[6] Rund die Hälfte der inzwischen an die tausend bekannten Sorten wachsen in seinem Garten in der Gemeinde Nettetal am Niederrhein. Darunter sind ganz normale Schneeglöckchen, Galanthus nivalis, die sich wie verrückt vermehren, wenn es ihnen gefällt. Das ist an frischen, winterfeuchten Standorten der Fall, unter Gehölzen, die im Sommer, wenn der Frühlingsblüher sich zurückgezogen hat, für lichten Schatten und eine gewisse Trockenheit sorgen. Die Bodenbeschaffenheit ist ihnen vergleichsweise egal, nur Staunässe mögen die Zwiebeln nicht. Und austrocknen dürfen sie auch nicht, was eine Dauerkultur in Töpfen schwierig macht. Unter günstigen Bedingungen teilen sich die Zwiebeln, und nach ein paar Jahren steht ein ganzer Pulk zusammen. Man sollte sie alle paar Jahre aufnehmen und vereinzeln, rät der Fachmann.

Auch wenn man das nicht tut, kann Nivalis ganze Gärten in Beschlag nehmen. Der Samen besitzt ein nährstoffreiches Anhängsel, ein sogenanntes Elaiosom, das von Ameisen verschleppt und verzehrt wird – Botaniker sprechen in diesem Fall von »Myrmekochorie«. So können die Keime Dutzende von Metern entfernt aufgehen und neue Kolonien bilden. Weil sie so früh im Jahr erscheinen, nutzen sie jeden Sonnenstrahl. Noch der kleinste grüne Fleck der Blütenblätter treibt Photosynthese und trägt zur Versorgung der Pflanze bei, haben Botaniker der Universität Duisburg-Essen herausgefunden. Gegen den Frost wappnet sich die Schneeglocke, indem sie Stärke in Zucker verwandelt, was den Gefrierpunkt der Zellflüssigkeit um etliche Grad Celsius herabsetzt.

Das ursprünglich aus Südeuropa stammende Kleine Schneeglöckchen hat im Laufe der Jahrhunderte nicht nur die Gärten Nord- und Mitteleuropas erobert, sondern auch das Umland. Pflanzenökologen zählen es zu den Agriophyten, und wer es noch exakter haben möchte, spricht von einer Stinsenpflanze, abgeleitet vom friesischen Wort »Stins« für Steinhaus, worunter in den nördlichen Niederlanden und in Ostfriesland früher Landgüter, Pastorate oder große Bauernhöfe verstanden wurden, die von Gärten und Parks umgeben waren. Stinsenpflanzen, zu denen neben G. nivalis auch Winterlinge, wilde Tulpen, Märzenbecher und einige alte Narzissensorten gehören, können nur in einem bestimmten Umkreis verwildern. Ihr Vorkommen deutet immer darauf hin, dass sich in der Nähe ehemals ein Garten befunden haben muss.

Schneeglöckchen besitzen eine notorische Neigung zum

Fremdgehen. Über Artgrenzen hinweg entstehen immer neue Bastarde. Britische Soldaten brachten im Ersten Weltkrieg die ersten Exemplare von Galanthus plicatus, dem Faltblatt-Schneeglöckchen, von der Halbinsel Krim mit nach Hause und legten so die Grundlage für ein munteres Ein- und Auskreuzen neuer Eigenschaften in die heimischen Bestände. Später bedienten sich Pflanzenjäger auch in der Türkei, wo ein Dutzend weiterer Arten heimisch ist. In der zweiten Hälfte des 20. Jahrhunderts nahm der Exodus gewaltige Ausmaße an. Bis zu 80 Millionen Zwiebeln wurden jährlich ausgegraben und über Großhändler vertrieben. Schneeglöckchen gab es in den Baumärkten praktisch umsonst. 1984 schlugen Umweltschützer Alarm, sechs Jahre später wurden Schneeglöckchen in die Liste bedrohter Pflanzen nach dem Washingtoner Artenschutzabkommen aufgenommen. Seitdem dürfen sie der Natur ohne ausdrückliche Genehmigung nicht mehr entnommen werden. In der Türkei hat man eine Sammelquote eingeführt, außerdem gibt es dort Versuche, die Pflanzen kommerziell zu vermehren. Doch ausgerechnet beim wichtigsten Exportartikel, dem Großblütigen Schneeglöckchen Galanthus elwesii, gelingt das nur mit Mühe. Hier versucht man es mit »twin scaling«, dem Teilen einer Zwiebel durch möglichst saubere Schnitte.

Das kann aber auch schiefgehen. Beim twin scaling verliert die Pflanze allzu oft ihre besonderen Eigenschaften. Bei der Sorte G. nivalis ›Pagoda‹ ist das zum Beispiel die abweichende Form der Außenblätter, auch Tepalen genannt, die sich auf ungewöhnliche Weise nach oben krümmen. Außen- und Innentepalen können auch »pokuliform« sein, also mehr oder weniger gleich lang wie bei der Sorte ›Angelique‹. Gelegentlich zeigt die ganze Pflanze Riesenwuchs, wie bei ›Deer Sloot‹. Oder die Blüte ist in Teilen gelb gefärbt, wie bei der ›Blonden Inge‹, die man um 1970 herum auf einem Kölner Friedhof fand.

In Deutschland gibt es mittlerweile ein paar tausend ernsthafte Glöckchenfreunde. Pioniere wie Günter Waldorf macht das nachdenklich. Eine Massennachfrage wäre das Ende der Liebhaberei. Das Gegenargument, so fänden eben alle sozialen Schichten zu ihrem Glück, lässt er nicht gelten. Schön sei ja gerade das Elitäre. Womit er recht hat: Nach einer Blauen Mauritius, tausendmal gedruckt, würde ebenfalls kein Hahn mehr krähen.

Blaues Wunder

Neben dem Schneeglöckchen, das stellenweise verwildert ist, gibt es noch andere typische Frühblüher. Die kann zum Glück jedes Kind auseinanderhalten: Buschwindröschen (weiß), Leberblümchen (blau), Scharbockskraut (gelb) und Lerchensporn (rosa), um die wichtigsten zu nennen. Alle vier finden sich draußen im Wald (»im Griene«, wie der Hesse sagt), aber auch in vielen Gärten.

Buschwindröschen, die zur Gattung der Anemonen gehören, sind früh kultiviert worden. Die älteste, erstmals 1593 beschriebene Spielart dürfte Anemone nemorosa ›Bracteata Pleniflora‹ sein, deren gefüllte, teils grün gestreifte Blüten etwas zauselig wirken. Wer sie etablieren will, braucht Geduld, die dünnen Rhizome fassen nur langsam Fuß. Leichter geht das mit den Knollen des Balkan-Windröschens Anemone blanda, das aus Kleinasien stammt und blaue Blütenteppiche bildet. Sein Verwandter, das aus Südeuropa eingebürgerte und teilweise verwilderte Apennin-Windröschen, hat sogar Gartengeschichte geschrieben. Der irische Gärtner und Journalist William Robinson (1838 bis 1935) ließ sich von ihm zu einem gänzlich neuen Gartenstil inspirieren, der die formale Strenge der viktorianischen Blumenrabatten ablösen sollte. Robinsons einflussreiches Hauptwerk *Wild Garden* ist ein Dokument der britischen Arts-and-Crafts-Bewegung. Er propagierte darin größtmögliche Natürlichkeit, ausdauernde Pflanzungen heimischer Gewächse sowie die Verwendung von Bodendeckern, was im Grunde das Ideal der Biogärtnerei geblieben ist.

Robinson war alles andere als ein blasser Theoretiker. Der

Garten seines Herrenhauses Gravetye Manor in Sussex erstreckte sich zeitweise über vier Quadratkilometer. In einer einzigen Saison versenkte der Besitzer hunderttausend Narzissenzwiebeln. Gravetye Manor ist heute ein Luxushotel, seit einem Besitzerwechsel sind Anstrengungen im Gang, den historischen Charakter des Anwesens wiederherzustellen.

Wer sich eine Sammlung von Buschwindröschen zulegen will, wird gelegentlich im Versandhandel fündig. Eine Referenzsammlung von immerhin sechzig Varietäten unterhält die britische Avondale Nursery in der Nähe von Coventry. Die Ansprüche von Anemone nemorosa und Konsorten sind schnell zusammengefasst: Sie wollen in Ruhe gelassen werden. Umgraben, Hacken, Düngen oder Wässern sind kontraproduktiv und am idealen Standort im lichten Schatten auch selten nötig. Allenfalls sollte im Herbst eine Schicht Laub liegenbleiben.

Ähnliche Bedingungen schätzt das Leberblümchen. Der Dichter Ludwig Bechstein hat ihm die erste Strophe seines Blumenalphabets gewidmet: »Botin des neu erwachenden Lenzes, lächelnd hebst du dein Haupt, fröhlicher Jugend vergleichbar.« Das bringt den Pessimisten ins Grübeln. Bei ihm wächst normalerweise gar keines. Denn Hepatica nobilis aus der Familie der Hahnenfußgewächse war in Europa praktisch aus den Gärten verschwunden. Sein deutscher Trivialname leitet sich aus der Signaturenlehre ab, wonach Form und Farben bestimmter Pflanzen von ganz allein zeigen, wofür und wogegen sie gut sind. Die dreigelappten Blätter des blauen Frühlingsboten erinnerten die Ärzte der Antike an die menschliche Leber (griechisch »hepar«). Entsprechend sollte die Pflanze alle Krankheiten des Organs und deren Begleiterscheinungen heilen, wozu unter anderem Sommersprossen und Feigheit gerechnet wurden.

Amerikanische Quacksalber verordneten noch Mitte des 19. Jahrhunderts große Mengen von »Dr. A. Rogers Syrup of Liverwort and Tar«. Angeblich wurden dafür in einem einzigen Jahr mehr als zweihunderttausend Kilo Leberblümchenblätter gesammelt, was mangels verlässlicher Quellen wohl ins Reich der Legenden gehört. Außer eingefleischten Homöopathen glaubt heute niemand mehr an die Heilkraft der Pflanze. Stattdessen wird vor allergischen Reaktionen gewarnt.

Im Garten ging es mit dem Leberblümchen mal auf, mal ab. Der Arzt und Prediger Hieronymus Bock berichtete 1539 in seinem Kräuterbuch, das Gewächs sei nicht allenthalben in der Natur zu finden, »doch ziet man es inn den Gärten«. Berühmte Botaniker wie Konrad Gessner oder Tabernaemontanus kultivierten abweichende Formen mit weißen oder gefüllten Blüten. Die deutsche Verehrung für das Leberblümchen gipfelte im Biedermeier. Dann geriet es ins Vergessen. Der Berliner Naturforscher Carl August Bolle zählte es um 1900 herum bereits zu den altmodischen Blumen. Einzig in England, wo die Pflanze ursprünglich gar nicht heimisch war, wurde noch gärtnerische Auslese betrieben. Überlebt hat aus dieser Zeit eine einzige Kreuzung des Pflanzenzüchters Ernest Ballard, Hepatica x ›Ballardii‹, mit besonders großen, silberblauen Blüten.

Blau ist die Ursprungsfarbe des Leberblümchens. Wie viele höhere Pflanzen bildet es Anthocyane, die vor ultravioletter Strahlung schützen. Außerdem absorbieren sie den grünen Anteil des Sonnenlichts. Das menschliche Auge nimmt dann je nach Zusammensetzung des Pflanzenfarbstoffs blaue oder rote Töne wahr. Dieses Spektrum kann sich abhängig vom pH-Wert verschieben. Aufmerksame Beobachter finden also immer wieder Leberblümchen, die spontan von blau nach rot, rosa oder manchmal sogar weiß changieren. Die Herausforderung für Züchter besteht darin, solche Merkmale über Generationen hinweg zu stabilisieren.

In Japan rangiert das Ansehen des Leberblümchens auf einer Stufe mit kunstvoll gestutzten Bonsaibäumen und seltenen Koi-Karpfen. »Yukiwari-sou« wird es genannt, »die Pflanze, die den Schnee bricht«. Die Kulturgeschichte des japanischen Leberblümchens lässt sich sogar in Perioden gliedern. In der Edo-Zeit (1603 bis 1868) begannen Enthusiasten erstmals mit dem Sammeln ausgefallener Formen, die als Glücksbringer galten. In der Meiji-Periode (1868 bis 1912) ging das Interesse zurück, auch aus der Taisho-Periode (1912 bis 1926) hat keine Pflanze überlebt. Erst um 1975 herum flammte die Begeisterung wieder auf. Sammler fanden damals in den Bergen von Niigata mehrere spektakulär blühende Exemplare. Die Gegend wurde seitdem regelrecht geplündert. Mehr als fünfhundert natürliche Spielarten der Pflanzensippe Hepatica nob. var. japonica sind bis heute beschrieben worden, dazu kommen drei Mal so viele Neuzüchtungen. Japanische Hepatica-Sammler geben für ihr Hobby ein Vermögen aus, der Preis einer einzelnen Pflanze kann durchaus mit dem eines Mittelklassewagens konkurrieren.

Hierzulande hat sich vor Jahren eine Handvoll Enthusiasten darangemacht, japanische Formen mit europäischen zu kreuzen. Das ist ein echtes Geduldsspiel. Zur Zeit der Blüte werden die Staubblätter des einen Kreuzungspartners entfernt, um Selbstbestäubung oder zufällige Fremdbestäubung zu vermeiden. Der Pollen des anderen Partners wird mit einer Pinzette oder einem Pinsel auf die Narbe der Fruchtblätter übertragen. Die Samen müssen bis zum nächsten Frühjahr feucht gehalten werden. Mit Glück erscheinen dann zwei Keimblätter, im zweiten Jahr vielleicht ein paar Jugendblätter und im vierten oder fünften Jahr eine Blüte. Bis die Pflanze erstmals geteilt und vermehrt werden kann, gehen glatt ein Dutzend Jahre ins Land.

Züchter, die mit Hepatica handeln, sind dementsprechend an einer Hand abzuzählen. In Deutschland sind es nur zwei. Neben dem Staudengärtner Jürgen Peters aus Uetersen bei Hamburg ist das Andreas Händel in Neu-Falkenrehde bei Potsdam. Er hat seine Ausbildung als Gärtner noch im Betrieb des legendären Staudenzüchters Karl Foerster gemacht. Dort stieß er zum ersten Mal auf ein gefülltes Exemplar, offensichtlich eine

Spontanmutation, die ein hochbetagter Kollege entdeckt hatte; ihm zu Ehren nannte er sie ›Walter Otto‹.[7]

Eines muss man leider sagen: Leberblümchen sind zickig. Als Bewohner der Laubwälder warm gemäßigter Zonen wollen sie es vom Herbst bis zum Frühling mäßig hell und im Sommer schattig haben. Der Boden muss gut durchlüftet sein und am besten von einer Mullschicht aus halb verrotteten Laubblättern bedeckt. Kalk darf, aber muss nicht sein. Man hat schon Leberblümchen auf Sandboden und im Moor gefunden. Klein und zart, wie sie sind, werden sie schnell von anderen Pflanzen überwuchert.

Mit der Vermehrung ist es auch nicht weit her. Die erfolgt von Natur aus über Samen, die entweder an Ort und Stelle zu Boden fallen oder von Ameisen verschleppt werden. Trocknen sie aus, verlieren sie ihre Keimfähigkeit. Wahre Blütenteppiche, wie man sie von anderen Frühlingsblühern kennt, darf man vom Leberblümchen nicht erwarten. Zum Ausgleich dafür kann es unglaublich treu sein. Jürgen Peters besitzt eine ›Rubra Plena‹, die ihn seit mehr als drei Jahrzehnten begleitet. Von welcher Liebe kann man das sonst noch sagen?

Frühling wird es immer wieder

Wenn die Forsythien blühen, ist der Erstfrühling da, wenn die Apfelblüte dran ist, der Vollfrühling. So kann man sich im Vorfrühling schönreden, dass die Tage häufig noch ziemlich eklig sind und die Nächte immer mal wieder frostig.

Ein echter Trost ist hier die Kornelkirsche (Cornus mas). Sie zählt, wie die Hasel, zu den allerersten blühenden Gehölzen. Die blassgelben Scheindolden erscheinen noch vor dem Laubaustrieb und duften ganz schwach nach Honig. Mit der echten Kirsche hat der Großstrauch nichts zu tun, er gehört zu den Hartriegelgewächsen. Hart ist in diesem Falle wörtlich zu nehmen, das Holz der Kornelkirsche ist so fest und schwer, dass es im Wasser zu Boden sinkt. Jenaer Burschenschafter ließen daraus im 19. Jahrhundert Wanderstöcke drechseln, die sie sich beim Duell um die Ohren schlugen. Auch das Trojanische Pferd und der mächtige Bogen des Odysseus, den nur er und niemand sonst spannen konnte, sollen aus Kornelholz gewesen sein. Bis zu sechs Meter lange Lanzen aus Kornel waren die typischen Waffen der makedonischen Phalanx, einer Schlachtformation, die Alexander dem Großen zu seinen Eroberungen verhalf.

Die Eigenschaften der Kornelkirsche hat der verstorbene Dendrologe Gerd Krüssmann wie folgt zusammengefasst: »Nicht wählerisch, kalkhold, Schatten vertragend. Vogelschutz- und -nährgehölz, besonders wichtige Bienenpflanze, geeignet für regelmäßige, geschnittene Hecken, Wuchshöhe im Alter von fünfundzwanzig Jahren gut vier, im Alter von fünfzig Jahren knapp acht Meter.«

Fehlt noch das Kulinarische. Darüber hat einigermaßen erschöpfend der frühere Hauptgeschäftsführer des Bundesverbandes Deutscher Kornbrenner Josef Cornelissen geforscht. Auf der Suche nach der Herkunft seines Namens stieß er auf eine Unzahl von Rezepten, wie mit den säuerlichen Steinfrüchten des Kornelstrauchs zu verfahren sei (www.cornelissen.de/cornel.htm). Im Wesentlichen wird daraus Marmelade gekocht oder Obstwein gewonnen. Und ein offenbar hervorragender Schnaps gebrannt. Die Ausbeute ist allerdings derart gering, dass er nur selten auf den Markt gelangt, weshalb das Urteil an dieser Stelle aus zweiter Hand weitergegeben werden muss.

Als heimischer Wildstrauch, der zudem noch Früchte trägt, ist die Kornelkirsche deutlich nützlicher als die bekanntere Forsythie. In früheren Jahren wurde sie züchterisch bearbeitet; die Liste der Wildobstarten des Bundessortenamtes aus dem Jahre 1999 zählt immerhin zehn Sorten auf, die zahlreichere und größere Früchte tragen als die in dieser Hinsicht unzuverlässige Wildform. In Österreich genießt die Dirndl, wie sie dort genannt wird, weit höheres Ansehen. Im oberen Pielachtal, südöstlich der Landeshauptstadt St. Pölten gelegen, wird alljährlich ohne jeden Hintergedanken eine Dirndlprinzessin gekürt und für gutes Geld Dirndlbrand ausgeschenkt (www.dirndlwiki.at).

Große Freunde der Kornelkirsche sind die Hummeln. Schon bei wenigen Grad Celsius über null werden sie aktiv und machen sich auf die Suche nach allem, was bereits blüht. Sie sind dabei nicht wählerisch. Doch wenn sie sich mal auf eine Pflanze festgelegt haben, bleiben sie dabei. So träge Hummeln auch wirken, beim Erkennen von Farben sind sie unglaublich schnell. Nur knapp acht Millisekunden brauchen sie, bis sie einen Grünreflex verarbeitet haben; Blau und Ultraviolett dauern etwas länger. Das menschliche Auge ist im Vergleich dazu nur halb so schnell.

Wenn man die Hummel an den ersten milden Tagen durch die Gegend taumeln sieht, könnte man meinen, sie hätte Schwierigkeiten mit dem Fliegen. Zäh hält sich der Mythos, sie sei aufgrund ihres Gewichts nach den Gesetzen der Aerodynamik auch gar nicht dazu imstande. Aber eine Hummel ist kein Flugzeug, sie erzeugt den nötigen Auftrieb selbst. Der britische Zoologe Charles Ellington hat durch langjährige Beobachtung und theoretische Überlegungen herausgefunden, wie sie das anstellt. Sie bewegt ihre Flügel bis zu zweihundert Mal pro Sekunde, und zwar nach Art eines Paddels. Dadurch entstehen turbulente Wirbel, die den Brummer mühelos in der Schwebe halten. Und nicht nur das: Ein Tempo von zwanzig Kilometern pro Stunde ist durchaus drin. Die Fluginsekten zeigen dabei einen guten Orientierungssinn: Eine Erdhummel, die man zu experimentellen Zwecken in der Nähe von Newcastle fünfzehn Kilometer weit entfernt von ihrem Nest in einem Gartencenter ausgesetzt hatte, fand zielsicher den Weg zurück.

In einem weiteren Versuch hat man alpine Hummeln in mehr als dreitausend Meter Höhe gefangen und in einer Luftdruckkammer getestet, wie hoch sie theoretisch noch steigen könnten. Alle Exemplare schafften simulierte siebentausend Meter, bei dreien war sogar erst in achttausend Metern Schluss. Hummeln besäßen noch »beträchtliche aerodynamische Reserven«, folgerten die Forscher.

Die Königinnen, die umherbrummen, schaffen den erbeuteten Nektar in ihre Nester, wo sie kleine Honigtöpfe damit füllen. Von denen zehren sie, wenn sie demnächst Eier legen. Die werden bebrütet, bis Larven schlüpfen. Auch die müssen noch gefüttert werden. Erst wenn der weibliche Nachwuchs seine Arbeit aufnimmt, ist es für die Königin mit der Plackerei vorbei.

Was gibt es sonst noch im Vorfrühling zu bewundern? Natürlich Stiefmütterchen. Sie gehören zur Gattung der Veilchen, von denen viele ausdauernd sind. Garten-Stiefmütterchen dagegen sind kurzlebige Pflanzen, die massenhaft im Gewächshaus vorgezogen werden. Vorübergehend vertragen sie leichten Frost.

Die wilde Mutter des Garten-Stiefmütterchens ist Viola tricolor, das Ackerveilchen, das in ganz Europa auf Wiesen und an

Wegrändern wächst. In Shakespeares *Sommernachtstraum* spielt es eine zentrale Rolle, denn sein Saft, geträufelt auf entschlafene Wimpern, »macht Mann und Weib in jede Kreatur, die sie zunächst erblicken, toll vergafft«. Herbeigeschafft vom Hofnarren Puck, führt das Elixier zu ungeahnten erotischen Verwicklungen.

Aber auch die Abstammungsgeschichte des Stiefmütterchens steckt voller Komplikationen. Kreuzungen an V. tricolor führte Anfang des 19. Jahrhunderts erstmals Mary Elizabeth Bennet, eine Tochter des vierten Earls of Tankerville, durch. Zur gleichen Zeit beschäftigte sich der hochdekorierte britische Admi-

ral Lord James Gambier mit Einkreuzungen anderer Veilchenarten. Daraus ging eine enorme Zahl an Bastarden hervor. Um 1833 herum existierten bereits mehr als vierhundert. Der Erste, der hier nach Ordnung strebte, war der schwedische Botaniker Veit Brecher Wittrock. Einigermaßen frustriert von der Vielfalt, schlug er 1896 vor, die ganze Sippschaft Violae x hortenses ›grandiflorae‹ zu nennen, um anzudeuten, dass viele Eltern am Werk gewesen waren. Der Nächste, der sich damit befasste, war der Österreicher Helmut Gams, der zu dem Ergebnis kam, es handele sich doch um eine eigene, nach den Linnéschen Regeln zu benennende Art, die er zu Ehren seines Vorgängers Viola wittrockiana taufte. Die Fachwelt mäkelte daran so lange herum, bis sich der Berliner Genetiker Hans Kappert erneut der Sache annahm und den Namen formal als V. wittrockiana GAMS veröffentlichte. Doch den wirklich Eingeweihten blieb nicht verborgen, dass Gams keine Validierung abgeliefert hatten, die laut internationaler Übereinkunft darin besteht, dass der betreffende Autor eine in lateinischer Sprache abgefasste Beschreibung sowie einen detaillierten Herkunftsnachweis liefert. Beides liegt nun seit 2007 vor. Der Rostocker Botaniker Johannes Nauenburg und sein Frankfurter Kollege Karl Peter Buttler erheben den Anspruch auf die erste vollgültige Benennung im Sinne der Nomenklaturregeln. Sie lautet V. wittrockiana GAMS EX NAUENB. & BUTTLER.

So kompliziert ist das manchmal mit den botanischen Namen. Manche führen auch komplett in die Irre. Nehmen wir zum Abschluss der Betrachtung nur die Primel. Ein »primus«, also ein Erstling, ist sie wahrhaftig nicht. Die Wiesen-Schlüsselblume (Primula vera) und die Hohe Schlüsselblume (P. elatior) öffnen ihre Blüten normalerweise erst im April. Dann haben andere Frühlingsgewächse längst ausgeblüht. Im Blumenladen allerdings, das stimmt, bekommt man bunte Primeln schon zum Jahresanfang nachgeworfen. Meist sind das Hybridzüchtungen der Stängellosen Schlüsselblume P. vulgaris, auf deutsch Kissen- oder Gartenprimel genannt. Als Zimmerpflanze werden häufig Becherprimeln verkauft, die ursprünglich aus China stammen. Man nennt sie auch Gift-Primeln, weil sie erhebliche Mengen an Primin produzieren, einem chemischen Abkömmling des Benzochinons, der zu den stärksten Kontaktallergenen gehört. Unter Gärtnern ist die sogenannte »Primeldermatitis« als Berufskrankheit gefürchtet. Es gibt inzwischen aber auch priminfreie Sorten (»touch me«).

Die Echte Primel genießt in der Pflanzenheilkunde einen Ruf wie Donnerhall. Angeblich war sie Bestandteil des »Tranks der Begeisterung«, den keltische Druiden zu sich nahmen, wobei der alkoholische Anteil eine mindestens ebenso große Rolle gespielt haben dürfte. Wurzeln und Blätter sollen entspannend und angstlösend wirken, in der Volksmedizin wurde die Pflanze deshalb auch gegen Schwarzseherei verordnet. Nachgewiesen ist eine schleimlösende Wirkung, die sich auf das Vorhandensein verschiedener Saponine zurückführen lässt. Ein Extrakt aus den Blüten ist zum Beispiel in Mitteln enthalten, die gegen Erkältungen und Bronchitis helfen sollen. Die Deutschen schlucken sie in beachtlichen Mengen, ohne sich groß drum zu kümmern, woher der Rohstoff stammt.

Die heimischen Wiesen jedenfalls decken den Bedarf bei Weitem nicht. Ein großer deutscher Händler importiert nach Angaben des WWF jährlich zehn Tonnen Schlüsselblumen. Der größte Teil davon stammt von den Bergen Albaniens, wo das Sammeln wilder Heilpflanzen Tradition hat. Unter der Herrschaft des Kommunisten Enver Hoxha war das ein wichtiger Wirtschaftszweig, der an die hunderttausend Menschen beschäftigte und jährlich 50 Millionen Dollar Exporterlöse brachte.

Um die albanischen Bestände vor Raubbau zu bewahren, haben die Gesellschaft für Technische Zusammenarbeit, die Firma Kräuter Mix und der Botanische Garten der Universität Würzburg vor einiger Zeit ein Projekt durchgeführt, das den gezielten Anbau von Schlüsselblumen fördern soll. Wo sie bei uns natürlich vorkommen, lässt man sie besser stehen; sie sind in Deutschland geschützt.

Darwins Tulpen

Und wann kommen endlich die Tulpen? Eine der frühesten ist die Gnomen-Tulpe (Tulipa turkestanica). In milden Wintern erscheinen ihre sternförmigen Blüten schon Ende Februar. Die Gnomen-Tulpe gehört zu den Wildtulpen. Sie erleben seit einiger Zeit eine Renaissance in den Gärten, nachdem sich viele an den bunten »Hollandtulpen« sattgesehen haben. Wildtulpen gehören nach der geltenden Tulpen-Klassifikation in die Gruppe 15. Sie bilden damit das Schlusslicht einer stattlichen Reihe von Zuchtformen, die von den einfachen frühen Tulpen über die gefüllten frühen, die Triumphtulpen, Darwin-Hybriden, einfachen späten, lilienblütigen, gefransten, grünen, Rembrandt-, Papageien-, gefüllten späten, Kaufmanniana-, Fosteriana und Greigii-Tulpen reicht. Die drei letztgenannten Gruppen sind vielfach untereinander gekreuzt worden und werden oft als »botanische Tulpen« bezeichnet. Botaniker hören das nicht so gern, sie unterteilen vielmehr die eigentlichen Wildtulpen in rund 120 Arten, wobei sie auf Merkmale achten, die den Laien normalerweise wenig interessieren, beispielsweise ob die Innenseite der Zwiebelhaut mit Flaumhaaren überzogen ist oder nicht.[8]

Heimisch ist bei uns nur eine einzige Wildtulpe, die konsequenterweise »Wilde Tulpe« genannte Tulipa sylvestris. Und auch sie ist strenggenommen ein Neuankömmling. Vermutlich hat sie sich im 17. Jahrhundert mit dem Weinbau von Süden über die Alpen nach Norden vorgearbeitet, weshalb sie meist als »Weinbergtulpe« gehandelt wird. Auf durchlässigen, nährstoffreichen Böden in sonniger Lage, wie sie in Weingebieten zu finden sind, entwickelt sie mit Hilfe unterirdischer Ausläufer einen erstaunlichen Vermehrungsdrang. Im Elsass betrachtete man die Weinbergtulpe eine Zeit lang als Unkraut, in Deutschland ist sie heute streng geschützt und darf keinesfalls ausgebuddelt werden.

Im Garten machen sich Wildtulpen am besten im Steingarten, wo sie im Frühjahr feucht und für den Rest der Vegetationsperiode möglichst trocken stehen wollen. Die Vermehrung erfolgt über Tochterzwiebeln, aber auch Aussaaten sind möglich. Dann dauert es allerdings etliche Jahre, bis eine solche Pflanze blüht. Tulpen neigen zur Bastardisierung, man kann nie wissen, was bei einer Kreuzung herauskommt. So liegt die Abstammung der kommunen »Gartentulpe«, die in Persien schon im neunten Jahrhundert nach Christus erwähnt wurde, genetisch vollkommen im Dunkeln.

Mit der Gartentulpe haben sich vor allem die Holländer hervorgetan. Auf dem Keukenhof bei Lisse blühen jedes Jahr an die fünf Millionen Stück, beäugt von fast ebenso vielen Besuchern. Auf den ersten Blick sind sie kaum von Kunststoffblumen zu unterscheiden: knallrot, knallorange, knallgelb. Stramm wie Soldaten stehen sie da. Der Züchtername lautet »Darwin-Hybride«. In gewisser Weise ist sie der vorläufige Höhepunkt der Tulpen-Evolution.

Wir sind es zwar gewohnt, Evolution als einen Prozess aufzufassen, der sich auf natürlichem Wege abspielt, ohne Zutun des Menschen. Doch seit er vor zehntausend Jahren den Ackerbau erfunden hat, ist das anders. Die künstliche Selektion ist zu einem wichtigen Faktor geworden. Der Mensch hat aus unscheinbaren Gräsern Getreide gezüchtet, aus bitteren Knollen Wurzelgemüse, aus steinharten Früchten genießbares Obst, aus Kräutern Drogen, aus unscheinbaren Gewächsen bunte Blumen.

Es lohnt sich, den Spieß einmal umzudrehen und zu fragen, ob nicht in Wahrheit die Pflanzen den Menschen instrumentalisiert haben, indem sie ihn als Bestäuber, Kultivator und Hüter ihrer egoistischen Gene in Dienst nahmen? Dass der Mensch die Wälder gerodet hat, lag auch im Interesse der Gräser, zu denen die Urform des Weizens, des Hafers, der Gerste, des Roggens, der Hirse, des Reis und des Mais zählen. Auf diese Weise hat er ihnen (und einer üppigen Begleitflora) überhaupt erst den Lebensraum geschaffen, den sie heute einnehmen.[9]

Die Tulpe hat es sogar geschafft, den ersten Börsenkrach der Geschichte auszulösen. Unter der Herrschaft der Ottomanen waren erste Spielarten im 16. Jahrhundert gezüchtet worden; als Ideal galt die spitze Dolchform der Blütenblätter. Vom Hof Suleymans des Prächtigen sollen Tulpenzwiebeln um 1554 nach Nordeuropa gelangt sein. Englische, flämische und französische Gärtner lernten schnell, welche Variationsbreite in der Pflanze steckt. Die Holländer trieben die Sache auf die Spitze. Während man in Deutschland (vergebens) versuchte, die Zwiebeln zur Delikatesse zu erklären, setzten holländische Züchter alles daran, neue, immer ausgefallenere Spielarten zu züchten. 1623 wurde ein einzelnes Exemplar der Sorte ›Semper Augustus‹ bereits mit tausend Gulden gehandelt, zehn Jahre später, auf dem Höhepunkt des Tulpenrausches, waren es dann schon zehntausend. Man hätte dafür eines der teuersten Häuser in der Amsterdamer Innenstadt erwerben können, komplett mit Garten und Kutschenstall. Derart hitzig wurde spekuliert, dass von den Kanzeln herab gewettert wurde. Der Pfarrer der Gemeinde von Terneuzen verfasste ein polemisches Anti-Tulpen-Gedicht von immerhin 16 000 Versen Länge. Wer sich keine Tulpen leisten konnte, wollte wenigstens Bilder von ihnen besitzen. Die berühmtesten Maler der Zeit, darunter Rembrandt, schufen Stillleben, auf denen abenteuerlich geflammte Blüten zu sehen sind. Die heutigen »Rembrandt-Tulpen« sind nur noch ein schwacher Abklatsch dieser Pracht. Geflammte oder »gebrochene« Tulpen sind in Wahrheit krank, ein Pflanzenvirus sorgt dafür, dass sie in der nächsten Generation zugrunde gehen.

Im 18. Jahrhundert hat das Tulpenfieber noch einmal Konstantinopel befallen. Sultan Ahmed III. gab einen beträchtlichen

Teil seines Vermögens für illuminierte Tulpenschauen aus. Die Holländer, kuriert von ihrem Taumel, wandten sich wieder dem nüchternen Teil des Geschäftes zu. Sie legten die Polder trocken und liefern seitdem zuverlässig Tulpen aus Amsterdam, die in Wahrheit aus agroindustriellen Vermehrungsbetrieben stammen, die keinen Vergleich mit den Massenställen der Hühner- und Schweinemäster zu scheuen brauchen.

Wollen wir sie reinlassen?

Zum Beweis dafür, dass er kein kompletter Ökobanause ist, hat der Nachbar nun einen Schmetterlingsstrauch gepflanzt. Stolz ist er, wenn sich Dutzende von Faltern darauf niederlassen. Meist sind es Pfauenaugen. Ein Stück Natur gerettet. Genau, sage ich, feine Sache.

Denn was müsste man ihm eigentlich sagen? Dass Buddleja davidii ein übler Eindringling ist? Der, Ende des 19. Jahrhunderts aus China eingeführt, sich nach dem Zweiten Weltkrieg in den Trümmern der Städte breitgemacht hat und heute mit Vorliebe auf Industriebrachen siedelt? In Deutschland steht der Sommerflieder, wie er auch genannt wird, auf der Liste der potenziell invasiven Arten. Für die sieht das Bundesamt für Naturschutz zwar noch keine Bekämpfungsmaßnahmen vor, aber einen gewissen Beobachtungsbedarf. In der Schweiz, wo das Gewächs inzwischen auch geschützte Standorte überwuchert, geht man radikaler vor. Roden, Wurzelwerk wegfräsen, alle Reste verbrennen, empfiehlt die eidgenössische Kommission zur Erhaltung von Wildpflanzen. Und das zweimal jährlich.

Dass es viel nützen wird, kann man bezweifeln. Ein einzelner Strauch produziert Millionen von Samen, die mühelos davonwehen und jahrelang keimfähig bleiben. Auch die Baumschulen liefern fleißig Nachschub. Denn einfacher lassen sich Schmetterlinge tatsächlich nicht anlocken als mit einer anspruchslosen Buddleja, die man nur jedes Jahr im Frühling radikal stutzen muss, damit sie umso kräftiger austreibt.

Blöderweise sind es nur die erwachsenen Falter, die am Schmetterlingsstrauch Nektar saugen. Und auch nicht unbedingt die seltenen. Selbst das Pfauenauge ist nicht auf ihn angewiesen, Brennnesseln täten es auch. Entscheidender für das Fortkommen der Schmetterlinge ist das, wovon sich deren Raupen ernähren. Von denen geht keine einzige an den Sommerflieder. Den Raupen zuliebe müsste man zum Beispiel Klee aussäen oder Weißdorn und Berberitzen pflanzen – nichts, was mein ordnungsliebender Nachbar im Garten dulden würde. Aber muss ich ihm das unter die Nase reiben? Es ist doch gut, wenn er sich wenigstens Gedanken macht.

Man muss auch nicht jeden Eindringling im Garten bekämpfen. Wenn wir alles ausrotten wollten, was aus fremden Ländern zu uns gekomken ist, hätten wir viel zu tun. Der Landschaftsarchitekt Jörgen Ringenberg hat einmal alle Gehölzarten gezählt, die in Hamburger Gärten zu finden sind. Mehr als zwei Drittel davon waren sogenannte Neophyten.

Als Neophyten bezeichnet man Pflanzen, die erst nach 1492 eingeführt worden sind, dem Jahr der Entdeckung Amerikas durch Kolumbus. Botanische Immigranten gab es auch schon früher. Die Römer brachten zum Beispiel die Esskastanie mit. Die meisten Getreide und die dazugehörigen Ackerunkräuter wie Klatschmohn oder Kornblume sind bereits in der Jungsteinzeit zugewandert. In diesem Fall spricht man von Archäophyten.

Ob pflanzliche Neulinge willkommen oder unerwünscht sind, hängt davon ab, wie sie sich verhalten. Gegen Kartoffeln und Tomaten, nützliche Mitbringsel aus der Neuen Welt, hat niemand etwas einzuwenden. Sie gedeihen bei uns nur in Kultur. Anders ist das mit dem Riesen-Bärenklau oder der Beifuß-Ambrosie, die sich ungehemmt ausbreiten. Als Faustregel gilt, dass etwa zehn Prozent aller eingeführten Arten sporadisch verwildern, sich wiederum zehn Prozent davon dauerhaft im Freiland etablieren, wiederum ein Zehntel davon mit unerwünschten Folgen für die Umwelt.

Ein typischer Vertreter der invasiven Art ist die Kanadische Wasserpest Elodea canadensis. 1859 entwich sie aus einem Teich im Berliner Botanischen Garten und wucherte bald so ungehemmt, dass es der Heidedichter Hermann Löns mit der Angst zu tun bekam: »Der Tag schien nicht mehr fern, da alle Binnengewässer Europas bis zum Rande mit dem Kraute gefüllt waren, so daß kein Schiff mehr fahren, kein Mensch mehr baden, keine Ente mehr gründeln und kein Fisch mehr schwimmen konnte.« Ganz so schlimm ist es nicht gekommen. Aber ein Dauergast ist die Pflanze geblieben. Neuerdings wird sie ihrerseits von der Schmalblättrigen Wasserpest E. nuttallii verdrängt. Beide Arten können ganze Seen überwachsen, Nährstoffe aus dem Untergrund mobilisieren und so zur Überdüngung beitragen. Wenn die Plage überhand nimmt, wird das Kraut abgemäht, was nicht viel bringt, da wenige abgerissene Stengel schon reichen, neue Massenvorkommen zu bilden. Weil die Kanadische Wasserpest eine beliebte Aquarienpflanze ist, kommt es auch immer wieder vor, dass sie irgendwo mitsamt dem übrigen Beckeninhalt wild verkippt wird und eine neue Heimat findet.

Das Helmholtz-Zentrum für Umweltforschung in Leipzig hat ausgerechnet, dass allein im 13 Quadratkilometer großen Goitzsche-See bei Bitterfeld jährlich 26 000 Tonnen Wasserpest heranwachsen. Es gibt Pläne, sie zu Biogas zu vergären. Aber endgültig los wird man den kanadischen Einwanderer wohl nie mehr werden.

Ein anderes prominentes Beispiel ist das Springkraut, das ganze Auenlandschaften in Beschlag nehmen kann. Anfang des 20. Jahrhunderts war es hochwillkommen. Bienenfreunde säten das Kraut gezielt aus, weil die Pflanze noch im Spätsommer Pollen und Nektar liefert. Manche Imker ernten bis heute sortenreine Tracht davon, die etwas verschämt als »Balsaminenhonig« gepriesen wird. Auch der Japanische Staudenknöterich, der Riesen-Bärenklau oder das Beifußblättrige Traubenkraut fielen nicht vom Himmel. Sie waren (und sind manchmal immer noch) in Vogelfuttermischungen enthalten oder Bestandteil von sogenannten »Hasenapotheken«, die von Jägern ausgestreut werden. Auf stillgelegten Ackerflächen und im Rahmen von öffentlich geförderten Ackerrandstreifen-Programmen wurden auch schon Samenmischungen dubioser Herkunft gesät. Ganz zu schweigen von Hobbygärtnern, die meinen, etwas Gutes zu tun, wenn sie eine Blumenwiese anlegen. Der Braunschweiger Botaniker Dietmar Brandes hat Stichproben aus solchen Samentütchen genommen und mehr als ein Dutzend gebietsfremde Arten gefunden. Beim Kalifornischen Mohn oder dem Steppensalbei verrät das schon der Name.

Fast immer hat der Mensch seine Finger im Spiel, wenn eine Pflanze den Sprung über Ländergrenzen schafft. Selbst die Wiederansiedlung der Buche kam nach der letzten großen Eiszeit nördlich der Alpen nur deshalb so fix voran, weil neolithische Siedler Bucheckern mit sich führten. Kräuter wie die Wilde Malve, die Wegwarte oder der Rainfarn, die zur Zeit Karls des Großen in Klöstern angebaut wurden, haben sich auf dem Umweg über Bauerngärten im Freiland etabliert. Der Ausbau des Eisenbahnnetzes hat die Verbreitung von Neophyten noch erheblich beschleunigt. Am Beispiel des Essigbaums oder der Kanadischen Goldrute kann man gut beobachten, wie sie entlang der Bahndämme gewandert sind.

Heute sind Gartencenter und Baumärkte eine stete Quelle von Neueinführungen. Weil viele Gärtner die unschöne Angewohnheit haben, Schnittgut und Abfälle in der Botanik abzukippen, wird noch manche Verwilderung stattfinden. Ein aktueller Fall ist die Polsterglockenblume Campanula poscharskyana.

Unter den Pflanzen, die bei uns ohne menschliches Zutun nicht wachsen würden, gibt es ausgesprochen liebenswürdige Exemplare. Eines davon ist das Gänseblümchen (Bellis perennis), das schon in vorgeschichtlicher Zeit aus dem Mittelmeerraum zugewandert ist. Richtig ausbreiten konnte es sich aber erst, als der Rasenmäher erfunden wurde. Auf mitteleuropäischem Einheitsrasen ist das Gänseblümchen inzwischen die häufigste Blütenpflanze. Es zu bekämpfen hat keinen Sinn.

Dasselbe gilt für das Zimbelkraut Linaria cymbalaria. Es krümmt sich nach der Befruchtung fort vom Licht, um sich in Mauerritzen zu verankern, ein Beispiel für negativen Phototropismus. Zur Ausbreitung des Zimbelkrauts hat maßgeblich der Ingenieur und Schriftsteller Heinrich Seidel beigetragen, der nicht nur Eisenbahnbrücken konstruiert und den Roman *Leberecht Hühnchen* verfasst hat, sondern auch Samen von seinen vielen Reisen mitbrachte und aussäte, wo es ihm passte. Zum Zimbelkraut hat er sich ausdrücklich bekannt, damit, wenn er selbst längst vergessen sei, »noch ein kleines, zierliches Pflänzchen lebendige Kunde davon geben wird, dass der Verfasser einst über diese Erde gegangen ist«.

Strenge Naturschützer sprechen in so einem Fall von »bewusster Florenverfälschung«. Wer gebietsfremde Pflanzen ausbringen will, braucht dazu in Deutschland eine Genehmigung. Aber wie hindert man einen Guerrilla-Gärtner daran, im Schutze der Dunkelheit Samenbomben zu werfen? Der Fachausdruck dafür lautet »ansalben« und geht angeblich auf die Praxis von Apothekern zurück, exotische Heilpflanzen selbst zu ziehen. Im 19. Jahrhundert etablierten sich in Deutschland außerdem sogenannte Akklimatisationsgesellschaften, die eine Verschönerung der Natur anstrebten. Ihnen verdanken wir manches Edelweiß, manche Orchidee und manches Schwertlilien-Vorkommen.

Doch nicht alles, was angesalbt wird, erfreut am Ende das Herz. So könnte man durchaus auf den Amerikanischen Stinktierkohl Lysichiton americanus verzichten, den Unbekannte irgendwann in den Siebzigerjahren im hessischen Taunus ausgesetzt haben. Das Gewächs verbreitet seinen muffigen Geruch inzwischen auch an anderen Standorten.[10]

Lass dir raten: keinen Spaten

In Gartenkalendern heißt es immer, man solle seinen Spaten ölen. Der Nachbar schwört in diesem Zusammenhang auf Ballistol, ein Mittel zur Waffenreinigung, mit dem man angeblich auch Salat anmachen kann; außerdem soll es gegen Mückenstiche, Zahnschmerzen, Sonnenbrand, Frostbeulen und Holzwürmer helfen. Seine Scholle hat der fleißige Mann natürlich schon im Winter umgegraben, auf dass sie die berühmte »Frostgare« annehme.

Darunter versteht ein Gärtner von altem Schrot und Korn das Durchfrieren und anschließende Zerbröseln fetter Erdbrocken, die er unter Inkaufnahme eines Bandscheibenvorfalls gewendet hat. Wie der Sinnspruch schon sagt: »Arbeite von früh bis spät, sonst wird nichts geraten; Neid sieht nur das Blumenbeet, aber nicht den Spaten.«

Unter Naturfreunden ist diese orthodoxe Haltung mittlerweile in Verruf geraten. Spätestens seit dem Erfolg des Bestsellers *Der Biogarten* von Marie-Luise Kreuter (1981 erschienen, inzwischen in der 24. Auflage) heißt der Schlachtruf »Nie mehr umgraben!«. Ansonsten drohe dem Bodenleben der mikro- und makrofaunistische Super-GAU. Mühsam errichtete Wurzelfüßer-Biotope kollabieren, und die Asseln suchen entsetzt das Weite.

Bei mir ist es allerdings so, dass ein anderer Liebhaber des Grabens die Regie übernommen hat. Offenbar vom Immobilienwahn angesteckt, hat sich der Maulwurf vorgenommen, seinen Wohnraum großzügig zu erweitern. Leider nicht da, wo ruhig mal gegraben werden könnte, sondern unter dem Rasen, der das wirklich nicht nötig hat.

Talpa europaea, der Europäische Maulwurf, kennt weder Rast noch Ruh. Zweitausend Quadratmeter für ein Revier, das er als Einzelgänger exklusiv bewohnt, scheinen ihm durchaus angemessen. Erst gräbt er einen Sondierungstunnel, dann kommen Jagdgänge, Verbindungsröhren, Vorratsräume, Wohnkammer und Belüftungsschächte hinzu. Pro Stunde buddelt sich ein Maulwurf bis zu sieben Meter voran, die anfallende Erde wird nach über Tage verfrachtet.

Die Liebe des Gärtners zum Maulwurf hält sich in Grenzen. Dabei könnte er eigentlich froh sein, denn die Anwesenheit dieses Wühlers lässt darauf schließen, dass der Boden humusreich, durchlässig und auch sonst in Ordnung ist. Vor allem dürften dort ausreichend Regenwürmer leben, denn ohne seine Lieblingsnahrung mag der Maulwurf, der offiziell zur Ordnung der Insektenfresser zählt, nicht sein. Ein Maulwurf wiegt um die hundert Gramm und muss täglich die Hälfte seines Gewichts an Nahrung zu sich nehmen. Untersuchungen in Schottland haben gezeigt, dass die Dichte der Maulwurfspopulation stets mit der Dichte der Regenwurmbesatzung korrespondiert. Sie fressen unter dem Strich also immer nur so viel, dass der Bestand nicht gefährdet ist – ein vorbildliches Beispiel für den nachhaltigen Umgang mit Ressourcen.

Der emeritierte Kasseler Biologe Günter Witte, Verfasser eines Standardwerks über den Europäischen Maulwurf, wird oft gefragt, wie man ihn denn loswerden kann. Gar nicht, sagt er, ein Maulwurf lässt sich nicht vertreiben. Meine persönlichen Erfahrungen gehen dahin, dass er keine Mottenkugeln mag. Wenn man in jeden neuen Gang beharrlich eine Mottenkugel steckt und dabei systematisch Richtung Grundstücksgrenze vorgeht, kann man ihn vergrämen. Mottenkugeln werden heutzutage allerdings nicht mehr aus stinkendem, Umwelt und Gesundheit gefährdendem Naphtalin hergestellt, sondern aus geruchsarmen Stoffen. Der Nachbar würde warten, bis der

Maulwurf seine Schnauze ans Licht streckt und ihn dann mit einem gezielten Spatenstich halbieren.

Die Alternative zum Umgraben heißt ganz einfach: mulchen. Wenn auf einer Fläche partout nichts wachsen soll, kippt man Rindenmulch drauf. Ungefähr fünf Zentimeter hoch, das hält zwei, drei Jahre. Nur ganz harte Vertreter der Unkrautflora wie die Gänsedistel kommen dagegen noch an, man kriegt sie aber bequem ausgerupft, weil sie zwischen den Schnitzeln nicht gut Fuß fassen. Wurzelunkräuter wie Quecke müssen allerdings vorher beseitigt werden. Manchmal schleppt man sich mit der Rinde Pilzsporen ein, dann keimt die eine oder andere Überraschung. In einem Jahr sah es nach Rehpilzen aus, ich habe auch schon Morcheln entdeckt.

Gegner des Rindenmulches wenden ein, er versauere den Boden. So viel kann man aber gar nicht ausbringen, dass der pH-Wert nennenswert in die Knie geht. Richtig ist, dass bei der Zersetzung vorübergehend Stickstoff verbraucht wird. Doch die meisten Gartenböden enthalten sowieso zu viel davon. Der größte Nachteil von Rindenmulch ist, dass er immer teurer wird. Vor Jahren konnte man einen Sechzig-Liter-Sack für unter einem Euro bekommen, mittlerweile sind 2,79 Euro schon ein Sonderangebot. Dafür gibt es grob sortierte Fichtenrinde.

Für gesiebte Kiefer oder Pinie (»Deko-Mulch«) kann man glatt das Dreifache hinlegen.

Rinde wird knapp, seit sie einen »Nawaro-Bonus« bekommt. Das heißt: Wer sie als nachwachsenden Rohstoff zur Energiegewinnung verfeuert, kann Zuschüsse einstreichen. Im Sinne des Klimaschutzes ist das suboptimal, denn dabei wird der gespeicherte Kohlenstoff als CO_2 vollständig in die Luft geblasen, während er in Form von Humus längere Zeit gebunden bliebe. Weltweit stecken schätzungsweise 1600 Gigatonnen Kohlenstoff in der Humusschicht, dreimal so viel wie in der Atmosphäre oder in der Vegetation. Nur beim Nachbarn ist das umgekehrt.

Zum Thema Mulchen gibt es viele Meinungen. Ein heißer Tipp in diese Richtung lautet immer mal wieder »Kaffeesatz«. Davon können Rhododendren und Rosen angeblich gar nicht genug bekommen. Kaffeesatz soll Katzen und Blattläuse vertreiben, Schnecken killen, Unkräutern vorbeugen, die Erde belüften, den pH-Wert senken und wertvolle Nährstoffe liefern. Wie das so ist mit den meisten Ratschlägen: Einer schreibt vom anderen ab, überprüft wird es nie.

In diesem Falle hat es aber doch jemand getan. Die Gartenbauexpertin Linda Chalker-Scott von der Washington State University in Puyallup hat die gesamte verfügbare Literatur über die Verwendung von Kaffeesatz zusammengetragen. Unter anderem hat man versucht, ihn unters Viehfutter zu mischen, ihn zu Biosprit zu vergären, Moskitos damit abzuschrecken und Regenwürmer darauf zu züchten. Durchgesetzt hat er sich nur als Kompost- und als Mulchmaterial. Und mit welchem Effekt? Generell besitzt frischer Kaffeesatz ein ungünstiges C/N-Verhältnis, was bedeutet, dass der darin enthaltene Stickstoff nicht besonders gut von den Pflanzen aufgenommen wird. Kompostiert man ihn, machen sich Mikroorganismen darüber her, und das Verhältnis von Kohlenstoff zu Stickstoff sinkt innerhalb eines Jahres von anfangs zwanzig zu eins bis auf zehn zu eins und niedriger. In dieser Hinsicht verhält sich Kaffeesatz wie frischer Gras- oder Rasenschnitt, den man auch nicht in unbegrenzten Mengen kompostieren soll. Der pH-Wert schwankt im Übrigen von Kaffeesorte zu Kaffeesorte und liegt keineswegs nur im sauren Bereich. Im Laborversuch wurde Kaffeesatz bevorzugt von Pilzen besiedelt, die andere, pflanzenpathogene Pilze unterdrücken. Eine abschreckende Wirkung auf Blattläuse fand man nicht. Zuckerrübensamen keimten schneller, wenn das Substrat Kaffeesatz enthielt, das Wachstum von Kohl und Sojapflanzen wurde ebenfalls gefördert, während Weiß- und Rotklee schon kümmerten, wenn sie nur mit Wasser gegossen wurden, das durch Kaffeesatz gefiltert worden war. Geranien und Dreimasterblumen litten gleichermaßen.

Linda Chalker-Scott rät dazu, Kaffeesatz höchstens hauchdünn als Mulchmaterial zu streuen. Größere Mengen des Materials verklumpen und bilden eine wasser- und luftundurchlässige Schicht. Im Kompost dagegen hält sie bis zu 20 Prozent Kaffeereste für tolerabel.

Die Frage ist nur, welcher Haushalt so viel produziert. Die amerikanische Starbucks-Kette hat in einem Modellversuch Mitte der Neunzigerjahre pfundweise Kaffeesatz an ihre Kunden verschenkt. Was daraus geworden ist, weiß man nicht.

Mieze Schindler darf nicht sterben

Ernährungswissenschaftler sind vor einiger Zeit der Frage nachgegangen, wie gesund Erdbeeren sind. Sie fütterten Versuchsratten mit Erdbeerextrakt, in einer Menge, die beim Menschen dem Genuss von täglich einem Pfund entsprechen würde. Anschließend bekamen die Versuchstiere Alkohol verabreicht. Den vertragen sie normalerweise gar nicht, er geht ihnen schwer auf den Magen. Doch nur drei Prozent der auf Erdbeerdiät gesetzten Tiere entwickelten eine Magenentzündung, ganz im Gegensatz zu ihren Leidensgenossen, die das Äthanol pur schlucken mussten. Die Forscher führen den Effekt auf den Gehalt von Flavonoiden und Tanninen zurück, die in Erdbeeren besonders reichlich enthalten sind und im Körper eine antioxidative Wirkung entfalten, wodurch die bösen freien Radikale keine Chance mehr haben.

Wir lernen daraus: Erdbeerbowle ist okay. Aber es müssen schon sehr viele Erdbeeren drin sein.

Was wir heute als Erdbeere kennen, ist botanisch gesehen die Gartenerdbeere Fragaria x ananassa (das x steht für eine Art, die erst durch Kreuzung mit einer anderen Art entstanden ist). Urform war vermutlich eine Zufallspaarung zwischen der nordamerikanischen Scharlacherdbeere (Fragaria virginiana) und der Chile-Erdbeere (Fragaria chiloensis), die der französische Marineoffizier Amédée François Frezier Anfang des 18. Jahrhunderts von seinen Reisen mitgebracht hatte. Bis dahin waren in Europa ausschließlich die drei wildwachsenden Arten Fragaria vesca (Walderdbeere), Fragaria viridis (Hügelerdbeere) und Fragaria moschata (Moschuserdbeere) angebaut worden. Von allen jemals gezüchteten Sorten sind bis auf den heutigen Tag rund dreihundert erhalten geblieben.

Erdbeeren sind nach Äpfeln und Orangen die wirtschaftlich bedeutendste Obstart. Allein in Deutschland werden jährlich 100 000 Tonnen geerntet und fast dreimal so viele verspeist. Die gesamte Weltjahresproduktion würde aber immer noch nicht reichen, den Bedarf zu decken. So findet sich künstliches Erdbeeraroma vom Joghurt bis zum Speiseeis in zahllosen Süßprodukten. Nur Erdbeeren, die nach Erdbeere schmecken, finden sich fast nirgends mehr. Man muss schon nach ihnen suchen.

Generationen von Züchtern haben die Frucht, die eigentlich zum Weichobst zählt, vor allem auf Festigkeit selektiert, damit sie die langen Transportwege übersteht. Das ist auf beeindruckende Weise gelungen. Man muss die Beere heutzutage regelrecht kauen, statt sie am Gaumen zu zerquetschen. Ertrag, Krankheitsresistenz, leichte Pflückbarkeit, Reifezeitpunkt – alles haben die Züchter in den Griff bekommen. Nur das Aroma und der Duft, der dem Rosengewächs Fragaria (von lat.: fragrare, duften) einst den Namen gab, sind dabei auf der Strecke geblieben.

Unter Hobbygärtnern wird deshalb seit geraumer Zeit der Geheimtipp ›Mieze Schindler‹ gehandelt. Ökonomierat Otto Schindler war der erste Direktor an der Dresden-Pillnitzer Staatslehranstalt für angehende Gartenfachkräfte. »Mieze« nannte er seine Frau und nach ihr 1933 auch eine Erdbeerzüchtung. Die Sorte hat in der DDR überlebt, in den alten Bundesländern war sie so gut wie unbekannt. Das Aromawunder hat nämlich einen entscheidenden Nachteil: Die Beere ist extrem weich. Ohne Blessuren schafft sie es nicht mal vom Beet in die Küche.

Am heutigen Pillnitzer Institut für Obstzüchtung arbeitet man seit vielen Jahren daran, das Aroma der Mieze auf moderne Sorten zu übertragen. Aber Erdbeerzucht ist ein mühsames Geschäft: An die 40 000 Pflanzen werden jährlich als Sämlinge aus Kreuzungen herangezogen, 15 000 davon schaffen es wenigstens für eine Saison ins Freiland. Bis eine neue Sorte angemeldet werden kann, vergehen, wenn alles gutgeht, mindestens acht Jahre, in denen sie an verschiedenen Standorten getestet wird. Erdbeerzucht ist also nichts für Familienbetriebe. Auch an Universitäten denkt man in kürzeren Zeiträumen. In Europa dominieren vor allem holländische Züchter, mit den bekannten Ergebnissen.

In Quedlinburg gibt es ein weiteres Institut, das sich auf analytischem Wege mit dem Erdbeeraroma beschäftigt. Dort hat man herausgefunden, was dessen Grundkomponenten sind. Nämlich die Geschmacksrichtungen Karamel, Pfirsich, Gras, Bonbon und erstaunlicherweise auch Käse und Ziegenbock. Im Gaschromatographen lassen sich an die 300 weitere Aromastoffe nachweisen. Zu den Schlüsselsubstanzen gehören Ester, die sich fruchtig äußern, Hexenale, die »grün wirken«, Lactone steuern den Pfirsicheindruck bei, der Käsegeschmack steckt in der Buttersäure, den Bocksgeruch liefert die Capronsäure. Das sind Substanzen, die auch sonst in Früchten und Gemüse vorkommen. Nur das Karamelaroma, das durch Furaneol hervorgerufen wird, ist artypisch für eine Erdbeere. Ohne würde sie wahrscheinlich wie Kartoffel schmecken.

Was nun ›Mieze Schindler‹ betrifft: Ihr gepriesenes Aroma verdankt sich einer ungewöhnlich hohen Konzentration von Anthranilsäuremethylester, dessen Geruch sich mit »fruchtig, aromatisch, blumig, seifig« leider nur höchst unzureichend beschreiben lässt. Aus eigenen Anbauversuchen kann ich berichten, dass sie munter wächst und zahlreiche Ableger bildet, jedoch nur wenige Früchte hervorbringt, die lange reifen müssen, schnell faulen und für meinen Geschmack beinahe parfümiert schmecken.

Wer nur auf Geschmack und nicht auf Ertrag aus ist, kann in seinem Garten auch Walderdbeeren anbauen. F. vesca wuchert gern im Halbschatten unter Bäumen, ihre winzigen Früchte gelten selbst in der Haute Cuisine als Nonplusultra.

In meinem Garten bin ich souverän

Wer sich in der Welt zurechtfinden will, braucht Vorurteile. Bewährte Stereotypen der vergangenen Jahre waren der Warmduscher, der Frauenversteher und der Bionade-Bourgeois. Andere Schmähungen zielten eher in die konservative Ecke: ADAC-Goldkarten-Besitzer etwa. Seit einiger Zeit ist ein neuer Typ hinzugekommen. Es handelt sich um den *Landlust*-Leser. Für den, der davon noch nichts mitbekommen hat: *Landlust* ist eine Zweimonatszeitschrift, die im Oktober 2005 erstmals auf den Markt kam und von niemandem ernst genommen wurde. Bis die Auflage auf über eine Million stieg. Gleichzeitig brachen bei fast allen anderen Publikationen Lesernachfrage und Anzeigenaufkommen ein. Und so steht die Medienbranche staunend vor der Frage, wie so etwas möglich war.

Hinter der *Landlust* steckt keines der großen Pressehäuser, sondern der Landwirtschaftsverlag Münster, der ansonsten mit Journalen wie *top agrar* oder *Schweinezucht und Schweinemast* auf ein handfestes Fachpublikum zielt. Mit den Themen, auf die die *Landlust* von vornherein verzichtet, könnte man fast das gesamte publizistische Spektrum abdecken. Es kommen keine Prominenten vor, keine Skandale, keine Politiker, keine Börsenberichte, keine Fußballergebnisse und noch nicht einmal Witze. Die Zeitschrift hat sich vorgenommen, ausschließlich die »schönsten Seiten des Landlebens« zu zeigen. Was für ein Schwachsinn, hätte jeder smarte Verlagsmanager gesagt, wenn ihm das Konzept damals vorgelegt worden wäre. Im Nachhinein fällt den Feuilletonisten auch nur das Übliche ein: Eskapismus, Heile-Welt-Soße, Ökospießertum.

Sehen wir mal genauer hin. Eine typische Herbstausgabe enthält unter anderem Tipps für den Gemüsegarten und das Backen mit Zwetschgen. Ferner informiert sie über veredelte Haselnusssträucher, Minitraktoren, den Hovawart als Haushund, Lohnmosterei und Wildschweine. Alles der Jahreszeit angemessen und sauber recherchiert. Stimmungsvolle Fotos, schlichte Texte, klassisches Layout. Gesamteindruck geruhsam. »Wie ein Spaziergang durch den Wald«, sagt die Chefredakteurin Ute Frieling-Huchzermeyer. Völlig abwesend sind jede Art von Ironie und Häme. Darauf haben die Leser offenbar gewartet.

Es herrscht ein größerer Bedarf nach Harmonie in dieser Gesellschaft, als die meisten Journalisten glauben. Was wären denn die weniger schönen Seiten des Landlebens? Die größten Gülleskandale? Alkoholismus unter Jungbauern? Gequälte Hühner, Subventionsbetrug, Dorfsterben? Eine Zeitschrift, die sich das auf die Fahnen schriebe, könnte heutzutage einpacken. So gesehen leben wir wieder in den Zeiten der *Gartenlaube*, die Ende des 19. Jahrhunderts ein ähnliches Massenpublikum erreichte. Die Mediadaten der *Landlust* legen übrigens nahe, dass deren Leser nicht vollkommen verblödet sind. Es sind die Besserverdienenden, die ohnehin gezwungen sind, sich mit Politik und Wirtschaft zu beschäftigen. Wer das täglich tut, kann in der Tat froh sein, wenn er mal erfährt, wie viele Haselnusssorten es gibt.

Wenn es dann aber an die Praxis geht, sehen die schönsten Freuden des Landlebens anders aus. Da wird nicht gemostet und veredelt, sondern geholzt. Kaum hat der Stadtmensch sein Stück Land erworben, holt er zum Kahlschlag aus. Was übrig bleibt, schichtet er auf einen Haufen und schickt sich an, den Krempel zu verbrennen. Dann wird dekoriert, was das Zeug hält. Er hat es so von der *Landlust* gelernt. Dabei wäre es vielleicht schlauer, einen Moment innezuhalten und darüber nachzudenken, was sein Vorbesitzer gemeint haben könnte. Hat er von einer Streuobstwiese geträumt? Oder von englischen Rabatten? Irgendwas hinterlässt jeder.

Ich fand im Garten, den ich vor Jahren übernahm, unter anderem ein Feng-Shui-Geläut, mehrere Windrädchen und zwei Gips-Aphroditen vor, ferner ein Blumenmädchen aus Beton, zwei Dutzend Tierfiguren sowie sieben Zwerge. Was ohnehin zerbröselt war, habe ich entsorgt. Es blieb noch allerhand übrig.

Zu viel Deko im Garten nervt. Aber ohne geht es offenbar

auch nicht. Die Wichtel zum Beispiel bilden nun eine friedliche Gruppe, der eine schneidet Wurst, der andere lümmelt pfeiferauchend am Boden, der nächste schiebt seinen Karren. Geht es noch kitschiger? O ja. Traditionelle Gartenzwerge, deren rote Jakobinermützen immerhin an die Französische Revolution erinnern, trifft man nur noch selten. Stattdessen machen sich Skandalwichtel mit obszönen Gesten breit. Sehr beliebt sind außerdem Solarleuchten, die nach Sonnenuntergang kalt vor sich hin glimmen, schmiedeeiserne Vogelscheuchen, Terrakottazapfen, Rosenkugeln, Buddhas und Bambusfackeln. Nur den ausgedienten, weißlackierten Autoreifen samt Stiefmütterchenbepflanzung sieht man kaum noch.

Moden kommen und gehen. Man muss sich nur in den

Gartenmärkten umschauen. Die größte Verkaufsfläche ist den sogenannten Outdoor-Möbeln gewidmet. Das sind heutzutage raumgreifende Sofalandschaften, bestückt mit üppigen Polstern, auf denen man sicher gut kuscheln oder chillen oder einen Prosecco mit Minze und Holunder verschütten kann. Aber bestimmt keinen Gedanken an Gartenarbeit verschwendet.

Gartenmöbel gibt es noch nicht sehr lange. Die Fürsten des Barock haben sich vielleicht einen Pavillon schmieden lassen, der Bauer kam gar nicht dazu, sich hinzusetzen, und wenn doch, dann reichte ihm eine Decke. Richtig los ging es mit dem Freizeitvergnügen erst nach dem Zweiten Weltkrieg. Campingstühle machten den Anfang, begleitet von quietschenden Luftmatratzen. Einen Hauch von Luxus brachte in den Sechzigerjahren die Hollywood-Schaukel. Überlebt hat aus dieser Zeit nur der verletzungsträchtige Liegestuhl. Eine Weile behaupteten sich klobige Sitzgruppen, Modell »Lüneburger Heide«, die aus krummen Fichtenhölzern zusammengenagelt wurden. Hinweggefegt wurden sie durch die Erfindung des Spritzgussverfahrens, das es möglich machte, einen stapelbaren Hocker, Stuhl oder Sessel aus preiswertem Polypropylen in einem einzigen Arbeitsgang zu formen. Der weiße »Monobloc« kostet praktisch gar nichts und kann sommers wie winters draußen bleiben, wobei er unter dem Einfluss der UV-Strahlung artgerecht vergilbt.

Der Monobloc ist vermutlich das am häufigsten hergestellte Möbel aller Zeiten. Der Medientheoretiker Ethan Zuckerman behauptet, er sei eines der wenigen Objekte, die man sich außerhalb jedes Kontextes vorstellen könne. Ich würde das vorsichtig korrigieren: Wo man sich auf weißen Plastikstühlen niederlässt, bekommt man nie etwas Anständiges zu essen.

Weil das Bedürfnis nach Distinktion nie schläft, erwuchs dem Plastik in den Achtzigerjahren Konkurrenz durch Teakholz. Die erste Generation dieser unter ökologisch fragwürdigen Bedingungen produzierten Möbel ist im deutschen Nieselregen auch schon wieder verfault. Zunehmend sieht man Aluminium und Edelstahl. So wie dieses graue oder bräunliche Kunstgeflecht, aus dem all die Lounge-Gruppen, Open-Air-Betten und Yin-und-Yang-Höhlen bestehen, die sich zwischen Sylt und Berchtesgaden breitmachen. Es handelt sich dabei um ein Fasermaterial aus hochverdichtetem Polyethylen, das von weitem (aber nur von dort) an Rattangewebe erinnert.

Im Prospekt wird dieser Stil gern vor weiten Dünenlandschaften präsentiert. Auf dem Balkon macht er sich schon weniger gut, den Garten degradiert er zum Wohnzimmer. Die perfekte Ergänzung dazu sind nicht der Sauzahn oder die Pflanzkelle, sondern der Tabletbildschirm und ordentliche Basslautsprecher, aus denen das unvermeidliche Wummtata schallt.

Hauptsinn und -zweck eines Gartens aber scheint es zu sein, dass man dort Feuer machen kann. Das ist wahrscheinlich ein Erbe aus jenen fernen Zeiten, als unsere Vorfahren beträchtliche Teile des mitteleuropäischen Waldes niederbrannten, um Einkorn und Emmer zu säen. Erst im Hochmittelalter wurde diese Praxis aufgegeben, weil man erkannte, dass eine ausgedörrte Steppenlandschaft auf Dauer nicht viel hergibt.

Die pyromanische Neigung hat trotzdem überlebt. Anders kann man jedenfalls nicht erklären, warum Grillanzünder, Feuerschalen und ähnliches Zubehör zu den meistverkauften Artikeln im Fachhandel gehören. Der neue Gartenbesitzer, der etwas abfackelt, gibt unmissverständlich zu Protokoll, dass er jetzt das Sagen hat auf diesem Fleckchen Erde.

Anderswo gehört das zu den elementaren Rechten. Wer in Südeuropa übers Land fährt, kann darauf wetten, dass spätestens hinter der übernächsten Kurve eine Rauchfahne aufsteigt, sei es vom Verbrennen des Olivenschnitts oder ein paar alter Gummireifen. Nun ist der Südländer dafür bekannt, dass er es mit den Vorschriften nicht so genau nimmt. Hier im Norden sieht man die Dinge strenger. Je nach Bundesland oder Gemeinde gelten strikte Verbote oder ausgeklügelte Vorschriften, was das Verbrennen von Gartenabfällen betrifft. Da heißt es zum Beispiel in der entsprechenden hessischen Verordnung, dass nur in Ausnahmefällen und unter ständiger Aufsicht einer zuverlässigen Person bei trockenem Wetter von Montag bis Freitag in der Zeit von acht bis sechzehn Uhr sowie samstags von acht bis zwölf Uhr unter möglichst geringer Rauchentwicklung verbrannt werden darf, und das auch nur außerhalb geschlossener Bebauung und unter Einhaltung gewisser Mindestabstände zu Gebäuden, Zelt- und Lagerplätzen, öffentlichen Verkehrswegen, Naturschutzgebieten, Wäldern, Baumalleen, Baumgruppen, Einzelbäumen und nicht abgeernteten Getreidefeldern.

Dieses alles im Sinn schritten wir Alteingesessenen zu dem neuen Nachbarn hinüber und belehrten ihn, dass er a) hier nicht einfach machen könne, was er wolle, und b) eventuell im nächsten Herbst bei der Ortsfeuerwehr einen Antrag stellen könne, an einem bestimmten Tag zu einer bestimmten Uhrzeit ein Feuerchen unter seinem bis dahin ohnehin längst verrotteten Kram zu entfachen. Der Neue hörte sich das an und schluckte. Dann kehrten wir alle in unsere Gärten zurück. Der eine, um einen Klafter Buche zu hacken, der zweite, um seinen gemauerten Grill anzuschmeißen, und der dritte, um seine Holzkohlevorräte zu kontrollieren.

Ganz und gar kein Kindergarten

Dass ein Garten vor allem für Kinder das wahre Paradies sei, hört man häufig. Ich würde das bestreiten. Sobald sie ins Krabbelalter kommen, ist der Garten vor allem eine einzige Gefahrenquelle. Todsicher werden sie gestochen, kratzen sich an Dornen blutig, schmieren sich ein, fallen irgendwelche Stufen hinunter oder schlimmstenfalls in den Tümpel. Wenn sie laufen lernen, potenziert sich das Risiko. Wahllos wird alles in den Mund gesteckt, weshalb die Eltern panisch herausrupfen, was eventuell giftig sein könnte. Dann kommt das Alter, in dem der Garten nur noch langweilig ist. Ergo wird er mit Sandkasten, Schaukel, Rutsche, Trampolin, Klettergerüst und Baumhaus aufgerüstet, wodurch die Verletzungsgefahr abermals steigt. Die lieben Kleinen sind von Natur aus nicht am Betrachten historischer Rosen interessiert. Sie wollen Action. Beim Fußball ruinieren sie den Rasen und alles, was mit gärtnerischen Ambitionen zu tun hat. Man hat noch Glück, wenn sie keine sadistische Ader entwickeln und wehrlose Frösche quälen. Umgekehrt versetzt sie schon eine harmlose Spinne in Angst und Schrecken.

Beim Nachbarn war kürzlich Kindergeburtstag. Die Eltern hatten sich viel Mühe gegeben, Kürbisse ausgehöhlt, Lagerfeuer gemacht, um Stockbrot zu rösten, alle möglichen Spielchen vorbereitet. Doch das Einzige, woran zwei Dutzend Kinder interessiert waren, war Brüllen. Nicht nur mal so, sondern alle auf einmal, permanent und eines schriller als das andere. Bei gleichzeitigem Hin-und-Her-Rasen, Rempeln, Schubsen und an den Haaren ziehen. Wobei man allerdings sagen muss, dass Kinder, die still im Gebüsch hocken, noch viel bedrohlicher sind, weil sich kurz darauf garantiert eine Katastrophe ereignet.

Kinder haben keine Geduld. Deshalb ist es vergebene Liebesmühe, mit ihnen ein Gemüsebeet anzulegen. Wenn die Bohnen keimen, ist das höchstens für den Augenblick von Inter-

esse, weiter reicht ihr Zeithorizont nicht. Auch dauert es viel zu lange, bis ein pädagogisch wertvolles Insektenhotel besiedelt ist. Und wenn, dann schlüpfen doch nur wieder Wespen.

Trotzdem zieht es werdende Eltern mit Urgewalt in die Vorstadtsiedlungen, ähnlich den Aalen, die noch aus Tausenden von Seemeilen heimwärts finden. »Unser Kind soll im Grünen aufwachsen«, heißt es. In Wahrheit verbringt es auf diese Weise mehr Zeit im Geländesportwagen als irgendwo sonst. Und mehr als den Unterschied zwischen Liguster und Lebensbaum lernt es auch nicht. Eltern, die kein eigenes Grün besitzen, geben ihr Kind vielleicht in einen dieser Waldkindergärten. Dort werden sie sicherheitshalber eingezäunt wie das Muffelwild. Wenn eines auf den Baum klettert und sich das Knie aufschürft, bekommen die Erzieher eine Klage wegen Aufsichtspflichtverletzung an den Hals.

Kind und Garten – das ist und bleibt wenig kompatibel.

Ein ähnlich fragwürdiges Argument lautet: Wer einen Garten hat, der lebt gesund. Immer an der frischen Luft, immer in Bewegung, ein Segen für Kreislauf, Psyche und Immunsystem. Ich möchte hinzufügen: Wer einen Garten hat, der lebt vor allem gefährlich. Eine Kollegin wollte Tomatenstangen aus dem Boden ziehen und handelte sich bei dieser Gelegenheit drei angeknackste Rippen ein. Eine Bekannte wiederum blieb mit dem Fuß in einer Bodenrille hängen und zog sich dabei einen komplizierten Trümmerbruch zu, der sich obendrein entzündete – sie konnte noch froh sein, dass nicht amputiert werden musste. Ich selbst wollte mal eine Maus fangen, wurde von dieser gebissen und stellte mit Schrecken fest, dass meine Tetanusimpfung seit Jahren abgelaufen war; die Arzthelferin, die sie dann auffrischen sollte, fiel vor Lachen fast vom Stuhl.

Ein Spaß ist das aber ganz und gar nicht. Jährlich zählt man in Deutschland zweihunderttausend Unfälle bei der Gartenarbeit, und das sind nur die, von denen die Krankenkassen erfahren. Hinzu kommen unzählige Kratzer, Blessuren, blaue Flecken, Stich- und Schnittverletzungen, die kein Arzt zu Gesicht bekommt. Beim Unkrautjäten kann man sich die Muskelfasern zerren, beim schwungvollen Rasenmähen die Kniebänder reißen. Ganz zu schweigen davon, was dem droht, der mit Häcksler, Motorsäge oder, echt bedrohlich, einem Holzspalter mit zehn Tonnen Spaltdruck hantiert. Jedes Werkzeug ist ein potenzielles Hilfsmittel, sich und anderen Schaden zuzufügen. Es geht aber auch ohne: Verschwitzt von der Arbeit bekommt man in der Zugluft einen steifen Rücken oder gleich einen Hexenschuss. Überhaupt der Rücken: Gartenarbeit ist reinstes Gift für die Bandscheiben, weil die meisten Tätigkeiten nicht ohne Bücken abgehen. Und wenn man ausnahmsweise mal im Stehen arbeitet, wie zum Beispiel beim Heckenscheren, ist die nächste

Sehnenscheidenentzündung nicht weit. Weil wir schon beim Gift sind: Im Garten lauern nicht nur Tetanus-Erreger, sondern Bakterien und Viren ohne Zahl, ergänzt durch die ganze Palette von Sekundärstoffen, mit denen Pflanzen sich gegen Feinde schützen, und die dem Menschen, der ja auch dazu zählt, nicht in jedem Falle bekommen.

Mediziner raten dazu, Gartenarbeit wie Sport zu betrachten, bei dem es ebenfalls bestimmte Dinge zu beachten gilt. Also nicht gleich mit dem Spaten wild drauflos zu graben, sondern vorher zu dehnen und die Muskeln aufzuwärmen. Außerdem öfter mal eine Pause einzulegen. Schwere Lasten aus den Knien heraus zu heben und nicht mit dem krummen Rücken. Nicht die Wirbelsäule verdrehen. Stolperfallen beseitigen, Leitern sichern, sich mit Sonnencreme einschmieren. Stabiles Schuhwerk, Schutzkleidung, Knieschoner, Kopfbedeckung und Handschuhe tragen. Und sowieso nicht vom Goldregen, vom Eisenhut und schon gar nicht vom Rizinusstrauch naschen.

Ferner wären da noch die lieben Mitmenschen. Streit ist nicht zu vermeiden, wo man Zaun an Zaun lebt. In der Nähe von Trier hat das vor einiger Zeit tödlich geendet. Der Laubenbesitzer Eduard E. hatte gleich mehrere Benzinmäher in Gang gesetzt, was seinen Nachbarn derart erboste, dass er mit einer Holzlatte auf die Maschinen einschlug. Woraufhin E. ein Gewehr aus seiner Hütte holte und den Nachbarn kurzerhand in die Brust schoss. »Ich wollte einfach nur meine Ruhe haben«, gab er, nicht ganz logisch, zu Protokoll.

Ja, das sagen sie alle. Ruhe und Erholung sind dem Gärtner heilig. Aber Sinn und Zweck seines Daseins besteht eben auch darin, der Ruhe den rechten Rahmen zu geben. Da gibt es hier was zu tackern, dort was zu schrauben und dergleichen mehr. Ohne leistungsstarke Maschinen ist das nicht zu schaffen. Wer erst mal einen Laubbläser erstanden hat, dem klingt er wie Musik in den Ohren. Flüsternde Laubbläser sind seit Längerem im Angebot, aber die Kundschaft greift nicht im erwarteten

Umfang zu, weil ein Laubbläser, der was wegschafft, ordentlich Krach machen muss.

Dieses Prinzip der akustischen Revierverteidigung kennt man vor allem von Singvögeln. Unter Säugetieren ist es weniger verbreitet, weil laute Gesänge die Aufmerksamkeit von Feinden erregen. Wenn Gorillas sich dröhnend auf die Brust trommeln oder Löwen markerschütternd brüllen, dient das vor allem dazu, Dominanz in der eigenen Gruppe zu zeigen. Wolfsrudel sind eher die Ausnahme: Ihr Chorgeheul soll tatsächlich anderen Wölfen zeigen, dass diese hier nichts zu suchen haben.

Eigentlich will der Gärtner seinen Nachbarn auch gar nicht vertreiben. Man könnte vielmehr an die Kommunikation von Schafen denken, die permanent blöken, um sich wechselseitig zu versichern, dass sie zur selben Herde gehören. Ohne diese Art der Stimmfühlung fühlt sich auch der Mensch einsam und verlassen.

Lebt er allerdings Zaun an Zaun, kommt früher oder später die Justiz ins Spiel. Es gibt umfangreiche Fallsammlungen, die sich mit dem Nachbarrecht beschäftigen. Darf man zum Beispiel Äste abschneiden, die über den Zaun ragen? Das Amtsgericht Würzburg bejahte das: Sie stellen einen dauerhaften Übergriff auf mein Eigentum dar, deshalb kann ich die Beseitigung verlangen oder sie nach einer Frist selbst stutzen. Hängen Früchte dran, sieht das anders aus: Die darf ich gemäß Paragraph 911 des Bürgerlichen Gesetzbuchs weder pflücken noch abschütteln. Der Nachbar wiederum darf in seiner Eigenschaft als Baumeigentümer zwar über den Zaun langen und ernten, aber zu diesem Zweck nicht über den Zaun klettern. Fallen die Früchte von allein runter, gehören sie mir.

Wie verhält es sich mit dem Laub, das so ein Baum im Herbst verliert? Das Landgericht Nürnberg-Fürth meinte, man müsse es in der Regel hinnehmen. Übersteigt die Menge des fremden Laubes aber das Übliche, kann ich eine Laubrente verlangen. Und wenn der blöde Baum mir das Licht nimmt? Dass

Bäume in die Höhe wachsen und somit Schatten werfen, läge in der Natur der Sache, urteilte das Landgericht Hamburg. Darf ich dann wenigstens die Wurzeln kappen? Dieser Streitfall hat es sogar bis zum Bundesgerichtshof gebracht: Der Nachbar muss sicherstellen, dass die Baumwurzeln nicht über sein Grundstück hinauswachsen, andernfalls ist es mir gestattet, die Säge anzusetzen. Und wenn der Baum ein Grenzfall ist? Dann gilt Paragraph 923 des Bürgerlichen Gesetzbuchs: »Steht auf der Grenze ein Baum, so gebühren die Früchte und, wenn der Baum gefällt wird, auch der Baum den Nachbarn zu gleichen Teilen« – höchstwahrscheinlich der einzige Hexameter in der deutschen Gesetzesliteratur.

Es stellen sich noch ganz andere Fragen. Darf ich überhaupt Gartenzwerge aufstellen? Darf ich, und zwar beliebig viele, meinte das Amtsgericht Recklinghausen. Allerdings keine, die meinem Nachbarn den ausgestreckten Mittelfinger oder den nackten Hintern zeigen. Darf mein Nachbar im Gegenzug stinkende Gülle ausbringen? Das Oberlandesgericht Düsseldorf war der Meinung, die sachgerechte Einarbeitung von tierischen Hinterlassenschaften in den Boden sei nicht nur ökologisch sinnvoll, sondern auch zu dulden.

Weitere beliebte Themen: Darf ich meine Hütte oder meinen Zaun mit giftiger Lasur streichen? Nach den Paragraphen 906 und 1004 des Bürgerlichen Gesetzbuchs ist das zulässig. Oder: Kann ich meinen Nachbarn zum Urinieren im Sitzen zwingen? Das Amtsgericht Wuppertal hat dazu festgestellt, dass »unterschiedliche Techniken des Urinierens« zu »unterschiedlichen Geräuschentwicklungen« führen können. Doch etwaige Vorschriften mochten die Richter daraus nicht ableiten.

Stinkt das nicht zum Himmel?

Wenn wir schon bei diesem anrüchigen Thema sind: Ein ewiges Problem im Kleingarten ist die Frage, wohin mit den menschlichen Hinterlassenschaften? Unsere Vorfahren haben das pragmatisch gelöst und eine Sickergrube ausgehoben. Einmal im Jahr wurde Kalk drübergestreut, dann musste jemand rein und den Kram auf den Gemüsebeeten verteilen.

Heute ist das natürlich anders. Das Wasserhaushaltsgesetz schreibt prinzipiell vor, dass verschmutztes Abwasser einer ordnungsgemäßen Reinigung zugeführt wird. Weil Kleingärten aber so gut wie nie mit einer Kanalisation ausgestattet sind, verweigert man ihnen konsequent den Wasseranschluss. Ein WC scheidet demnach von vornherein aus. Sickergruben sind auch nicht mehr zulässig, weil Fäkalien und Keime nicht ins Grundwasser gelangen sollen. Chemietoiletten wären erlaubt, aber deren Inhalt muss in sogenannten Abkippstationen entsorgt werden, die auch nicht überall vorhanden sind. Bleibt die Trockentoilette. Im einfachsten Fall ist das ein Eimer, der zum Teil mit Sägespänen oder Rindenschrot gefüllt wird, um Flüssigkeit zu binden. Wenn der Eimer voll ist, kann er auf den Kompost gekippt werden, die Verwendung von kompostierbaren Foliensäcken aus Maisstärke macht die Sache etwas komfortabler. Andere Konstruktionen sorgen dafür, dass Fest- und Flüssigstoffe von vornherein getrennt werden.

Wie eklig, denkt sich jetzt mancher. Wahrscheinlich hat er noch nie von dem Manifest *Heilige Scheiße* gehört, das der Maler Friedensreich Hundertwasser 1979 zu Pfäffikon am Zürcher See verlesen hat. Nach Hundertwasser sind Wassertoiletten die

Hauptursache des Zerfalls unserer Zivilisation, weil sie verhindern, dass wertvolle Humusstoffe zurück in den Kreislauf der Natur kommen. Er war sogar der Ansicht, dass ein anständiges Humusklo in jedes Wohnzimmer gehört.

Nicht ganz so radikal sieht die Sache Michael Braungart, Professor für Verfahrenstechnik an der Universität Lüneburg. Aber auch er ist der Meinung, dass Exkremente zurück auf die Felder gehören. Auf diese Weise könne man dem drohenden Phosphormangel zuvorkommen. Tatsache ist, dass die natürlichen Phosphorvorkommen der Erde, die größtenteils zu Kunstdünger verarbeitet werden, begrenzt sind. Nach Angaben des US Geological Survey reichen sie gerade noch hundert Jahre. Gleichzeitig landet der Phosphor, den wir täglich mit der Nahrung zu uns nehmen, zu fast hundert Prozent in den Kläranlagen und wird von da aus über Flüsse ins Meer geschwemmt oder mit dem Klärschlamm verbrannt.

Allein in den Ausscheidungen aller Deutschen stecken jährlich rund zweihunderttausend Tonnen Phosphor. Schätzungsweise ein Fünftel davon ließe sich problemlos zurückgewinnen. Das wäre knapp die Hälfte der Phosphormenge, die Deutschland importiert. Wer heute schon etwas tun will, kann also im Kleingarten damit anfangen.

Das Thema ist und bleibt ein Dauerbrenner, an dem sich Weltverbesserer chronisch abarbeiten. Die Satirezeitschrift *Titanic* veröffentlichte vor Jahren mal ein Titelbild mit der Schlagzeile »Hungerproblem gelöst: Einfach mehr spachteln!« Daran muss ich immer denken, wenn mir ein Patentrezept in die Hände fällt, wie man aus Exkrementen Gold machen kann. Das Buch *Terra Preta – die schwarze Revolution aus dem Regenwald* ist so ein Fall. Die Journalistin Ute Scheub, der Bodenkundler Haiko Peplow und der Ökologe Hans-Peter Schmidt wärmen darin die These auf, dass es am Amazonasgebiet in vorkolumbianischer Zeit riesige Gartenstädte gegeben habe, deren Einwohner sich dank selbstproduzierter schwarzer Humuserde mühelos hätten ernähren können. Archäologen haben zwar noch keine baulichen Überreste solcher Monumentalsiedlungen entdeckt. Wohl aber Stellen, wo der tropische Urwaldboden lokal bis in Spatentiefe mit organischem Material angereichert ist. Identifizieren ließen sich Holzkohle, Tonscherben, Knochen, Fischgräten, Überreste menschlicher Fäkalien und Asche.

Es ist viel darüber spekuliert worden, wie die Amazonasindianer tatsächlich vorgegangen sind. Schriftliche Überlieferungen existieren nicht, nur einige wenig verlässliche Berichte von Abenteurern, die auf der Suche nach dem sagenhaften El Dorado ins Amazonasgebiet vordrangen. Die Autoren des erwähnten Buches spekulieren, dass die Indios ihre Hinterlassenschaften in luftdichten Tonkrügen fermentiert und mit Holzkohle versetzt hätten, die sie durch Verschwelung (»Pyrolyse«) erzeugten. Auf diese Weise hätten sie verhindert, dass Krankheitskeime übertragen werden, was stets die größte Gefahr ist, wenn tierische oder menschliche Ausscheidungsprodukte in den Nahrungskreislauf gelangen.

Das Terra-Preta-Rezept hat im Internet weite Verbreitung gefunden. Wenn wir dem alle nacheifern würden, ließe sich nicht nur das Welternährungsproblem, sondern in einem Aufwasch auch noch das Klimaproblem lösen, heißt es. Jeder müsste nur zwei Eimer benutzen, einen für Küchenabfälle und einen für Fäkalien, immer fleißig pflanzliches Holzkohlepulver draufstreuen, den Inhalt etwa einen Monat lang gären lassen, um ihn anschließend zur weiteren Vererdung auf den Komposthaufen zu geben. Große Mengen Kohlenstoff würden so im Boden gebunden und nicht mehr als flüchtiges Klimagas in die Atmosphäre entweichen. Wer sich keinen eigenen Pyrolysekocher basteln will, kann die nötige Biokohle mittlerweile auch bei verschiedenen Anbietern kaufen. Ebenso einen Satz »effektiver Mikroorganismen«, die dem Ganzen den letzten Schliff verleihen.

Ich würde trotzdem keinen Salat darauf anbauen. Selbst wenn die Welt zugrunde geht.

Mit Kraut ist nicht zu spaßen

Muss ein Gärtner immer ganz genau wissen, was in seinem Garten sprießt? Falls es sich um Disteln handelt: unbedingt. Gegen eine hübsche Kugeldistel (Echinops ritro) ist nichts einzuwenden, sie ist eine Zierde für jedes Staudenbeet. Anders verhält es sich mit den Disteln, die in der Bibel erwähnt werden: Verflucht ist der Acker, auf dem sie gedeihen. Welche Art das gewesen sein soll, lässt das erste Buch Mose offen. Doch man kann es sich denken: Wahrscheinlich bekam es Adam mit der Ackerkratzdistel zu tun.

Cirsium arvense ist ein gefürchtetes Unkraut, wo es sich einnistet, herrscht Zähneklappern. Die Wurzeln der Pflanze dringen metertief in die Erde und brechen beim Versuch, sie zu entfernen, zuverlässig ab. Aus jedem noch so kleinen Wurzelstück treiben neue Exemplare, sodass sich mit der Zeit regelrechte Nester bilden. Kommt die Ackerkratzdistel zur Blüte, bildet sie, ähnlich wie der Löwenzahn, tausende von Samen, die der Wind angeblich bis zu zehn Kilometer weit forttträgt. Die Ackerkratzdistel ist ein sogenannter Apophyt, der ursprünglich auf trockenen Grenzstandorten zu Hause war. Als der Mensch begann, Ackerbau zu treiben, schuf er damit ideale Bedingungen für die Verbreitung dieses hartnäckigen Kulturfolgers. Auch eine tiefe Bearbeitung des Bodens konnte dem Distelgewächs nicht beikommen, denn seine Wurzelausläufer reichen bis unter die Pflugsohlenschicht. Ausreißen und Abhacken regen das Wurzelwachstum sogar noch an.

Erst der Einsatz wirksamer Herbizide hat dem Schrecken ein Ende gemacht. Ökolandwirte freilich, die darauf verzichten, müssen sich erneut mit dem Problem herumschlagen. Wobei ihnen auch noch oberschlaue Hobbygärtner in die Quere kommen, die von wertvollen Wildkräutern fabeln, bis in ihrer zu hundert Prozent ökologischen Schmetterlingswiese eine Gesellschaft von Ackerkratzdisteln explodiert. Mag sein, dass sich darüber Distelfink und Distelfalter freuen. Aber Ersterer ernährt sich keineswegs nur von Kratzdisteln, sondern nachweislich von mindestens 152 weiteren Sämereien. Und Letzterer ist auch zufrieden, wenn er Nesseln findet.

Bei mir haben Faulheit und Ignoranz vor Jahren dazu geführt, dass eine verdächtige Anzahl von distelähnlichen Blattrosetten auftauchte. Ein kurzer Schreck, der Blick ins Bestimmungsbuch, ein gezielter Stich mit dem eigens zu diesem Zweck erfundenen Werkzeug, und es gab Entwarnung. Ich hatte mir die Gewöhnliche Kratzdistel Cirsium vulgare eingefangen, die bloß Pfahlwurzeln und keine Ausläufer bildet. Und in einem zweiten Fall die Acker-Gänsedistel Sonchus arvensis, die zwar ebenfalls umherkriecht, sich aber problemlos auszupfen lässt. Ebenso problemlos keimt sie jedoch aufs Neue.

Das Wesentliche zu diesem Thema hat der Schriftsteller Mark Twain in einem einzigen Satz zusammengefasst: Unkraut ist alles, was nach dem Jäten wieder wächst. Jeder Gärtner, selbst der botanisch ungebildetste, kennt zum Beispiel den Giersch. Die unterirdischen Ausläufer von Aegopodium podagraria kriechen in alle Richtungen – wo er einmal Fuß gefasst hat, kann man sich auf eine lange Auseinandersetzung einstellen. Zum Beispiel kann man versuchen, ihn mit den Wurzeln aus der Erde zu ziehen. Das klappt, wenn überhaupt, nur in lockerem Boden, ein paar Rhizome brechen immer ab. Man kann die gesamte Fläche spatentief ausheben und die Erde durchsieben, um jeden Wurzelrest zu eliminieren – eine Aufgabe, die Herakles an einem Tag erledigt hätte, die einen Normalsterblichen aber an den Rand seiner Kräfte bringt. Man kann auf Zermürbung setzen und alle oberirdischen Teile immer wieder abschneiden – selbst dieser pflanzliche Rambo ist schließlich auf Photosynthese angewiesen. Man kann versuchen, ihn unter lichtdichter Folie zu ersticken, aber dann wächst auch nichts anderes mehr. Ähnliches gilt für den Einsatz von Herbiziden, die der Giersch ziemlich gut verträgt. Ein Mittel, optimistisch »Gierschfrei« genannt, setzt auf die wachstumshemmende Wirkung von Pelargonsäure und Maleinsäurehydrazid; dass sich der Giersch davon beeindrucken lässt, bezweifle ich.

Bleibt als Letztes der Schlaumeier-Rat, ihn aufzuessen. Dieses selbstverständlich dann nicht Un-, sondern Wildkraut genannte Gewächs strotze nur so vor Vitaminen und sei als Salat, gedünstet oder sonstwie zubereitet nicht nur lecker, sondern auch schleimlösend, beruhigend, entwässernd, blutreinigend, verdauungsanregend und, wie das Epitheton »podagraria« schon zeige, wirksam gegen Gicht. Dazu drei Anmerkungen. Giersch schmeckt ungefähr so lecker wie Gras, mit einem kratzigen Unterton. Man hat noch keinen Inhaltsstoff gefunden, der irgendeine der genannten Wirkungen auslösen könnte. Stattdessen könnte es sein, dass Unkundige ihn mit einem anderen Doldenblütler, dem Schierling verwechseln. Für diesen Fall sollte man unbedingt die Nummer des nächsten Giftnotrufes parat haben.

Heikel wie die Knolle

Auch unter Kartoffelfreunden ist die Meinung weit verbreitet, dass früher alles besser war. Wer erinnert sich nicht an ›Bintje‹? Oder an ›Linda‹? Um Letztere tobte eine Zeitlang ein regelrechter Kartoffelkrieg. Die Sorte, 1974 auf den Markt gekommen, sollte nach dem Willen des Lüneburger Saatgutunternehmens Europlant vom Acker verschwinden. Nach dreißig Jahren war der Sortenschutz ausgelaufen.

Empört über dieses »Diktat der Züchter«, gründete sich ein Freundeskreis, der die Linda kurzerhand zur »Königin der deutschen Kartoffel« erklärte. Das Presseecho war enorm, vor allem, als Europlant vor ein Schiedsgericht der Landwirtschaftskammer Hannover zog und dort bewirkte, dass Linda-Pflanzkartoffeln nur noch unter Aufsicht eines Sachverständigen gerodet werden durften. Vor laufenden Kameras wurden sie anschließend beschlagnahmt. Der Fall geriet bis vor das Oberlandesgericht Celle und in die Tagesthemen, wo Ulrich Wickert sich wehmütig daran erinnerte, welch »köstliche Bratkartoffeln« er schon aus der Linda gezaubert habe.

Der niedersächsische Biolandwirt Karsten Ellenberg schaffte es schließlich auf Umwegen, dass die legendäre Linda wieder auf den Markt kam. Nachdem das britische Sortenschutzamt eine Zulassung für das Vereinigte Königreich erteilt hatte, war der Weg europaweit wieder frei.

Dass Kartoffeln überhaupt zugelassen werden müssen, ist den meisten Verbrauchern nicht bekannt. Sie decken sich entweder mit dem ein, was der Supermarkt hergibt. Oder sie vertrauen ihrem Kartoffelbauern. Direkt vom Erzeuger kauft in

Deutschland immerhin ein Viertel aller Kunden. Nostalgie ist da im Spiel, aber auch die praktische Erfahrung im Umgang mit den verschiedenen Sorten, die sich in unterschiedlicher Weise als Pell-, Brat- oder Kloßkartoffel eignen. Beliebt ist alles, was eine glatte Schale hat, gelbes Fleisch und einen buttrigen Geschmack.

Was der Käufer meist nicht ahnt: Es gibt noch andere Kartoffeleigenschaften, und zwar durchweg negative. Seit Solanum tuberosum von den Höhen der peruanischen Anden in die Niederungen des Erwerbsanbaus gemäßigter Breiten herabgestiegen ist, hat sie sich eine ganze Reihe von Krankheitsproblemen eingehandelt. Nass-, Braun-, Weiß- und Hartfäule bedrohen sie ebenso wie Kartoffelkrebs, Nematoden, Drahtwürmer oder Viren. Ganz abgesehen von sonstigem Unbill: Kartoffeln können grün (und damit giftig) werden, ihnen droht Hohlherzigkeit, Glasigkeit, Gefäßbündelverbräunung, Schwarzfleckigkeit, Pfropfenbildung, Eisenfleckigkeit, Stippigkeit und die meldepflichtige Schleimkrankheit. Ein ganz so robustes Gewächs, wie der Verbraucher glaubt, ist die Kartoffel also nicht. Er bekommt die faulen Knollen in der Regel nur nie zu Gesicht. Denn die empfindlicheren Sorten kommen erst gar nicht durch die Sortenprüfung.

›Linda‹ zum Beispiel ist anfällig für Kraut- und Knollenfäule und Virusnekrosen. Außerdem verändern sich ihre Kocheigenschaften während der Lagerzeit von mehlig- zu festkochend. Es hat schon seine Gründe, dass sie der Züchter vom Markt nehmen wollte.

Zurzeit sind in Deutschland um die zweihundert Kartoffelsorten amtlich zugelassen. Jahr für Jahr werden etwa zehn aus der Sortenliste gestrichen. Ebenso viele kommen neu dazu. Insofern stimmt es nicht, dass die Kartoffelvielfalt in Deutschland abgenommen hätte. Sie ist seit etwa zwanzig Jahren konstant. An der Kartoffel zeigt sich das Dilemma des modernen Erwerbsanbaus. Einerseits liegt es im Interesse der Landwirte und

Verbraucher, eine möglichst große Vielfalt auf dem Acker zu erhalten. Andererseits nützt die schönste Agrobiodiversität nichts, wenn die Feldfrüchte kränkeln oder sich nicht vernünftig verarbeiten lassen. Deshalb werden die Kartoffelzüchter auch in Zukunft zu tun haben.[11]

Resistenzgene in Kartoffeln einzukreuzen, ohne dabei ihre übrigen Eigenschaften zu verändern, ist ein Job, der einen langen Atem erfordert. Das hat man im Falle von Phytophtora infestans leidvoll erfahren müssen. Der Pilz, der Kraut und Knolle der Kartoffel faulen lässt, war Auslöser mehrerer Hungersnöte in Europa und ist noch heute notorisch. Selbst im Ökolandbau wird er regelmäßig durch Kupferpräparate bekämpft.

In den Vierzigerjahren des 20. Jahrhunderts schien das Problem schon einmal gelöst. Damals hatte man am Kaiser-Wilhelm-Institut für Züchtungsforschung Kartoffelsorten gefunden, die gegen bestimmte Typen des Erregers vollständig immun waren. Leider stellte sich nach dem Zweiten Weltkrieg heraus, dass es umgekehrt auch Erregertypen gibt, gegen die keine einzige Kartoffelsorte und auch keine der 180 bekannten verwandten Arten der Kartoffel widerstandsfähig ist. Es fanden sich immer nur graduelle Unterschiede.

Man könnte meinen, dass die Gentechnik hier längst Abhilfe geschaffen hätte. Doch dreißig Jahre Genforschung an der Kartoffel haben auch nicht viel gebracht, außer einigen transgenen Sorten, die bei Freilandversuchen Ärger hervorrufen.

Bleibt die berühmte Tomoffel. Als Chimäre des Gartenbaus geistert sie schon ziemlich lange umher. Erstmals erwähnt hat sie der Schriftsteller Ernst Penzoldt in seinem turbulenten Roman *Die Powenzbande*. Der eigentliche Vater der Tomoffel jedoch ist Georg Melchers, langjähriger Direktor am Max-Planck-Institut für Biologie in Tübingen, dem es in den Siebzigerjahren gelang, im Reagenzglas Protoplasten von Solanum tuberosum und Solanum lycopersicum zu fusionieren und daraus eine Pflanze heranzuziehen, die tatsächlich rudimentäre Knollen und Früchte bildete. Ähnlich wie die eierlegende Wollmilchsau war die Tomoffel eine der frühen Verheißungen der grünen Gentechnik. In den kommerziellen Anbau gelangte sie nie.

Neuerdings kann man dem Gewächs als Hobbygärtner wieder eine Chance geben: Die britische Firma Thompson & Morgan bietet eine »Tomtato« an, die gleichzeitig einige hundert Cherrytomaten und zwei Kilo Kartoffeln liefern soll. Wer sie pflanzen will, braucht dazu keine Freisetzungsgenehmigung nach dem Gesetz zur Regelung der Gentechnik, denn die war am Zustandekommen der Hybridpflanze gar nicht beteiligt. Tomtatos werden vielmehr von Hand gepfropft, ähnlich wie Weinreben oder Rosen. Je enger verwandt die Unterlage (hier Kartoffel) und das Edelreis (Tomate) sind, desto besser gelingt das.[12]

Allen theoretischen Überlegungen zum Trotz ist der Anbau von Frühkartoffeln im eigenen Garten kein großes Problem. Man kann sie auf der Fensterbank vorkeimen lassen, beispielsweise in einem Eierkarton. Sie haben dann schon einen Vorsprung, wenn sie ins Beet kommen. Ich selbst habe Kartoffeln bislang meist in Kübeln oder Hochbeeten gezogen. Ein paar Ei-

mer reife Komposterde drüber und nach dem Austrieb anhäufeln – das hat jedesmal funktioniert. Die Pflanzen entwickeln sich munter, gießen muss man nur, wenn der Regen lange ausbleibt. Anfang Juli kann man bereits ernten. Es ist ein Wunder, was aus einer einzigen schrumpeligen Setzkartoffel werden kann: knapp ein Kilo astreiner Knollen. Deren Größe schwankt nach dem Prinzip der Gaußschen Normalverteilung zwischen kirschklein und faustdick. Frisch schmecken sie am besten, die Pelle kann man mitessen, sie ist hauchdünn, weshalb sich Frühkartoffeln nicht lange lagern lassen.

In Schweden haben sie aus Frühkartoffeln einen regelrechten Kult gemacht. »Jungfräulich« werden sie auf der schwedischen Halbinsel Bjäre im Juni aus der Erde geklaubt und den Stockholmern zu einem Heidenpreis angeboten. Ein findiger Schnapsbrauer namens Börje Karlsson hat noch eins draufgesetzt und daraus einen sortenreinen Jahrgangswodka destilliert, für den er sich nicht scheut, mit dem Begriff »Terroir« zu werben. Sein erster Verkaufserfolg stammt aus der traditionellen Sorte ›Gammel Svensk Röd‹, die auf dem Acker des Kartoffelbauers Bertil Gunnarsson gewachsen war. Im darauffolgenden Jahr kam Bauer Mäsinge Lantbruk mit der Sorte ›Solist‹ zum Zug.

Ich meine, dass die Wahl der Sorte gar nicht so entscheidend ist. Man kann ruhig die nehmen, die gerade auf dem Markt ist und am besten schmeckt. Selbstverständlich darf es auch ein ›Bamberger Hörnla‹ sein. Oder die bewährte ›Sieglinde‹. Die Franzosen, allzeit verrückt nach Primeurs, schwärmen von ›La Bonnotte‹, die auf der Insel Noirmoutier pünktlich Anfang Februar gesteckt und in winzigen Mengen für kurze Zeit nach dem ersten Freitag im Mai angeboten wird. Die Bonnotte wird mit Algentang aus dem Atlantik gedüngt. Wer den frisch zur Hand hat – nur zu. Kompost, wie gesagt, reicht auch.

Wassersnöte

Der typische Gärtner ist geizig. Wenn es was umsonst gibt, ist er dabei. Insbesondere beim Wasser. »Du wirst doch kein Leitungswasser verschwenden«, sagt der Nachbar mit drohendem Unterton. Er selbst hat auf irgendeiner Baustelle einen Tausend-Liter-Container samt Gitterrahmenpalette abgestaubt, was genau so aussieht, wie es sich anhört. Demnächst will er drei Stück davon in Reihe schließen. Dabei trifft man ihn so gut wie nie mit der Gießkanne.

Das Dumme an Regentonnen ist, dass sie immer leer sind, wenn man Wasser am dringendsten braucht. Umgekehrt braucht man kein Wasser, wenn sie randvoll sind, denn dann regnet es ja gerade. Laufen sie über, sickert der nasse Segen ins Fundament, wo er nicht hingehört.

Die einfachste Regentonne besteht aus einem ausrangierten Chemikalienbehälter ohne Deckel. Darin ertrinken Vögel und anderes Getier. Fortgeschrittene Modelle tarnen sich als Amphore oder Brunnen. Neuerdings sind ausgediente Weinfässer in Mode gekommen. Wie man die bis auf den Grund entleert, wird nicht klar, man kann höchstens etwas von oben abschöpfen. Es gibt Konstruktionen, die unten in einem Schlauch münden, aber da kann man keine Kanne mehr drunterstellen. Besonders Pfiffige versenken eine Zisterne in der Erde und schließen eine Pumpe an.

Wozu der Aufwand? Ein Kubikmeter Wasser kostet schließlich nicht die Welt. Aber es geht hier ums Prinzip. Außerdem weiß jeder Gärtner, dass Wasser aus der Regentonne den Pflanzen besser bekommt. Schon, weil es in abgestandener Form und damit temperiert verabreicht wird. Tatsache ist, dass Regenwasser weniger Mineralstoffe enthält als Grund- oder Trinkwasser. Durch Verdunstung und anschließende Kondensation in den Wolken wird es gewissermaßen destilliert. Sein pH-Wert liegt vergleichsweise niedrig. Wem die Tauben aufs Dach kacken, der sammelt obendrein Keime und etwas Dünger ein. Hat es lange nicht geregnet, kommt mit den ersten Tropfen mancher Dreck herunter. Bei Gewitter verbinden sich Sauerstoff und Stickstoff der Luft zu Oxiden, die mit dem Niederschlag zu Salpetersäure reagieren und im Boden in Nitrat umgewandelt werden.

Das alles scheint den Pflanzen tatsächlich zu gefallen. Exakt beweisen lässt es sich nicht. Es wäre aber auch kein Wunder, denn sie sind es seit Jahrmillionen gewohnt, dass Wasser vom Himmel fällt. Wenn der Gärtner gießt, ahmt er das nach.

Wie gießt man richtig? Auf keinen Fall in der prallen Sonne, sagen alte Gartenhasen. Weil die Blätter sonst verbrennen, durch den Lupeneffekt, den die Wassertropfen haben. Blödsinn, entgegnen die Aufgeklärten, Tropfen bilden plankonvexe Linsen, deren Brennpunkt jenseits der Blattoberfläche liegt.

Jedenfalls war das bis vor wenigen Jahren die Standardantwort. Dann erschien im *New Phytologist* eine Arbeit, an der immerhin auch das Max-Planck-Institut für Meteorologie beteiligt war. Die Forscher hatten sich die Mühe gemacht, die Behauptung experimentell zu überprüfen. Auf glatten Blattoberflächen, beispielsweise von Ginkgo- oder Ahornbäumen, fanden sie in der Tat keinen Verbrennungseffekt. Wohl aber auf Blättern wie denen des gemeinen Schwimmfarns Salvinia natans, die von Wachshaaren besetzt sind, welche einen Wassertropfen derart positionieren können, dass er die Sonnenstrahlen auf der Blattoberfläche bündelt.

In der Mittagsglut zu gießen ist auch aus einem anderen Grund nicht ratsam. Denn dann verdunstet das meiste Wasser, ehe es in den Boden gesickert ist. Ohnehin muss man nach einer Trockenperiode erstaunlich lange und viel gießen. Als Faustregel gilt: Ein Liter Wasser pro Quadratmeter dringt ungefähr einen Zentimeter tief in den Boden ein. Die durchschnittliche Wurzeltiefe von Rasengräsern beträgt zirka fünfzehn Zentimeter. Wer hundert Quadratmeter Rasen hat, müsste also mindestens hundert große Gießkannen schleppen. Um das zu umgehen, wurde der Sprenger erfunden. Zwei Methoden gibt es, den Zeitpunkt zu bestimmen, von dem an der Wasserhahn wieder zugedreht werden kann. Erstens kann man mit dem Spaten fünfzehn Zentimeter tief in die Erde stechen und fühlen, ob es dort schon feucht genug ist. Oder man stellt Marmeladengläser auf und wartet ab, bis sie anderthalb Zentimeter hoch gefüllt sind. Das kann, je nach Wasserdruck, eine halbe Stunde und länger dauern. Man muss das nicht jeden Tag wiederholen, die Deutsche Rasengesellschaft empfiehlt einen Beregnungsintervall von drei bis vier Tagen.

Wer weniger wässert, begünstigt nur die Flachwurzler. Im Rasen sind das die unerwünschte Einjährige und die Gemeine Rispe. Wer mehr wässert, verschlämmt unter Umständen den Boden, die Poren verstopfen, und die Wurzeln können nicht mehr atmen.

Bleibt die Frage, wann man am besten wässert. Die einen sagen morgens, die anderen abends. Der Deutsche Golfverband, der es wissen muss, ist in diesem Punkt anderer Meinung. Nachts und möglichst bei Windstille, rät er seinen Greenkeepern.

Wasser ist im Garten auch sonst unverzichtbar. Man kann es aber übertreiben. Der Nachbar hat es nach einigem Herumgefrickel geschafft, einen solarbetriebenen Brunnen zu installieren. Eigentlich eher ein Brünnlein. Scheint die Sonne, setzt er sich dazu und bewundert die zirka zehn Zentimeter hohe Fontäne, die ein Geräusch erzeugt, das sich nur mit dem Wort pieseln beschreiben lässt. Es wirkt unmittelbar auf die Blase.

Der Schriftsteller Jens Sparschuh hat vor Jahren einen Roman geschrieben, in dem ein arbeitsloser Ostdeutscher zur Verkaufskanone wird, weil er es schafft, seinen Landsleuten einen Springbrunnen in Form des Ost-Berliner Funkturms anzudrehen, der sich auf dem Grundriss der ehemaligen DDR erhebt. Das war als Satire gemeint. Aber was in Deutschlands Gärten vor sich hin sprudelt, ist nicht allzu weit davon entfernt. Klassische Wasserspeier sind natürlich der Frosch und das Manneken Pis. Auch Delphine erfreuen sich großer Beliebtheit. Ein des Nachts in bunten Farben angestrahlter Buddha mit einer Wasserschale zu seinen Füßen deutet darauf hin, dass der Besitzer nach Erleuchtung strebt. Das Gegenteil könnte man bei Mitmenschen vermuten, die sich einen achtsitzigen beheizbaren Badezuber mit Whirlpool und Getränkeablage in den Garten stellen.

Ambitionierte Gärtner setzen sich häufig zum Ziel, einen Bachlauf zu gestalten. Oder einen Wasserfall. Ohne Krampf kann das nicht abgehen. Das Ergebnis sieht zuverlässig nach Modelleisenbahn aus, nur nicht im gnädigen Maßstab H-Null. Irgendwo guckt immer die Teichfolie vor. Es gibt zwar Folien, die mit Fotos von Kieselsteinen bedruckt sind, aber die sind nun wirklich indiskutabel.

Bäche und Seen sind Ökotope, die man nicht (oder nur mit unrealistischem Aufwand) nachbauen kann. Wenn ein natürlicher Bach zufällig durchs Grundstück plätschert – herzlichen Glückwunsch. Oder herzliches Beileid, wenn er gerade Hochwasser führt. Die Regulierung der Fließgewässer war in vielen Fällen Voraussetzung dafür, dass man überhaupt Gärten anlegen konnte. Und die Kommunale Aktionsgemeinschaft zur Bekämpfung der Schnakenplage am Oberrhein ist auch nicht aus Jux und Dollerei gegründet worden. Deutschland, das vergisst man leicht, gehört nicht nur theoretisch zu den Malaria-Gebieten, sondern war das auch lange Zeit und kann es im Zuge der Klimaerwärmung wieder werden.

Lästige Stechmücken vermehren sich in jeder Pfütze, erst recht in der Regentonne. Harmlose Vogeltränken können zum

Infektionsherd werden, wenn man das Wasser nicht regelmäßig wechselt. Wasser ist im Garten am besten dort aufgehoben, wo es von Natur aus hinstrebt: im Boden.

»Musst du eben ein Biotop anlegen«, sagt der Nachbar. Damit meint er ein Becken aus schwarzem Plastik und in Nierenform. Man buddelt das im Garten ein, füllt mit Wasser auf – schon tummeln sich angeblich Stabwanzen, Frosch und Libelle. Aber vorher kommen erst mal wieder die Mücken. Und Massen von Algen. Gegen Mücken hilft der Besatz mit Stichlingen, gegen Algen der Kescher, den man auch im Herbst schwingt, wenn sich zentnerweise Laub sammelt. Dann friert das Biotop zu, und wenn es wieder aufgetaut ist, schwimmen die Stichlinge kieloben. Aus dem Schlamm blubbern ungute Blasen.

Der Nachbar sagt: »Du musst einen richtigen Teich bauen!« Ein guter Tipp. Bei MyHammer wird ein Auftrag eingestellt und der Preis so lange gedrückt, bis zwei sprachfaule Polen erscheinen, die Rosenbeete zertrampeln, zwanzig Kubikmeter Erde ausschachten und den Krater mit Folie auslegen. Zwanzigtausend Liter Wasser sind eine ganze Menge. Aber am nächsten Tag schon deutlich weniger: Der Tümpel leckt. Zwölf Monate später trudelt eine gewaltige Wasserrechnung ein und der nächste gute Ratschlag vom Nachbarn: Ein Schwimmteich muss her. Mit Schilfbepflanzung, Heizung, Klärbecken und allem Drum und Dran. Die Fachfirma rückt mit schwerem Gerät an, vom Garten ist anschließend nicht mehr viel übrig. Dafür das Konto um zwanzigtausend Euro leichter. Jetzt fehlen nur noch Fische. Stichlinge wären bei diesen Dimensionen nicht mehr angemessen, es müssen schon Karpfen sein. Koi natürlich, was denn sonst?

Nach einem Jahr Koi-Pflege weiß man alles über Gesamthärte, pH-Wert und sonstige Parameter künstlicher Gewässer. Man hat außerdem die heimische Artenvielfalt um neun sensible Exemplare der japanischen Zuchtformen »Kohaku«, »Sanke« und »Showa« bereichert, interessante Einblicke in das

Fachgebiet Ichthyo-Parasitologie gewonnen und gelernt, wie man Karpfenpocken von Karpfenläusen unterscheidet. Wenn man Glück hat, ist noch kein Kind im Teich ertrunken. Der Nachbar hat bereits angedeutet, dass da dringend ein Schutzgitter hingehört.

Wer übrigens bei MyHammer die Angebote zum Stichwort »Gartenteich« durchforstet, stößt häufiger auf den Wunsch »entfernen«. Am einfachsten ist es, mehrere Lkw-Ladungen Sand hineinzuschütten.

Stimmungskanonen

Amerikanische Geheimdienste sind bekanntlich imstande, den gesamten Telefon- und E-Mail-Verkehr der Menschheit anzuzapfen. Ob sie dabei viel Interessantes erfahren, steht auf einem anderen Blatt. Man bekommt das an jeder Ecke unfreiwillig mit: Schätzungsweise 99 Prozent aller übermittelten Handy-Botschaften ähneln haarscharf dem Stimmfühlungslaut der Graugans: »Ich bin hier! Wo bist du?«

Aber es steckt doch mehr dahinter. Wenn draußen im Freien ausnahmsweise mal das Brummen der Zivilisation in den Hintergrund tritt, bleibt immer noch das Konzert der Singvögel. Einstudiert seit der späten Kreidezeit, begleitet es den Menschen schon wesentlich länger als Autoverkehr oder Fluglärm. Nüchtern betrachtet handelt es sich zwar nur um schnöde Revierverteidigung: Ein Kohlmeisen-Männchen teilt dem anderen mit, dass zwischen Hecke und Waldrand bereits besetzt und das Weibchen vergeben ist. Aber dafür würde ein einfaches Krächzen genügen. Stattdessen hat die Meise ein Repertoire an Stimmlauten hervorgebracht, das wesentlich differenziertere Mitteilungen erlaubt. Sie kann zwischen Nachbarn und Fremden unterscheiden, sich erfreut äußern, wenn die Luft rein zu sein scheint, verärgert, wenn sich eine Katze anschleicht, oder erregt, wenn ein Bussard am Himmel kreist. Dies alles hören nun nicht nur die Artgenossen, sondern auch Amseln, Finken, Kleiber, Grasmücken, Mäuse, Katzen, Eulen und was sonst noch ein feines Gehör besitzt. So herrscht ein Geflecht akustischer Beziehungen, aus dem jeder Teilnehmer seine Schlüsse ziehen kann. Mit technischen Hilfsmitteln kann man das gerade noch einfangen. Vielleicht lassen sich sogar bestimmte Muster finden, die konkrete Lebensräume charakterisieren. Bioakustiker arbeiten an entsprechenden Algorithmen. Aber kein Computer wäre imstande, ein vollständiges Bild zu gewinnen.

Denn dazu gehört auch die eigenartige Stimmung einer Landschaft, die sich von Stunde zu Stunde und von Minute zu Minute ändern kann. Ein ganzer Tag, im Garten verbracht, verläuft wie eine Symphonie, bei der es nicht mal des Paukenschlags eines Gewitters bedarf, um einen Kontrapunkt zu setzen. Eine Wolke, die sich kurz vor die Sonne schiebt, reicht, um die Vögel verstummen zu lassen. Ein besonders friedlicher Moment mag, aus welchen Gründen auch immer, in einem Crescendo explodieren, bei dem sich die Sänger bis zur Erschöpfung verausgaben. Die träge Mittagshitze wiederum kann durch einen einzigen Windstoß unterbrochen werden, der geradezu panische Rufe auslöst. Bis sich alles wieder beruhigt.

Man kann solche Botschaften auch im Kleinsten studieren. Die amerikanische Journalistin Elisabeth Tova Bailey, eine gelernte Gärtnerin, hat ein Buch geschrieben, das auf Deutsch den Titel *Das Geräusch einer Schnecke beim Essen* trägt. Sie schildert darin, wie sie nach einer Virusinfektion schwer erkrankte und lange Monate ans Bett gefesselt war, unfähig, sich auch nur aufzurichten. In dieser deprimierenden Lage schenkte sie ihre gesamte Aufmerksamkeit dem Treiben einer Weinbergschnecke, die eine Besucherin samt einem Ackerveilchen im Topf vorbeigebracht hatte. Tastend erkundete der Gastropode seine neue Umgebung. Bailey machte sich Gedanken, wie sie den Bedürfnissen ihres neuen Zimmergenossen gerecht werden konnte. Er bekam ein eigenes Terrarium mit Moosen und Tüpfelfarnen aus dem nahen Wald, wurde mit Wasser, Champignons und Eierschalen versorgt und dankte dies irgendwann durch nächtliche Ablage eines Geleges, aus dem einhundertachtzehn Jungschnecken schlüpften.

»Je vertrauter mir die Welt der Schnecke wurde, desto fremder wurde mir die Menschenwelt«, schrieb Elisabeth Bailey, »meine eigene Spezies war so groß, so gehetzt, so verwirrend.« Sie bemerkte, dass ihre Besucher sich bewegten, als wüssten sie nicht, wohin mit ihrer Energie. Wilde Armbewegungen, unnötiges Kopfwackeln – es dauerte immer eine ganze Weile, bis sie aufhörten herumzuzappeln und sich setzten. Dann redeten sie plötzlich von interessanteren Dingen und konnten sich eine Zeitlang konzentrieren, ehe die Ruhelosigkeit sie wieder erfasste. Nach solchen Besuchen blieb die Kranke erschöpft in ihrem Bett zurück und freute sich wieder am stillen Gleiten und Schleimen der Schnecke.

Das ist eine Erfahrung, die eigentlich jeder Gärtner machen sollte. Am ehesten gegen Abend, wenn die Dämmerung hereinbricht und die Farben schwinden, keine Gießkannen mehr zu schleppen und keine Wühlmäuse zu vertreiben sind. Einfach dasitzen, hinhören und beobachten, was geschieht. Das wird nicht viel sein. Oder doch allerhand. Emsig ist ja nicht nur der Gärtner. Am emsigsten ist der Garten, wenn er mal in Ruhe gelassen wird.

Schneide nie den Baum zum Scherz

Jeden Morgen kurz nach acht tritt der Nachbar vor die Haustür, pfeift ein kleines Lied und blickt prüfend zum Himmel. Wenn nicht gerade ein Sturzregen droht, krempelt er die Ärmel hoch, schon geht es los: Der Zaun will ausgebessert sein, das verblühte Staudenbeet abgeräumt, die Johannisbeeren geerntet oder das Franzosenkraut gezupft. Der Nachbar ist ein Mann der Tat, er würde schier verrückt werden, wenn er nichts zu tun hätte. Im Winter, wenn im Garten gar nichts mehr geht, tapeziert er seine Wohnung neu oder die von Verwandten, Freunden, Bekannten, notfalls auch die von völlig Fremden. Der Nachbar zeigt, wenn man es vornehm umschreiben wollte, eine gewisse »Tendenz zur Selbsttätigkeit um der Selbsttätigkeit willen«. Frei nach Johann Gottlieb Fichte besteht darin immerhin das Wesen des Ichs.

Für mich stellt sich die Sache komplizierter dar. Nehmen wir mal an, der Schnittlauch müsste umgetopft werden. Dann fehlt es erstens mal an Erde, weshalb nun endlich der Kompost vom Vorjahr gesiebt werden muss, wozu eine Schubkarre benötigt wird, die aber einen Platten hat, sodass ein Gang in den Baumarkt fällig wird, bei dessen Gelegenheit ich dann ein Paar neue Handschuhe erwerbe, und schon ist der halbe Tag hin, ohne dass irgendwas wirklich erledigt wäre. Wenn ich in den Garten gehe, dann so, wie sich Generalfeldmarschall von Moltke anno 1862 den Krieg gegen Dänemark vorgestellt hat. Wobei die Praxis meistens doch Clausewitz recht gibt, der davon überzeugt war, dass Feldzüge nur zu einem sehr geringen Grade geplant werden können, da unkalkulierbare Einflüsse jede Art von Planung schon nach Kurzem vollständig über den Haufen werfen.

Blinder Aktionismus ist im Garten das eine Übel. Wenn der Nachbar seinen Rhabarber in die Erde steckt, ohne sich darum zu scheren, ob der Boden tief genug gelockert ist, muss er sich nicht wundern, dass das arme Gemüse keinen Sommer übersteht. Wenn ich andererseits aus jedem Umtopfen einen Staatsakt mache, wächst mir der Rest bald über den Kopf. In dieser Situation hilft wiederum eine von Goethes zahllosen Maximen weiter, die da lautet, nichts sei schrecklicher als tätige Unwissenheit.

Wissen setzt Beobachten voraus, und beobachten geht am besten, wenn man sonst nichts tut. Wenn man einfach nur dasitzt und die Dinge in sich aufnimmt. Macht die Kapuzinerkresse Fortschritte? Fühlt sich die Azalee wohl? Warum mäkelt der Salat? Man muss dabei nicht so weit gehen wie das Saarbrücker Liquid Penguin Ensemble, das vor Jahren in einem semidokumentarischen Hörspiel für den Süddeutschen Rundfunk die innige Vereinigung von Mensch und Bohnenranke akustisch nachgespielt hat. Aber man kann mit etwas Geduld tatsächlich das Gras wachsen hören. Jedenfalls im übertragenen Sinne. Dunkelgrün und saftig – dann will der Rasen bald gemäht werden. Hellgrün und von Klee durchsetzt – dann dürfte eine Düngung angesagt sein. Und so weiter. Der Garten sagt schon selbst, was fällig wäre. Wenn man ihm die Chance dazu gibt.

Aber wie gesagt: Unter Gärtnern gibt es verschiedene Temperamente. Der Eine kennt kaum Schöneres, als Obstbäume auszulichten. Mir dagegen bereitet es kein Vergnügen, Gewächse herunterzuschneiden. Sie tun mir jedes Mal leid. Aber warum?

Könnte es sein, dass sie Schmerzen empfinden? Tut es dem Apfelbaum weh, wenn ich ihm den Ast absäge? Spüren tut er es, sonst würde er nicht reagieren, indem er dort neues Gewebe bildet. Viele Pflanzen, zum Beispiel der Tabak, senden alarmierende Botenstoffe aus, wenn Insekten an ihren Blättern nagen.

An Sonnenblumen hat man nachgewiesen, dass Licht elektrochemische Aktionspotenziale auslöst, wie man das auch von tierischen Nervenbahnen kennt. Pflanzen fühlen, riechen, schmecken und tasten auf ihre Weise. Nur abhauen können sie nicht, wenn der Gärtner mit der Schere naht.

Schon Darwin hat sich mit der Frage beschäftigt, was und wie viel eine Mimose merkt. Diesbezügliche Experimente ste-

hen allerdings unter Generalverdacht, seit sich ein CIA-Mitarbeiter namens Cleve Backster in den Sechzigerjahren des vorigen Jahrhunderts mit einem Lügendetektor an seinen Zimmerpflanzen zu schaffen gemacht hat. Offenbar konnten diese Gedanken lesen. Dachte er nur daran, sie mit einem Streichholz zu versengen, reagierten sie mit empörten Ausschlägen auf der Lügenskala. Der Effekt stellte sich auch dann ein, wenn er ein Hühnerei kochte. Die Pflanzen hatten sogar Mitleid, wenn er die Bakterien im Spülbecken mit heißem Wasser verbrühte. Das breite Publikum war fasziniert, die Fachwelt weniger: Backsters Versuche wurden bald als Mumpitz entlarvt.

Eine Handvoll Botaniker ist dennoch dabei, ein neues Forschungsfeld namens Pflanzenneurobiologie zu etablieren. Die Mehrheit der Kollegen hält das zwar für Quatsch, denn Pflanzen besitzen anerkanntermaßen kein Gehirn. Aber dass das Grünzeug dumm wie Bohnenstroh ist, wäre auch nicht die ganze Wahrheit. Was spürt die Hecke wirklich, wenn ich ihr zu Leibe rücke? Der israelische Pflanzenphysiologe Daniel Chamovitz, Autor des klugen und überhaupt nicht spekulativen Buchs *Was Pflanzen wissen*, hat die Frage wie folgt beantwortet: »Die Pflanzen wissen schon, was vor sich geht. Aber offen gesagt: Sie geben einen Scheiß darauf.«

Das führt zu einer weiteren Frage: Mögen Pflanzen Musik? Ich war vor Jahren mal bei einem holländischen Gewächshausbauern, der behauptete, seine Tomaten gediehen am besten, wenn sie Hilversum 2 hören. Der Sender spielte den ganzen Tag Siebzigerjahre-Pop. Gerade diesen Stil schätzen Pflanzen aber angeblich gar nicht.

Woher wissen wir das? Aus den Aufzeichnungen einer gewissen Dorothy Retallack, die seinerzeit am Colorado Women's College in Denver Musik studierte. Sie beschallte Geranien, Philodendren und andere Gewächse zum Beispiel mit »Whole Lotta Love« von Led Zeppelin oder mit »Machine Gun« von Jimi Hendrix. Angewidert strebten die Pflanzen in ihrem Wachstum möglichst weit weg von der Geräuschquelle. Ähnlich allergisch reagierten sie auf Arnold Schönbergs Zwölftonmusik. Anders verhielt sich das, wenn Dorothy Retallack klassische Kompositionen von Bach oder indische Sitarmusik zum Besten gab – dann strebten die Stengel förmlich zum Lautsprecher hin. Reproduziert wurden ihre Experimente allerdings nie, auch methodisch ließ sich vieles, wenn nicht alles, gegen den Versuchsaufbau einwenden.

Dabei hat auch diese Fragestellung Tradition. Wieder mal war es Charles Darwin, der herausfinden wollte, ob Mimosen ihre Blätter schließen, wenn er ihnen auf dem Fagott vorblies – sie taten ihm den Gefallen nicht. Mitte der Sechzigerjahre des vorigen Jahrhunderts unternahmen Mitarbeiter des Botanischen Gartens in New York systematische Versuche an Studentenblumen. Diesmal kamen gregorianische Gesänge, Mozarts Symphonie Nr. 41 in C-Dur, Dave Brubecks Big-Band-Nummer »The Stripper« sowie die Beatles mit »I Want to Hold Your Hand« zum Einsatz. Ergebnis: nicht messbar. Was nicht verhinderte, dass der Gedanke, Pflanzen seien empfindlich auf den Ohren, populär wurde: Der einschlägige Bestseller *Das geheime Leben der Pflanzen* von Peter Tompkins und Christopher Bird verkauft sich seit vierzig Jahren immer noch bestens, obwohl darin nur pseudowissenschaftlicher Unfug steht.

Aber man kann nie wissen. Bei der Entschlüsselung des Erbguts der Ackerschmalwand Arabidopsis thaliana kam heraus, dass dieses typische Laborgewächs mindestens zehn Gene besitzt, die beim Menschen im Falle einer Mutation zu Taubheit führen können. Das ist jedoch kein Beweis dafür, dass die Ackerschmalwand hören kann. Die jeweiligen Proteine erfüllen nur ähnliche Aufgaben. Im menschlichen Innenohr sind sie an der Bildung von Haarzellen beteiligt, in der Pflanze regulieren sie das Wachstum der Wurzelhärchen.

Letzte Frage in diesem Zusammenhang: Haben Pflanzen Würde? Betrachten wir zur besseren Anschauung eine Tomatenpflanze im Herbst. Abgeerntet ist sie, müde geworden und zerrupft. Wäre sie ein Haustier, würde man sie noch eine Weile pflegen. Aber eine Pflanze?

In der Schweiz tagte vor Jahren eine »Eidgenössische Ethikkommission für die Biotechnologie im Außerhumanbereich«. Es ging um die Frage, ob auch Pflanzen einen Wert an sich besitzen, losgelöst von allen menschlichen Interessen und Zwecken. Die Mitglieder der Kommission schlugen sich mit so sperrigen Begriffen wie Eigenwert, Entelechie, Selbstzwecklichkeit und Autarkie herum und kamen letztlich zu dem Schluss, dass es nicht in Ordnung sei, Pflanzen ohne vernünftigen Grund zu schädigen (www.ekah.admin.ch). Dieser Grundsatz ging sogar in die eidgenössische Verfassung ein und bescherte den Schweizern eine Menge Spott.

Wenn man sich konkrete Beispiele vor Augen führt, klingt das nicht mehr ganz so versponnen. Eine Rosenhecke kann einen instrumentellen Wert besitzen, weil sie vor Eindringlingen schützt; sie kann einen relationalen Wert haben, weil sie an die verstorbene Großmutter erinnert, die sie einst gepflanzt hat; und sie kann theoretisch auch einen Eigenwert besitzen, unabhängig davon, ob sie jemandem nützt. Wenn der Nachbar hergeht und mutwillig ihre Zweige knickt, halten wir ihn für einen Rohling, weil, frei nach Immanuel Kant, ein Hang zum bloßen Zerstören nicht nur der Pflicht des Menschen gegen sich selbst zuwider ist, sondern weil er auch »dasjenige Gefühl im Menschen schwächt oder vertilgt, was zwar nicht für sich allein schon moralisch ist, aber doch diejenige Stimmung der Sinnlichkeit, welche die Moralität sehr befördert, wenigstens dazu vorbereitet: etwas auch ohne Absicht auf Nutzen zu lieben«.

Zu den beliebtesten Fotomotiven Deutschlands gehörte bis vor wenigen Jahren die sogenannte Bavaria-Buche in der Nähe von Pondorf. In ihrer besten Zeit hatte ihre Krone einen Durchmesser von dreißig Metern, bis ein Sturm sie 2006 in zwei Hälften spaltete. Dabei zeigte sich, dass ein aggressiver Pilz in ihm hauste. Man hätte die Buche noch mit Seilen und Stützen sichern können, wie es viele Baumfreunde forderten. Doch die Verantwortlichen beschlossen, sie »in Würde« sterben zu lassen. Ein weiterer Sturm gab ihr dann den Rest.

Aus dem Samen der Bavaria-Buche sind rund tausend Jungbäume gezogen worden, einer steht inzwischen vor der Bayerischen Staatskanzlei, einer vor dem Schloss Bellevue in Berlin. Selbst postum wird sie also noch geehrt.

Kleine Lieblinge

Was einem im Garten ans Herz wächst und was nicht, ist von Mensch zu Mensch verschieden. Die Sängerin Madonna beispielsweise hasst Hortensien, wie man nach einem Auftritt bei den Filmfestspielen in Venedig weiß, wo sie ein Exemplar von Hydrangea macrophylla, das ihr ein Fan arglos überreicht hatte, wutentbrannt unter dem Tisch entsorgte. Ich dagegen, der ich auch so manche Idiosynkrasie pflege, finde Hortensien ganz entzückend.

Von circa achtzig Hydrangea-Arten haben es vier in die Gärten geschafft: Das sind die Bauernhortensie H. macrophylla, die Rispenhortensie H. paniculata, die Kletterhortensie H. anomala und die Waldhortensie H. arborescens. Alle lieben den Halbschatten und die Feuchtigkeit, wie der Gattungsname (auf deutsch: »Wassergefäß«) schon sagt. Bei der Rispenhortensie erscheinen die Blüten am einjährigen Holz, bei den übrigen Arten am zweijährigen. Das heißt: Letztere dürfen nicht zurückgeschnitten und nur die abgeblühten Spitzen entfernt werden. Der richtige Zeitpunkt dafür liegt im Frühherbst, dann lassen sich die dekorativen Blütenstände auch am besten trocknen. Die Rispenhortensie ›Annabelle‹ dagegen wächst zu einem stattlichen Strauch heran und darf kräftig gekappt werden.[13]

Kopfzerbrechen bereiten bei den Hortensien die Blütenfarben. Viele Sorten blühen weiß und bleiben es auch. Andere spielen mit der Zeit ins Rosafarbene. Rote, violette oder blaue Exemplare sind meist nicht farbstabil und tendieren nach einer Weile ebenfalls Richtung Rosa. Über das Blau der Hortensien hat sich schon Rainer Maria Rilke gewundert: »Sie spiegeln es verweint und ungenau, als wollten sie es wiederum verlieren.« Weniger lyrisch ausgedrückt: Die Blaufärbung der großen Schaublüten beruht auf einer chemischen Komplexbildung des rosafarbenen Anthocyan-Farbstoffs Delphinidin mit Aluminium-Ionen, die nur im sauren pH-Bereich stabilisiert wird. Aluminium ist für die meisten Pflanzen schon in niedrigen Dosen toxisch, es hemmt die Wurzelbildung. Hortensien vertragen es in größeren Mengen, wobei die Tiefe der Farbsättigung von der Sorte abhängt und in direktem Zusammenhang mit der Konzentration an Anthocyanen steht. Der höchste Gehalt von bis zu siebenhundert Mikrogramm pro Gramm Blüte wurde in Züchtungen wie ›Eisvogel‹, ›Alpenglühen‹, ›Hamburg‹ oder ›Kardinal‹ gemessen.

Wer zuverlässig blaue Hortensienpflanzen haben will, zieht sie am besten im Kübel in saurer Rhododendronerde und sorgt außerdem für eine Aluminiumionen-Quelle. Das kann Alaun sein, also Kaliumaluminiumsulfat. Dann muss der Hortensienfreund nur noch hoffen, dass es niemand auf seine Lieblinge abgesehen hat, denn es wird immer wieder über Diebe berichtet, die Hortensienknospen in der Pfeife rauchen, in der Hoffnung, einen Rausch zu erleben. Das ist aber vergebliche Mühe, es entsteht dabei nur Blausäure, und die ist ungesund.

So, wie Madonna Hortensien hasst, können viele Menschen Nelken nicht ausstehen. Nur noch selten sieht man sie an der Tankstelle, in Zellophan verpackt, als Geschenk in letzter Sekunde, wenn es sonntags zum Kaffeeklatsch bei der Schwiegermutter geht. Nelken sind für Ästheten ungefähr so schlimm wie weiße Socken in Sandalen. Aber die Prognose ist nicht gewagt: Die Nelke kommt wieder.

Sie hat auch schon einiges hinter sich. Ludwig IX. soll sie auf seinem Afrika-Kreuzzug 1270 in Tunis entdeckt und seinen Soldaten als Mittel gegen die Ruhr verordnet haben; ihm selbst hat das nichts genützt, er verschied an der Krankheit. Vermutlich ist die Gartennelke Dianthus caryophyllus eine Naturhybride, die irgendwann im südlichen Mittelmeerraum in Kultur genommen wurde. In der Renaissance war sie noch selten und kostbar, wie man auf dem Porträt des Kaufmanns Giese von Hans Holbein dem Jüngeren sieht, der sie als Symbol der Brautwerbung ins Bild rückte. Im 18. Jahrhundert setzte eine wahre Dianthomanie ein. Der Pfarrer Johann Gottfried Dressel allein zog in Charlottenburg fünfhundert verschiedene Sorten in Töpfen. Sogenannte Nelkenisten stellten komplizierte Systeme auf, unterschieden Picotten von Dubletten, Bizarden, Fameusen oder Feuerfaxen. Kleinste Unterschiede wurden mit dem »Nelkenmaß«, einem Zirkel, vermessen, Farbnuancen mit Adjektiven wie »hagelweiß« oder »flohviolett« beschrieben. Goethe, der Nelken durchaus schätzte, machte sich lustig über die Philister, die in Briefen und Fachpublikationen endlos über Zuordnungsfragen stritten. Im Laufe der Debatte erschienen mehr als hundert Bücher, die sich mit der Zucht und Einteilung von Topfnelken befassten. Schließlich brach diese Liebhaberei zusammen, unter anderem, weil die Züchtungen allesamt empfindlich und kaum fürs Freiland geeignet waren.

Aufgeladen mit Symbolik blieb die Nelke dennoch. Französische Adelige bestiegen mit einer roten Nelke die Guillotine, Sozialisten hefteten sie am 1. Mai als Erkennungszeichen ins Knopfloch, weil das Tragen roter Fahnen verboten war. Österreichs Sozialdemokraten marschieren damit noch heute zur Eröffnungssitzung des Nationalrates. In der Ära des Nierentischs nach dem Zweiten Weltkrieg stieg die Nelke zur Lieblingsblume der Deutschen auf, womit die Achtundsechziger radikal Schluss machten. Allerdings waren auch sie entzückt von der friedlichen Nelkenrevolution in Portugal.

Auf der Retrowelle kommt die Nelke nun in den Garten zurück. Und das mit Recht. Es gibt kaum eine dankbarere Pflanze. Die Gattung Dianthus aus der Familie der Nelkengewächse umfasst zwischen drei- und sechshundert Arten. Im Garten haben sich neben der Garten- oder Landnelke D. caryophyllus die Bartnelke (D. barbatus), die Federnelke (D. plumarius), die Pfingstnelke (D. gratianopolitanus) und die Chinesische Nelke (D. chinensis) eingefunden. Darin steckt noch viel Potenzial.

In Deutschland findet man zwei Dutzend Sorten, darunter die Heidenelke D. deltoides, die im Freiland mittlerweile unter Naturschutz steht. Selten geworden ist auch die Gebirgshängenelke, die früher fast jedes Haus im Engadin schmückte und inzwischen vom Verein Pro Specie Rara gesucht wird.[14]

Nelken stellen wenig Ansprüche, sie wollen vor allem Sonne. Dann ist auch ihr Duft am intensivsten, jenes berühmte Nelkenaroma, das man sonst nur von den getrockneten Blütenknospen des Gewürznelkenbaumes kennt. Manche Nelken sind ausdauernd, andere ein- oder zweijährig, einige sind frosthart, andere nicht. Was die Zukunft der Nelke betrifft, ist mir nicht bange.

Von Lupinen kann ich ebenfalls nicht genug bekommen. Vor ungefähr zwanzig Jahren bekam ich mal eine Tüte Lupinensamen geschenkt. Wahrscheinlich eine »Prachtmischung«. Ohne groß zu überlegen steckte ich sie in die Erde, im Jahr darauf blühte es grandios in blauen, weißen, roten und gelben Tönen. Weil mir das so gut gefiel, sammelte ich die reifen Samen ein. Die brachten in der nächsten Generation bloß noch rosa Blüten hervor. Ein intermediärer Erbgang, folgerte ich fachmännisch, das mendelt sich bestimmt zurecht. Hat es nicht. Nie wieder habe ich blaue oder anders gefärbte Lupinen großgezogen, sie blieben allesamt rosa.

Die Gattung Lupinus hat es in sich. Für Europa sind ursprünglich zwölf Arten beschrieben, die allesamt zu den Einjährigen gehören. Häufig verhalten sie sich aber auch wie Zweijährige. Manche blühen sogar noch im dritten Jahr. Mittelamerika wiederum ist Heimat von circa vierhundert Arten, die teils annuell, teils perennierend, also ausdauernd sind. Als Gartenstaude hat sich vor allem Lupinus polyphyllus etabliert, im Englischen nach ihrer nordamerikanischen Herkunft »Washington lupin« genannt. Der britische Gartenbauer George Russell hat daraus Anfang des vorigen Jahrhunderts eine Reihe von Hybriden mit spektakulärer Farbgebung abgeleitet, die allerdings zwischenzeitlich einem Virus zum Opfer fielen. Die Herkunft der meisten Kreuzungen, die heute als Gartenlupinen verkauft werden, liegt züchterisch im Ungewissen.

Und damit weiß man auch nicht, was man sich da in den Garten holt. Brauchen die Samen einen Kältereiz zum Keimen oder nicht? Soll man sie also schon im Herbst oder lieber erst im Frühjahr säen? Finnische Botaniker haben sich einmal die Mühe gemacht und über zehn Jahre hinweg mehr als zwanzigtausend Lupinensamen unter die Lupe genommen. Sie fanden die unterschiedlichsten Formen, woraus sie schlossen, dass es sich bei Lupinus polyphyllus längst um einen Bastard verschiedener Spezies handelt.

In manchen Gegenden ist die Zierpflanze bereits zur Plage geworden. Sie bedroht beispielsweise die Vielfalt im Biosphärenreservat Rhön. Wie die meisten Hülsenfrüchtler leben Lupinen in Symbiose mit sogenannten Knöllchenbakterien, die imstande sind, größere Mengen von Stickstoff aus der Luft zu fixieren. Den nährstoffarmen Bergwiesen bekommt das überhaupt nicht.

Zu einer weiteren Lieblingspflanze hat sich zwischenzeitlich der Buchsbaum gemausert. Wenn man denn welchen besitzt: In manchen Gärten schlägt der Buchszünsler derart zu, dass man besser darauf verzichtet. Erst nagen die Raupen den Strauch kahl, dann umspinnen sie ihn mit einem klebrigen Kokon, der Anblick ist kein schöner. Es hilft dem Buchs nicht, dass er erhebliche Mengen giftiger Alkaloide produziert. Das führt nur dazu, dass die Vögel die nun ihrerseits giftigen Raupen meiden. Rechtzeitige Spritzung mit Bacillus thuringiensis-Präparaten soll dem Befall vorbeugen.

Wer vom Buchsbaumzünsler verschont bleibt, bei dem stellt sich vielleicht Cylindrocladium buxicola ein, ein Pilz, der Blätter und Triebe bräunlich verfärbt und die Pflanze absterben lässt. Die Buchsbaumsorte ›Herrenhausen‹ ist angeblich weniger anfällig. Ansonsten bleibt nur, die Büsche samt Stumpf und Stiel auszureißen und auf den Müll zu werfen. Buchsbaumkrebs und -welke sind weitere Übel, mit denen der Buchsbaumfreund rechnen muss.

Umso merkwürdiger ist, dass der immergrüne Strauch seit einer halben Ewigkeit in den Gärten überlebt hat. Griechen und Römer kannten ihn bereits, im großen Stil kultivierten ihn die Schlossgärtner der Renaissance und des Barock. Buchsbaum lässt sich leicht vermehren, nur ist das keine Übung für Eilige. Vor zwanzig Jahren habe ich Stecklinge genommen, nach fünf Jahren hatte sich die Hälfte gut bewurzelt, nach weiteren fünf Jahren konnte ich sie auspflanzen. Inzwischen sind daraus kniehohe Hecken geworden. Buchsbaum ist extrem winterhart, nur im Topf fühlt er sich auf Dauer nicht wohl. Zu groß geratene Exemplare kann man bis ins alte Holz zurückschneiden, doch das gibt hässliche Lücken, die nur langsam wieder zuwachsen.

Buchsbaum kann man, wenn man will, in alle möglichen Formen bringen. Recht verbreitet sind Teekannen und Schwäne. Einer meiner Nachbarn modelliert seinen Buchs grundsätzlich zu Kugeln und hat es darin zu einer gewissen Perfektion gebracht. Bei mir kommen eher geschwungene Konturen heraus, man könnte an Wolken denken. Im Parc des Topiaires im belgischen Städtchen Durbuy kann man noch ganz andere Kreationen bewundern (www.topiairesdurbuy.be).

Abschließend noch ein Wort zu den weniger verlässlichen Freunden. Wenn es etwas im Garten gibt, das sich nonkonform verhält, dann sind das die zweijährigen Pflanzen. Es fängt schon mit der Bezeichnung an: Zweijährig sind sie keineswegs, sie brauchen zu ihrer Entwicklung nur ein Jahr, aber eben zwei Vegetationsperioden. Das heißt: Zwischen Keimen und Blühen muss eine Kältephase liegen, lang genug wie der europäische Winter. Korrekt müsste man sie deshalb als »winterannuell« bezeichnen. Akelei, Vergissmeinnicht oder Bartnelken gehören in diese Kategorie. Will man sie im nächsten Jahr wiederfinden, muss man sie sorgfältig im Auge behalten.

Das tue ich besonders gern mit dem Goldlack. Diese nostalgische Pflanze, früher Cheiranthus cheiri genannt, heute Erysimum cheiri, schert sich manchmal gar nicht um ihren Zweijährigenstatus und blüht drei, vier Jahre und mehr als Halbstrauch, bis sie irgendwann doch die Nase voll hat. Voraussetzung ist ein geschützter, trockener und magerer bis karger Standort. Beim Goldlack waren es in früheren Zeiten die Mauerritzen vor den Kemenaten der Burgfräulein, aus denen die »Gelbveigelein« grüßten, sie galten als Sinnbild unerwiderter Liebe. Romantische Ruinen und bröckelndes Kalkgemäuer sind wahrscheinlich auch heute noch die perfekte Umgebung.

Die ausgefalleneren Spielarten des Goldlacks bekommt man nicht als Topfpflanze im Gartenmarkt, sondern nur in Form von Samen. Über die Frage, wie und wann man den am besten aussät, gehen die Ansichten auseinander. Dünn mit Erde bedeckt, sagen die einen, zentimetertief und möglichst noch unter Lichtschutz die anderen. Und zwar im Herbst, damit die Pflanzen im nächsten Jahr blühen. Beziehungsweise im Frühjahr, damit man noch im Herbst was davon hat. Bei manchen klappt das, bei anderen nicht, ergab eine Prüfung von 54 Sorten an der Bayerischen Landesanstalt für Wein- und Gartenbau in Veitshöchheim.

Das hat mit dem erwähnten Kältereiz zu tun, der offenbar nicht in allen Fällen benötigt wird. Wenn die Temperaturen um die zwanzig Grad herum liegen, beträgt die Keimdauer ein bis zwei Wochen, ist es kälter, kann man ewig warten, bis die zarten Pflänzchen erscheinen. Mit etwas Glück haben sie sich nach drei Monaten etabliert. Manche Sorten lassen sich auch durch Stecklinge vermehren. Durch Temperatur- und Lichtmanipulationen im Gewächshaus kann man den Zeitpunkt der Blüte fast beliebig variieren.

Die Farbpalette des Goldlacks reicht von Gelb über Orange und tiefes Rot bis ins Bräunliche, es gibt auch weiße und pinkfarbene Sorten. Viele davon duften intensiv. In elisabethanischer Zeit halfen Riechsträußchen aus Goldlack, den üblen Gestank der Gosse zu übertünchen.

Zweijährige sind im Übrigen nicht auf den Ziergarten beschränkt, auch etliche Nutzpflanzen gehören zu den Winterannuellen. Davon merkt man meistens nichts, weil Küchenzwiebeln, Karotten, Kohlrabi, Rote Bete oder Lauch noch in derselben Saison geerntet werden. Will man von ihnen Samen gewinnen, muss man sie bis zum nächsten Jahr stehen lassen. Insgesamt ist der Umgang mit den Zweijährigen nichts für Schusselige, eher schon eine Sache für Fortgeschrittene.

Stein muss sein

Glaubt man den Umfragen, betrachten sich rund zehn Millionen Deutsche als Anhänger ländlicher Lebensart. Damit meinen sie aber nicht, dass sie besonders scharf darauf wären, regelmäßig morgens um halb fünf Kuhscheiße zu schaufeln. Sondern eher, dass sie einen nostalgisch gedeckten Kaffeetisch neben einem blühenden Rosenstrauch zu schätzen wissen. In vielen Fällen beschränkt sich die Verwirklichung solcher Träume notgedrungen auf den Balkon. Großstadtbewohner sind die eigentlichen Naturromantiker.

Wer aber offenen Auges durch die Provinz fährt, sieht eine Gegenbewegung am Werk. Wo tatsächlich Platz für üppiges Grün wäre, herrscht eine ausgesprochene Sehnsucht nach dem Kargen. Nichts kippt der Land- beziehungsweise Vorstadtbewohner lieber in seinen Garten als Steine, Kies und Schotter. Seit einigen Jahren werden diese zunehmend in Drahtkörbe geschichtet; die Hersteller von Gabionen machen gute Geschäfte.

Weil die Versorgung mit Kohl und Kartoffeln selbst in der Diaspora inzwischen durch Discounter sichergestellt ist, plackt sich dort kaum noch einer mit dem Bauerngarten ab. Auf dem platten Land sollen Gärten pflegeleicht sein und möglichst wenig Arbeit machen. Doch man darf sich das nicht zu einfach vorstellen: Ein echter Steingarten ist eine Herausforderung. Auf lehmigen oder tonigen Böden muss das Erdreich mindestens dreißig Zentimeter tief ausgekoffert werden, zur Unterdrückung von Unkräutern sind stabile Geofolien zu verlegen, anschließend Tonnen von Substrat anzufahren. Die Bayerische Landesanstalt für Wein- und Gartenbau, die dazu eine kleine

Broschüre aufgelegt hat, empfiehlt, auf allzu exotisches Material zu verzichten. Aber weil Geld und schlechter Geschmack häufig zusammentreffen, greift mancher eben doch zu rosa Marmor aus dem Alentejo oder schwarzem Vulkanbims. Dann gilt es noch ein paar Opuntien, Steppenkerzen oder Yuccapalmen zu verteilen, und das Ganze sieht aus wie auf Lanzarote.

Wenn es noch ärger kommt, geht der Ehrgeiz des Eigenheimbesitzers dahin, einen fernöstlichen Garten mit Felsen, Krüppelkiefer und geharkten Kieswegen anzulegen. Leider helfen da weder der Betonbuddha noch die japanische Steinlaterne: Eine derartige Ödnis wird bei den hiesigen Niederschlagsmengen nicht von Dauer sein. Laub wird sich ansammeln, Unkrautsamen herbeiwehen, und selbst die Illusion einer heimischen Geröllflora stellt sich nur mit großer Mühe ein.

Die einzige Institution, die es hierzulande schafft, Schotterlandschaften zu unterhalten, ist die Deutsche Bahn AG. Aber die hat auch ein Grundkapital von mehr als zwei Milliarden Euro.

Ambitioniertere Gärtner schütten Steine nicht einfach so hin, sondern planen eine Trockenmauer. Das ist nun wahrhaftig ein Unterfangen. Die deutsche Mauerwerksnorm DIN 1053-1 definiert sie als »mörtellose Schwergewichtsmauer«, die ausschließlich aus Bruchsteinen aufgesetzt werden soll. Wohlfeil ist der Rat, möglichst Material aus der Gegend zu verwenden. Im Norden und Nordosten Deutschlands geht das schon mal gar nicht, weil da nur Geschiebe und Sand herumliegen und die meisten Findlinge, die die Eiszeit hinterlassen hat, längst in Kampen auf Sylt gelandet sind, wo sie im Auftrag der millionenschweren Kundschaft zu Friesenwällen aufgetürmt werden. Im Rest der Republik sind die meisten historischen Steinbrüche geschlossen worden, und wenn ausnahmsweise doch mal ein neuer aufgemacht werden soll, laufen die Nachbargemeinden Sturm. Eine von der Fachzeitschrift *Galabau* herausgegebene Karte listet dennoch knapp hundert Standorte deutscher Natursteinproduzenten auf. Sieht man sich deren Lieferprogramm genauer an, stellt man aber fest, dass ein Großteil des Angebots aus China, Kroatien, Brasilien, der Türkei oder sonst woher stammt. Da gibt es dann nichts, was es nicht gibt: flamingorosa Sandstein, schwarzen Marmor, grünen Granit, geflammten Quarzit, gebänderten Porphyr, alles, was gut und teuer ist.

Und schwer, muss man hinzufügen. Unter einer Tonne braucht man gar nicht erst anzufangen. Das reicht für zwei bis drei Quadratmeter Ansichtsfläche. Der Rest der Steine verschwindet im Hang, man kann sein Geld auf diese Weise locker festlegen. Tut man das nicht, fällt die Trockenmauer irgendwann um und erschlägt den Gärtner, was seinem Leben gleichzeitig einen Höhe- wie Schlusspunkt setzt.

Die Trockenmaurerei ist ein ehrwürdiges Handwerk, das bis vor wenigen Jahren vom Aussterben bedroht war. Es rechnet sich nur, wenn Arbeitskräfte billig sind und das Material fast umsonst ist. Der Engländer Richard Tufnell hat maßgeblich dazu beigetragen, dass das Handwerk nicht ganz verloren ging. In den späten Siebzigerjahren hatte er einen schottischen Bauernhof samt zweieinhalb Hektar Land erworben und sich damit die Aufgabe eingehandelt, gut einen Kilometer Trockenmauern zu restaurieren. Er fand nur noch einen einzigen Nachbarn, der das mehr schlecht als recht beherrschte. Tufnell wollte keine Stümperei. Er fing an, die Werke alter Trockenbaumeister zu studieren. Die Summe seiner Erfahrungen hat er dreißig Jahre später in einem Handbuch zusammenfasst: *Building and Repairing Dry Stone Walls*. Die Stiftung Umwelteinsatz Schweiz hat auf dieser Grundlage ein Werk herausgegeben, das man ohne Übertreibung als moderne Bibel einer uralten Kunst bezeichnen darf. *Trockenmauern – Grundlagen, Bauanleitung, Bedeutung* ist vierhundertfünfzig Seiten stark und zugleich Ansporn und Abschreckung für jeden, der sich selbst mal an einer Trockenmauer probieren möchte.

Um Steine derart aufeinanderzuschichten, dass sie nicht gleich wieder umfallen, braucht es erst einmal kein Werkzeug. Nur Muskelschmalz und Hirn. Die Steine müssen sortiert werden, in solche, die als Fundament dienen sollen, die als Läufer, Binder oder zur Hintermauerung infrage kommen oder abschließend die Krone bilden. Jeder einzelne Stein will betrachtet, geprüft, gewogen werden. Fortgeschrittene greifen zu Fäustel, Setzer und Meißel und bearbeiten die Oberfläche, bis alles passt.

Vorher stellt sich die Frage, wie der Baugrund beschaffen ist. Ist er zu weich, muss ein Graben ausgehoben und mit Kies gefüllt werden, aber keinesfalls mit Beton ausgegossen, weil das erstens den Regeln des Handwerks zuwiderläuft, zweitens den Wasserabfluss verhindern und drittens zum Grundbruch führen kann, was die gesamte Mauer zum Einsturz bringen würde. Die Neigung der Mauer zum Hang, der sogenannte Anzug, ist festzulegen. Höhe und Flucht sind auszurichten, Stoß- und Kreuzfugen zu vermeiden.

Ferner kommt es darauf an, wie die Steine beschaffen sind: bruchrauh oder behauen, polygonal oder rund, flach oder voluminös? Verschiedene Arten, sie zu verbauen, hat schon der römische Baumeister Vitruv in seiner zehnbändigen Architekturlehre beschrieben. Da ist erstens das Opus incertum, das aus unregelmäßigen Bruchsteinen errichtet wird und, wie der Name schon sagt, nicht besonders standfest ist. Dem verwandt ist das Opus antiquum aus Findlingen, heute Zyklopenmauerwerk genannt, das bereits in prähistorischer Zeit auftaucht. Das Opus quadratum ist ein Massivmauerwerk aus großen, exakt zugerichteten Steinquadern; Opus pseudoisodomum heißt es, wenn die einzelnen Lagen ungleichmäßig hoch sind. Das Opus mixtum kombiniert verschiedene Techniken und Materialien, unter anderem auch Ziegelsteine. Das Opus spicatum, heute Ährenwerk genannt, ordnet die Steine im Fischgrätverband.

Und damit nicht genug. Wie lange eine Trockenmauer stehen bleibt, hängt von weiteren Faktoren wie Bodenwichte, Wasser, Reibungswinkel, Klima und Geländeneigung ab. Die Schweizer Bibel stellt dazu lakonisch fest: »Eine Mauer ist stabil, wenn ihr Standmoment größer als ihr Kippmoment ist.«

Wer nach der Lektüre noch den Mut hat, frisch ans Werk zu gehen, sollte folgende Faustregel im Kopf behalten: Eine geübte Person schafft an einem Tag einen Quadratmeter Mauer und verbaut dabei eine Tonne Steine. Das gilt als Durchschnittswert unter optimalen Bedingungen, das heißt: Die Wege sind kurz, eine Auswahl guter Steine ist am Platz und das Projekt hinreichend einfach. Anfänger schaffen vielleicht ein Viertel dieses Pensums. Sie sind außerdem gut beraten, nicht höher als einen Meter zu mauern. Bis dahin ist die Statik noch kein großes Problem. Im Übrigen wächst der Materialbedarf mit dem Quadrat der Höhe und beträgt bei zwei Metern schon vier Tonnen.

Eine der höchsten Trockenmauern Europas ist der um 1840 errichtete Eisenbahndamm der nordwalisischen Ffestiniog Railway zwischen Penrhyn und Tan-y-Bwlch. Dort wurden die Steine fast zwanzig Meter hoch gestapelt, das Fundament ist knapp zehn Meter breit, auf der Krone reicht es für eine 2,45 Meter breite Trasse. Mehr als hundert Jahre lang verkehrten dort die Güterzüge der Schieferbergwerke, heute ist die Schmalspurbahn eine Touristenattraktion. So etwas sollte man sich aber nicht zum Vorbild nehmen.

Mein erster Versuch, eine Trockenmauer zu errichten, war von Naivität gekennzeichnet und ein voller Erfolg. Ich hatte Sandsteine genommen, die von irgendwelchen Baumaßnahmen übrig geblieben waren, und sie nach Gutdünken zusammengefügt. Sie sind inzwischen von Farnen überwuchert, erfüllen ihren Zweck und fallen nicht weiter auf. Ganz anders die zweite Mauer, die ich aus exakt behauenen Granitblöcken errichtet habe. Noch heute sieht man jede Fuge, die nicht ganz gleichmäßig ausgefallen ist. Beim dritten Mal wollte ich mich endlich an die Vorschriften halten.

Das günstigste Material, das ich fand, war Grauwacke. Das ist, wenn man so will, Sandstein für Arme. Uneinheitlich gefärbt und meist schlecht sortiert, was das Mauern schwierig macht. Mit dreihundert Euro die Tonne wäre ich weggekommen. Wollte ich aber nicht.

Das nächste Angebot war behauener Sandstein. Mainsandstein kommt zwischen Spessart und Odenwald reichlich vor. Oder besser gesagt kam, denn er wird im Handel kaum noch angeboten. Komplette Altstädte sind daraus errichtet worden, praktisch jede Gemeinde entlang des Flusses besaß einen eigenen Steinbruch. Heute liefern nur noch zwei Betriebe an ausgewählte Kunden.

Im Baumarkt offerierte man mir stattdessen tiefroten Sandstein aus Großbritannien, die Tonne zu tausend Euro. Eine Frechheit, fand ich, ging weiter auf die Suche und stieß im Fachhandel zu guter Letzt auf Quarzit, gebrochen bei Kavala im griechischen Ostmakedonien. Sortiert in zwei verschiedenen Stärken, mit denen sich geradezu eine Idealmauer errichten ließe. Die Tonne bloß fünfhundert Euro. Auf Nachfrage allerdings ohne Transport und Mehrwertsteuer. Egal, dachte ich, her damit. Es wurde eine arge Schinderei. Denn Trockenmauern will gelernt sein. Zwei Jahre Ausbildung seien Minimum, sagen Experten. Nach tausend Quadratmetern hätte man den Bogen raus. Bei mir wurden es mit Mühe drei.

Und was soll das alles? Warum muss es Naturstein sein? Es existieren weiß Gott preiswertere Lösungen, einen Hang abzufangen oder eine Grenze zu markieren. Die Baumärkte sind voll davon. Und da liegt das Problem: Man möchte nicht wissen, wie viele Millionen Pflanzringe aus Beton schon in deutschen Gärten arrangiert worden sind. Die Dinger sind praktisch unzerstörbar. Noch einen Spindelstrauch hinein, und man hat das Elend komplett.

Nun geht der Trend seit einiger Zeit weg vom Brutalismus. Man findet zunehmend Mauersysteme, die wenigstens vortäuschen, aus edlerem Material zu sein. Da wird bossiert und gerumpelt, gesandstrahlt und scharriert, bis der Kunststein ein gern als »antik« bezeichnetes Aussehen annimmt. Aber es ist eigenartig: Das Auge lässt sich nicht täuschen. Man sieht dem Kunststein an, dass er nicht im Steinbruch gebrochen wurde, sondern im Betonwerk gegossen. Er altert nicht, setzt keine Patina an, sondern splittert höchstens unschön ab. In diesem Sinne verhält er sich wie Laminat, das auch nicht dasselbe ist wie Echtholzparkett. Hochtrabend könnte man sagen: Kunststein besitzt keine Seele.

Wer es nicht ganz so metaphysisch haben will, kann den Begriff Seele durch Entstehungsgeschichte ersetzen. Steine leben zwar nicht im biologischen Sinn, aber sie verändern sich. Aus Sand wird unter Druck Sandstein, noch mehr Druck presst ihn zu Quarzit, Granit kann eine Metamorphose zu Gneis durchmachen. Gesteine können durch tektonische Kräfte ins Erdinnere befördert werden, zu Magma aufschmelzen, das wieder an die Erdoberfläche dringt, dort erstarrt, durch Erosion abgetragen wird und als Sediment in den Kreislauf zurückkehrt. Das alles passiert in geologischen Zeiträumen, die mit menschlichen Maßstäben kaum zu erfassen sind. Eine Ahnung davon bekommt aber jeder, der einen Bruchstein in die Hand nimmt, um zu sehen, wie seine Lagerung verläuft, entlang derer er sich leichter spalten lässt. Auch sein »Gesicht« kann man so erkennen – das ist die schönere Seite, die bei einer Mauer natürlich nach außen gehört.

Zum ästhetischen Vergnügen gehört auch das mörtellose Mauern selbst. Man spürt nach einiger Zeit, wie ein Stein zu liegen kommen will, nämlich so, dass er nicht wackelt. Umgekehrt sieht man es einer Trockenmauer an, wenn sie plan- und sinnlos aufgeschichtet wurde. Sie wird dann nicht lange stehen bleiben, sondern über kurz oder lang den Gesetzen der Schwerkraft folgen.

Noch ein paar Anmerkungen zur ökologischen Bedeutung von Trockenmauern. Sie haben schon fast dem Tümpel den Rang abgelaufen, der hartnäckig als »Biotop« verkauft wird, das automatisch eine Fülle von Leben in den Garten lockt. Auch die Mauer soll sich wie von selbst mit Eidechsen, Wildbienen und seltenen Gewächsen aller Art besiedeln. Doch im steilen Weinberg, auf den die Sonne prallt, sieht das anders aus als an einem schattigen Nordhang. Und in Hongkong wieder anders als in Schottland. Systematische Untersuchungen, wer und was von einer Trockenmauer profitiert, sind rar. Einen Überblick für den mitteleuropäischen Raum hat der Schweizer Architekt und Baubiologe Gerhard Stoll zusammengestellt (www.stonewalls.ch).

Steht die Mauer frei, trocknet sie schnell aus, lehnt sie gegen einen Hang, bildet sich von innen nach außen ein Feuchtigkeits- und Temperaturgefälle. Feuchte Mauern veralgen und vermoosen, auf trockenen wachsen eher Flechten. Pioniere unter den höheren Pflanzen sind Gräser und Farne. Die ersten tierischen Besiedler sind wahrscheinlich Ameisen und Wanzen. Die Entwicklung hängt auch davon ab, ob kalk- oder silikathaltiges Gestein verwendet wurde. Bis sich eine dauerhafte Gesellschaft gebildet hat, kann es mehr als hundert Jahre dauern. Was die Frage aufwirft, ob eine Trockenmauer überhaupt so lange hält.

Keimt zum Beispiel ein Birkensamen in den Fugen, wird er als ausgewachsener Baum jede noch so kunstvoll gefügte Trockenmauer sprengen (und übrigens auch jede andere Mauer). In Hongkong, wo ein großer Teil des städtischen Siedlungsraumes terrassiert ist, hat die Würgefeige erhebliche Schaden angerichtet. Was passiert, wenn Trockenmauern sich selbst überlassen werden, kann man an den ligurischen Cinque Terre, im Chianti, an der Amalfiküste, an der Mosel und überall da beobachten, wo Steillagen im Wein- und Obstbau aufgegeben wurden. Die Hänge, einst mühsam befestigt, geraten ins Rutschen. Das kann dann nicht nur zu einer ökologischen, sondern auch zu einer ökonomischen Katastrophe führen. Ein Übersichtsartikel zu diesem Problem (»Terraced landscapes: from an old best practice to a potential hazard«) ist in einer Fachzeitschrift erschienen, die passenderweise *Anthropocene* heißt. Mit dem Begriff »Anthropozän« bezeichnen Wissenschaftler inzwischen das Zeitalter, in dem wir leben, was nichts anderes heißt, als dass unser Planet weitgehend von Menschenhand umgestaltet worden ist. Sieht man sich die ausgedehnten Reisterrassen in China an, die mächtigen Mauerwerke der Inka oder Britanniens endlose Steinwälle, klingt das ziemlich plausibel.

Irrsinn mit Methode

Durch das Internet geistert mit schöner Regelmäßigkeit die Behauptung, Hobbygärtner würden sich strafbar machen, wenn sie alte Gemüsesorten anbauen. Die Europäische Kommission sei dabei, ihnen die Verwendung von »Einheits-Saatgut« zu diktieren.

Die Kommentare sind stets vorauszusehen. »Ich lasse mir von dieser Bande nicht vorschreiben, was ich esse!« »Ungeheuerlich!« »Denen fällt nur Scheißdreck ein!« Und allen ist sonnenklar: Mal wieder ein Fall von Irrsinn aus Brüssel.

Als berühmtestes Beispiel darf in diesem Zusammenhang die europäische Gurkenverordnung gelten, die dem Krümmungsgrad von Salatgurken gewidmet war; zwanzig Jahre lang erregte sie die Stammtische, bis sie geräuschlos beerdigt wurde.

Was nun das berüchtigte »Einheits-Saatgut« angeht: Der Kleingärtner ist davon gar nicht betroffen. Er kann auch in Zukunft anbauen, was er will, und mit seinem Nachbarn tauschen. Um Anbau geht es bei der ganzen Sache ohnehin nicht, sondern um das »Inverkehrbringen« von Saatgut. Wer dies kommerziell betreibt, muss sich tatsächlich in die Karten schauen lassen. Er darf nur mit Sorten handeln, die zugelassen sind. In Deutschland ist dafür das Bundessortenamt zuständig. Es prüft die Eigenschaften des Saatgutes und erteilt dem Züchter für einen Zeitraum von zehn Jahren das Recht, sein Produkt exklusiv zu vermarkten.

Reine Schikane, wie viele glauben, ist das Saatgutrecht nicht. Es wurde ursprünglich formuliert, um Ernteausfällen vorzubeugen und den Ertrag zu steigern. Bauern sollten sich darauf verlassen können, dass der Samen, den sie kaufen, auch wirklich keimt, nicht verunreinigt ist, dass gesunde Pflanzen heranwachsen, widerstandsfähig gegen Krankheiten und nach neuesten Erkenntnissen gezüchtet. Im Gegenzug sollten die Züchter durch den winkenden Profit dazu angespornt werden, immer bessere Sorten zu entwickeln. Dass dabei Opas Ackerfrüchte auf der Strecke blieben, war kaum zu vermeiden.

Am Beispiel der Mairübe lässt sich das demonstrieren. Diese Rübenart (exakter: Brassica rapa subsp. rapa var. rapifera) ist eine alte Kulturpflanze, die vor der Einfuhr der Kartoffel nach Europa eine wichtige Ernährungsgrundlage bildete. Erwähnt wird ihr Anbau schon im Kräuterbuch des Otto Brunfels von 1532. Im Laufe der Jahrhunderte sind zahllose Landsorten entstanden, die an das jeweilige Lokalklima und die unterschiedlichsten Böden angepasst waren. Heute finden sich in der Liste des Bundessortenamtes nur noch zwei zugelassene Sorten, ›Whiteball‹ und ›Polar‹. Beides sind sogenannte F1-Hybriden, die ihre positiven Eigenschaften verlieren, wenn man sie in Folgegenerationen anbaut. Als Züchter ist die Marbacher Firma Hild angegeben, die zum niederländischen Saatgutkonzern Nunhems gehört.

Wer eine Weile sucht, findet noch andere Mairüben. Als »historisch« wird die Sorte ›Schneeball‹ beschrieben. Wer länger stöbert, stößt vielleicht sogar auf die Sorte ›Brjukwa‹, die angeblich 1994 auf einem Bauernmarkt in St. Petersburg entdeckt wurde und besonders frühzeitig ausgesät werden kann. Oder auf die ›Innervillgartener Wasserrübe‹ aus Osttirol, die bevorzugt in höheren Lagen gedeiht. Dass solche Landsorten überhaupt noch existieren, verdankt sich der Initiative von Organisationen wie der österreichischen »Arche Noah«, die sich dem Erhalt der Agrarvielfalt verschrieben haben.

Lange Zeit operierten solche privaten Samenarchivare in einer rechtlichen Grauzone. Bis es endlich zu einem Musterprozess vor dem Europäischen Gerichtshof kam. Der französische Saatguthersteller Graines Baumaux hatte das bäuerliche Netzwerk Kokopelli, das mehrere hundert nicht zugelassene Gemüse im Angebot hatte, wegen unlauteren Wettbewerbs verklagt. Ein französisches Gericht gab dem Kläger recht, Kokopelli focht das Urteil an. Die Brüsseler Richter kamen zu dem paradoxen Schluss, dass sich beide Seiten auf EU-Recht berufen können.

Tatsächlich gibt es von der Vorschrift, dass alle gehandelten Samen eine Zulassung brauchen, zwei konkrete Ausnahmen. Festgehalten sind sie in einer Richtlinie aus dem Jahr 2009. Danach dürfen auch sogenannte »Erhaltungs- und Amateursorten« unter die Leute gebracht werden. Mit gewissen Einschränkungen: Für Erhaltungssorten, die vom Aussterben bedroht sind, muss eine Ursprungsregion definiert werden. Das entsprechende Saatgut darf nur dort vertrieben werden, und das auch nur in einer begrenzten Menge. Amateursorten wiederum, die für den Anbau unter »besonderen Bedingungen« gedacht sind, dürfen als Saatgut zwar überall, aber nur grammweise gehandelt werden. Im Übrigen stand es den Saatguthändlern immer schon frei, alte Sorten auf vereinfachtem Wege und ohne teure Prüfung neuerlich beim Bundessortenamt oder einer anderen europäischen Behörde anzumelden.

Das europäische Saatgutrecht zu vereinheitlichen wäre durchaus sinnvoll. Dazu gehört, dass überall nach denselben Kriterien geprüft wird. Neue Sorten müssen sich von anderen Sorten unterscheiden (englisch »distinctness«), müssen homogen sein (»uniformity«) und über Generationen hinweg stabil (»stability«). Diese DUS-Norm erfüllen nur moderne Hochleistungssorten, auf denen der größte Teil der Landwirtschaft beruht. Dabei geht es weniger um Nischenprodukte wie Mairüben. Es geht stattdessen um Getreide, Mais, Kartoffeln und ähnliche Ertragspflanzen, insgesamt ein Milliardenmarkt, auf dem Konzerne wie Monsanto, Dupont, Syngenta dominieren und allenfalls Betriebe wie die deutsche KWS Saat AG mithalten können. Kleine Unternehmen oder Privatpersonen haben in der Regel weder Zeit noch Geld, ein Zulassungsverfahren zu überstehen.

Ich habe mir mal den Spaß gemacht und sechs sogenannte historische Gemüsesorten ausgesät. Es gab sie bei einem bekannten Edelversand zu einem stolzen Preis: die Markerbse ›Alderman‹, den Pflücksalat ›Amerikanischer Brauner‹, das Mairübchen ›Schneeball‹, die Stangenbohne ›Mombacher Speck‹, das Radieschen ›Cherry Belle‹ und die ›Lobbericher Möhre‹.

Diese sechs Sorten sind keine ausgesprochenen Raritäten und auch anderswo erhältlich. Die Erbse ›Alderman‹ beispielsweise soll 1890 in England gezüchtet worden sein und wird als »robuste Landsorte« gepriesen. Darunter versteht man Sorten, die in kleinbäuerlicher Tradition entstanden sind und sich über Generationen hinweg an regionale Gegebenheiten angepasst haben. Häufig variierten sie von Dorf zu Dorf und im Einzelfall sogar von Garten zu Garten. Exakte Jahreszahlen der Entstehung lassen sich da naturgemäß nicht ermitteln. Wenn die Sorte ›Alderman‹ tatsächlich um 1890 herum das Licht der Welt erblickt hat, wird es sich wohl eher um eine professionelle Züchtung gehandelt haben. Queen Victoria hat sie angeblich auf ihrem Landsitz auf der Isle of Wight anbauen lassen. Die Familie Shirley, Inhaberin der Victoriana Nursery Gardens, hält sie seit nunmehr achtzig Jahren in Kultur und hat daraus die Varietät ›Victorian Colossal Climbing‹ abgeleitet, die unter anderem auch von Prinz Charles geschätzt wird. Ein gewisser Alfred Allsopp aus der Grafschaft Staffordshire schaffte es mit einem 3,15 Meter hohen Exemplar 1977 ins Guinness-Buch der Rekorde.

Da wollte ich aber gar nicht hin. Und als meinen bescheidenen Beitrag zur Erhaltung der hiesigen Agrobiodiversität hätte ich besser auch nicht eine englische, sondern eine hessische Sorte anbauen sollen. Also hätte ich konsequenterweise nicht bei einem Versandhändler, sondern in den Archiven suchen müssen. Das Bundeslandwirtschaftsministerium hat einmal eine Rote Liste der gefährdeten einheimischen Nutzpflanzen in Deutschland herausgegeben. Darin finden sich unter den Markerbsen auch drei hessische: die ›Erbachshofer Gelbe Viktoria‹, ›Dipperts Maibote‹ und der ›Ruhm von Kassel‹. Über die Eigenschaften der ersten beiden lässt sich auf Anhieb nichts herausfinden, der ›Ruhm von Kassel‹ wurde 1916 in der Zeitschrift *Die Gartenwelt* immerhin als »sehr reichtragend« und »zum Einmachen begehrt« beschrieben.

Wie käme ich da nun dran? Eine Recherche in der Gendatenbank des Instituts für Pflanzengenetik und Kulturpflanzenforschung in Gatersleben fördert zutage, dass es sich beim ›Ruhm von Kassel‹ botanisch exakt um Pisum sativum L. subsp. sativum convar. sativum var. superfluens Alef. handelt. Der Samen soll beim Sortenamt Halle lagern und nach Unterzeichnung einer sogenannten Transfervereinbarung in Kleinstmengen verfügbar sein. Wenn ich sonst nichts mehr zu tun habe, gehe ich das vielleicht mal an.

Meine sechs historischen Gemüsesorten jedenfalls sind gekeimt. Mit unterschiedlichem Ergebnis.

Die Radieschen waren am schnellsten. Wenn man sie nicht rechtzeitig aus der Erde zog, wurden sie groß wie Hühnereier. Der Geschmack war okay, aber keine Sensation. Nicht ganz so fix war der Salat. Er schmeckte, man kann es nicht anders sagen, wie Salat. Als die heißen Tage kamen, war es mit ihm vorbei. Gewaltig ins Kraut schossen die Mairüben, die diesen Namen bei mir nicht verdienten, denn sie bildeten nur Blätter und allenfalls symbolische Wurzeln. Angeblich kann man auch die Blätter essen, in Form von Stielmus, was zusammen mit Stampfkartoffeln eine rheinisch-westfälische Leckerei sein soll; ich habe wegen des unguten Klangs dieser Komposition auf eine Probe verzichtet.

Ewig auf sich warten ließen Erbsen und Bohnen. Irgendwann begannen sie doch, in die Höhe zu klettern. Von der gerühmten Markerbse ›Alderman‹ habe ich gerade mal eine Handvoll geerntet, in unterschiedlichem Reifezustand. Das bestätigt die alte Siebecksche Weisheit, dass man, wenn man junge Erbsen essen will, besser zur Dose oder noch besser zum Tiefgekühlten greift. Die eigentliche Überraschung war die Stangenbohne ›Mombacher Speck‹. Sie reiften nach und nach, das ergab jedes Mal eine ordentliche Mahlzeit. Selbst wenn sie schon dicke Samen gebildet hatten, schmeckten sie intensiv nach grünen Bohnen, waren dann allerdings nicht frei von Fäden. Insgesamt also ein Lob nach Mombach.

Was die Frage aufwirft, ob es an der geografischen und klimatischen Nähe zwischen meinem Garten und dem ehemaligen Dorf am Rhein liegen könnte, wenn der ›Mombacher Speck‹ bei mir so gut gedeiht. Ich glaube aber, dass da zu viel hineingeheimnist wird. Wenn schon, müsste ich wahrscheinlich die Sorte anbauen, die beim Nachbarn über Jahre hinweg gute Ergebnisse gebracht hat.

Der aber hat sich mittlerweile auf Zucchini und Kürbisse von monströsen Ausmaßen kapriziert. Zucchini wachsen praktisch von allein zu unterarmlangen, holzig-faden Gebilden heran. Nicht von ungefähr sind sie der Albtraum des Kleingärtners. Und Kürbisse – nun ja, man will nicht unhöflich sein und gratuliert, wenn die Dinger nicht mal mehr mit der Schubkarre abtransportiert werden können.[15]

Wozu sind die Dinger gut? Notorische Kürbisfreunde behaupten, man könne sie zu leckeren Suppen, Maultaschen, Strudeln, Rösti, Eis oder Schokolade verarbeiten. Angeblich existiert irgendwo auch ein Rezept für Kürbis-Sekt. Oder für »Kürbisbowle mit ganzen Früchten«, wie eingefleischte Witzbolde behaupten. Der Wahrheit näher kam der Schriftsteller Max Goldt, der dem Gemüse, das botanisch korrekt als »Panzerbeere« eingeordnet wird, das Aroma einer ungelüfteten Umkleidekabine bescheinigte. Man kann dies mit scharfen Gewürzen überdecken, das ist dann auch der Gipfel des Genusses.[16]

Das Erstaunlichste am Kürbis ist, dass er schon so lange kultiviert wird. In Ecuador fand man bei archäologischen Grabungen Überreste von Kürbissen, sogenannte Phytolithe, deren Alter auf zehn- bis zwölftausend Jahre datiert wurde. Sie waren bereits größer als bei Wildpflanzen üblich. Man kann darüber spekulieren, was die Ureinwohner mit den ursprünglich bitteren Früchten angefangen haben; vielleicht haben sie die Kerne geknabbert, vielleicht haben sie die harten Schalen als Vorratsgefäße benutzt. Der Flaschenkürbis wird auf ähnliche Weise heute noch zweckentfremdet, auf dem Balkan beispielsweise als Kniegeige und in einigen Gegenden Papua-Neuguineas als Penis-Futteral.[17]

Es gibt weiterhin Kürbisse in Schlangen- und in Turbanform, mit oder ohne Warzen, wild gemustert und in allen möglichen Farben. Evolutionsbiologen sehen darin ein Paradebeispiel für »disruptive Selektion«. Das heißt: Im Laufe der Kürbisdomestizierung hat der Mensch die Extreme herangezüchtet, nicht das stabile Mittelmaß, das in der Natur weit häufiger vorkommt. Cucurbitologen unterscheiden an die achthundert Kürbissorten. Die meisten davon werden gar nicht erst verzehrt, sondern dienen rein dekorativen Zwecken. Angehenden Gärtnern, die Zweifel an ihren Fähigkeiten haben, empfiehlt sich der Kürbissamen-Test: Wer den nicht zum Keimen bringt, sollte sich ein anderes Hobby suchen. Eventuell Kürbisweitwurf: Die Bestleistung in dieser Disziplin, aufgestellt unter Einsatz eines Katapultes im amerikanischen Bundesstaat Utah, liegt bei 1690 Metern.

Genug der Abschweifung. Ich wollte ja eigentlich noch etwas zur ›Lobbericher‹ Möhre sagen. Mohrrüben sind nur was für Fortgeschrittene. Beim Anbau kann derart viel schiefgehen, dass man von vornherein geneigt ist, die Flinte ins Korn zu werfen. Denn erstens sind Möhrensamen so winzig, dass man sie garantiert zu dicht sät. Dann brauchen sie Wochen, um zu keimen, jedes Unkraut ist schneller. Zu viel Dünger oder Lehmboden mag die Möhre nicht, reiner Sand kommt ebenfalls nicht in Frage. Die Liste der Möhrenkrankheiten und -schädlinge liest sich wie ein Who's Who der Pflanzenpathologie: Von Weißfäule über Grauschimmel, Rotblättrigkeit, Schwarzfäule, diverse Älchen, Fliegen, Flöhe, Blattläuse, Gallmücken, Motten, Raupen und Pilze ist alles dabei. Ob, falls überhaupt, Möhren reif sind, sieht man der Pflanze nicht an. In den allermeisten Fällen zieht man nur ein streichholzdünnes Etwas aus der Erde. Samen zu gewinnen ist eine hohe Kunst, denn die trägt die Möhre erst im zweiten Jahr, wobei sie im Winter nicht an Ort und Stelle bleiben kann, weil sie nicht frostfest ist. Das Ergebnis ist sowieso nicht vorauszusehen, weil Möhren auf Fremdbestäubung angewiesen sind und sich jederzeit mit der heimischen Wilden Möhre kreuzen können. Es ist ein Wunder, dass der Mensch es geschafft hat, die Mohrrübe zu kultivieren.

Doch spätestens seit der Antike wird sie angebaut, wobei in den Überlieferungen nicht immer zu unterscheiden ist, ob es sich um die Kulturform Daucus carota subsp. sativus gehandelt hat oder um die verwandte, weniger anspruchsvolle Pastinake Pastinaca sativa. In Asien entstand aus der Wildform eine rotviolette Spielart, am Mittelmeer wurden weiße, gelbe und orangene Wurzeln selektiert, und vom 17. Jahrhundert an züchtete man vor allem in Holland, Frankreich und England Sorten, die dem heutigen Standard ähneln. Gewünscht sind gleichmäßig gewachsene Exemplare mit hohem Carotingehalt, der Verbraucher schätzt an seiner Karotte vor allem satte rote Farbe und süßen Geschmack.

Dies alles vor Augen, ging ich mit großer Skepsis daran, die alte Lobbericher Sorte anzubauen. Auf knapp einem Quadratmeter tat sich lange Zeit nichts, dann keimte zartes Grün. Nach drei Monaten erntete ich wenige Stengel von unscheinbarem Gelb, die in einer Gemüsesuppe nicht weiter auffielen. Von

Fäule oder sonstigen Gebrechen dagegen keine Spur, die Pflanzen waren ausgesprochen vital.

Weitere Recherche erbrachte dann noch Folgendes: Die Herkunft dieser Sorte lässt sich offenbar bis ins 19. Jahrhundert an den Niederrhein verfolgen. Dort soll der Bauer Paul Luhnen aus Süchteln aus reinem Dusel eine Möhre hervorgebracht haben, die besonders kräftig wuchs und vor allem den Kühen gut bekam. Inwieweit sich diese ›Sötelsche Muere‹ von der späteren ›Lobbericher‹ unterschied, ist bis heute Gegenstand lokaler Meinungsverschiedenheiten. Der Mundartdichter Matthias Kamps glaubt jedenfalls, die »Lobbericker lange jeäle« sei das Original: »Man haat se hej all bold verjeäte, doch jätz erläff se en Reneßangs, on wüerd se sich mött angere meäte, hei Sötele övverhaup ken Schangs.« Ich bin geneigt, mich dieser schwer ins Ohr gehenden Interpretation anzuschließen.

Hoffentlich im roten Bereich

Die Legende von den guten alten Gemüsen geht noch weiter. Früher, als es noch nicht diese überzüchteten Sorten gab, erntete Opa Karl nämlich kiloweise die schönsten Tomaten. Jahr für Jahr ein Gedicht. Dann kamen die Holländer mit ihren Gewächshäusern und haben der Tomate den Geschmack ausgetrieben. Aber jetzt entdeckt man wieder das Vortreffliche aus dem eigenen Garten. Nie mehr Treibhausware.

Wenn es eines gibt, was den Gärtner Demut lehrt, dann der Versuch, Tomaten unter freiem Himmel zu ziehen. Profis lassen gleich die Finger davon: Was auf dem Markt unter »Freilandtomaten« firmiert, ist selbst im Hochsommer unter Glas oder Folie gewachsen. Das liegt nicht daran, dass so viel, sondern eher, dass zu wenig an Tomaten herumgezüchtet wurde. Jedenfalls gibt es nur wenige Sorten, die der Kraut- und Braunfäule widerstehen. Die tritt immer dann auf, wenn es längere Zeit regnet und die Sporen von Phytophthora infestans ihr Schimmelwerk beginnen. Seit dreißig Jahren tauchen immer aggressivere Stämme des Pilzes auf.[18]

Der Nachbar, darin Sisyphos gleich, setzt im April jedes Mal zehn Tomatenstauden, freut sich im Mai an den Blütenständen und reißt im Juli alles wieder raus, weil das ganze Gelump inzwischen schwarz verfault ist. In diesem Jahr brachte er vom Gartencenter drei »alte Sorten« mit. Längst sind auch diese Exemplare entsorgt.

Es gibt an die zehntausend Tomatensorten, so genau hat sie keiner gezählt. 3500 davon hat eine Arbeitsgruppe von der Universität Göttingen unter Leitung des Agrarwissenschaftlers

Bernd Horneburg gesichtet. Knapp hundert wurden im Freilandanbau zwischen Alpen und Nordsee getestet und schließlich zehn selektiert, die der Fäule halbwegs trotzten. Und das auch nur, wenn man große Pflanzabstände einhielt, Kartoffeln aus der Nachbarschaft verbannte und pilzbefallene Pflanzenteile umgehend entfernte.

Die geschmähte Hollandtomate ist nur die Lösung eines Problems, das den Tomatenanbau von Anfang an begleitet hat. Als die ersten Exemplare um das Jahr 1500 herum aus Südamerika über Spanien nach Europa gelangten, war nicht einmal klar, ob dieses zweifelhafte Gemüse jemals über den Rang eines Kuriosums hinausgelangen würde. Im Wuchs ähnelte es der Tollkirsche, einem berüchtigten Giftgewächs. Die Früchte waren vergleichsweise winzig, hartschalig und bitterer als heute – »von stinkendem Geruch und üblem Geschmack«, wie der englische Botaniker John Gerard hundert Jahre später schrieb, um sich darüber zu wundern, dass einige Neapolitaner es trotzdem fertigbrachten, sie roh unter Einsatz von Salz und Öl herunterzubringen.

Der Pflanzensystematiker Carl von Linné ordnete die To-

mate in seinem 1753 erschienenen Werk *Species plantarum* als Solanum lycopersicum ein, als giftigen »Wolfspfirsich« aus der Familie der Nachtschattengewächse. Sein Zeitgenosse Philip Miller war etwas optimistischer: »esculentum«, also essbar, befand er. Da war sie im Süden Europas bereits in den Speiseplan integriert.

Es dauerte allerdings bis ins 19. Jahrhundert hinein, ehe die Tomate auch nördlich der Alpen beachtet wurde. Sie ist nicht wirklich für den Anbau in kühleren Breiten geeignet. Tomatensamen keimen erst bei mehr als zwanzig Grad, die Pflanzen sind außerordentlich frostempfindlich, ihre Früchte platzen bei Feuchtigkeit. Tomatenanbau blieb ein unkalkulierbares Risiko, aber eines, das die Gärtner nicht ruhen ließ. Und so entstand im Laufe der Zeit eine verwirrende Zahl von Züchtungen, in allen denkbaren Formen und in Farben von Weiß, Gelb, Grün und Rot bis Violett und Schwarz.

Fast jede Region kennt ihre traditionelle Spezialität. ›Bonner Beste‹, ›Rheinlands Ruhm‹, ›Harzfeuer‹, ›Quedlinburger Frühe Liebe‹ – deutsche Tomatenfreunde können unter Hunderten von Herkunftsnamen wählen. Hobbygärtner schwören, wie gesagt, alle Eide, dass jede Einzelne davon besser schmeckt als die Wasserbomben aus dem Gewächshaus. Aber sie machen sich etwas vor.

Denn auch die Holländer haben dazugelernt. Ton Janssen, ein Bauer aus Venlo, war Mitte der Neunzigerjahre einer der Ersten, die den Trend erkannten. Damals war der Unmut über den in Form von Tomaten erfundenen »vierten Aggregatzustand von Wasser« so groß geworden, dass die Verbraucher mehr und mehr zu spanischen Importen griffen. Auf der Iberischen Halbinsel und auf den Kanaren wurde zwar mit denselben Methoden angebaut, aber eben unter besseren klimatischen Bedingungen. Und afrikanische Tagelöhner pflücken im Akkord, was den Preis für Massenware zusätzlich in den Keller trieb. Zusammen mit vier anderen Betrieben begann Ton Janssen, nach Sorten zu suchen, die weniger Ertrag, aber dafür mehr Aroma versprachen. Schließlich stieß er auf ›Campari‹, eine sogenannte Cocktailtomate, die mitsamt der Rispe geerntet wird. Das gilt mittlerweile als eigenes Qualitätsmerkmal: »Strauchtomaten« heißen sie irreführenderweise im Handel, obwohl die Pflanze keineswegs als Strauch, sondern im Gewächshaus wie jede andere Kommerztomate bis zu zwölf Meter pro Saison in die Länge wächst. Im Gegensatz zu den Tomatenfrüchten, deren Schale keinerlei Geruch besitzt, verströmen die grünen Rispen immerhin ein typisches Krautaroma.[19]

Entscheidend für den Geschmack ist und bleibt der Zeitpunkt der Ernte. Unreife Tomaten können zwar beim Transport und bei der Lagerung nachdunkeln. Zuckergehalt sowie Aroma- und Inhaltsstoffe nehmen dabei aber kaum noch zu. Stattdessen werden sie mehliger. Richtig vollreife Tomaten andererseits sind nicht mehr lagerfähig. Also werden die Früchte in der Regel hellrot gepflückt.

Insofern hat sich auf dem Tomatenmarkt gar nicht so viel geändert. Nur die Zahl der Sorten und die Formenvielfalt hat zugenommen. ›Cuore di Bue‹ (»Ochsenherzen«) beispielsweise oder San-Marzano-Tomaten, beides hochgelobte italienische Slow-Food-Spezialitäten, sind längst auch im Programm von Agrokonzernen wie Syngenta. Ein Geschmackswunder sind sie deshalb noch lange nicht. Zu früh geerntet, bleiben sie genauso nichtssagend wie jede andere Sorte.

Was bleibt als Empfehlung für den Tomatenfreund? Im Winter sollte er gar keine frischen Tomaten kaufen. Dann bleiben nur die aus der Dose. Unter südlicher Sonne gereift und an Ort und Stelle verarbeitet, schlagen sie alles, was rund ums Jahr in der Supermarkttheke liegt.

Du bist nicht allein

Der Schriftsteller Helmut Salzinger, eigentlich eine typische Großstadtpflanze, verbrachte die letzten zehn Jahre seines Lebens auf einem Gehöft in der norddeutschen Gemeinde Odisheim, wo er versuchte, dem Hadelner Land einen Garten abzuringen. In seinem immer noch sehr lesenswerten Buch *Der Gärtner im Dschungel* schildert er, wie froh seine Frau und er waren, als sie entdeckten, dass sich am Fundament ihres Hauses eine Ringelnatter niedergelassen hatte. »Das Schlänglein«, wie sie es nannten, schien ihnen zu zeigen, dass sie aus ökologischer Sicht alles richtig machten.

In Deutschland ist es theoretisch möglich, einer von sechs Schlangenarten zu begegnen: der Kreuzotter, der Aspisviper, der Äskulapnatter, der Würfelnatter, der Ringelnatter oder der Schlingnatter. Praktisch kann man aber ein ganzes Gärtnerleben verbringen, ohne je eine Schlange zu Gesicht zu bekommen. Die Kriechtiere sind nicht nur scheu, sondern in der heutigen Landschaft auch selten geworden.

Was man von der Blindschleiche nicht sagen kann. Nachbars Kater schleppt immer wieder eine an, wobei man auf den Gedanken kommen könnte, dass es stets dieselbe ist, denn er fängt sie wohl, aber frisst sie nicht und verliert irgendwann jedes Interesse an ihr. Blindschleichen können in Gefangenschaft angeblich vierzig Jahre und älter werden. Draußen in der Natur schaffen sie das kaum, dort stellen ihnen neben Katzen alle möglichen Feinde nach. Die meisten Schleichen werden allerdings von Autos überfahren, wenn die Reptilien versuchen, sich auf dem Straßenasphalt zu wärmen.

Den größten Teil ihres Lebens verbringt die Blindschleiche unter der Erde und lässt sich möglichst selten sehen. Deshalb weiß man nicht allzu viel über ihre Gewohnheiten. Mir passiert es regelmäßig, dass ich eine aufstöbere, wenn ich irgendwo im Dickicht hantiere. Die Reaktion ist jedes Mal dieselbe: Ich bekomme einen Heidenschreck, die Schleiche richtet sich ruckartig auf und sieht mich voller Empörung an. Vielleicht eine Sekunde lang, dann schlängelt sie wie der Blitz davon. Blindschleichen ernähren sich unter anderem von Regenwürmern, mit denen man sie im Jugendalter glatt verwechseln könnte. Sowie von Nacktschnecken, weshalb ihnen der Gärtner mit Wohlwollen begegnen sollte. Die Weibchen paaren sich wahrscheinlich nur alle zwei Jahre, dann aber stundenlang, wobei der Partner ihnen in den Nacken beißt. Das Männchen hat den größeren Kopf, dafür sind die Weibchen stattlicher gewachsen, nämlich bis zu einem halben Meter lang, sofern sie ihren Schwanz noch nicht eingebüßt haben. Bei Gefahr können sie ihn abwerfen, doch er wächst ihnen, anders als bei Eidechsen, nicht mehr nach.

Was den Lebensraum betrifft, sind Blindschleichen nicht besonders heikel. Waldränder, Feldhecken, nicht zu kurz gemähte Weiden, Bahndämme, Kiesgruben, Friedhöfe – fast alles ist ihnen recht, solange es dort nicht zu aufgeräumt zugeht. Das erklärt aber nur zum Teil, warum sich Blindschleichen bei mir wohlfühlen.

Vielleicht ist das wie bei den Indianern vom Stamme der Anishinabe, bei denen jeder sein eigenes Totemtier hat. In meinem Fall bin ich mir aber nicht so sicher. Auf den ersten Blick liebt man natürlich die Singvögel am meisten. Aber auch unter denen gibt es solche und solche.

Nehmen wir zum Beispiel die Kohlmeise. Sie gehört zu den rastlosesten Charakteren im Garten. Während das Rotkehlchen auch mal dasitzt und überlegt, was als Nächstes zu tun wäre, scheint die Meise überhaupt keinen Plan zu haben. Länger als eine Sekunde hält es sie nicht am Platz, dann muss sie schon wieder dahinschwirren oder dort herumpicken. Meisen sollen, wenn sie erst mal in ihrer Höhle hocken, einen tiefen Schlaf haben. Aber das kann ich mir kaum vorstellen.

Der Nachbar ist ganz vernarrt in sie. Sie bekommen von ihm Sonnenblumenkerne, Rosinen, Nüsse. Besonders gern genommen werden Hanfsamen. Weil die Meise auch bei der Nahrungsaufnahme hektisch zur Sache geht, schleudert sie jedes zweite Körnchen durch die Gegend. So keimt immer mal wieder ein Hanfpflänzchen in Nachbars Garten.

Das nährt die Vermutung, dass Kohlmeisen dauernd bekifft sind. Allerdings liegt die Konzentration des berauschenden Tetrahydrocannabinols im Samen praktisch bei null. Es ist auch nicht zu erwarten, dass die Hersteller von Vogelfutter extra feminisierten Early White Skunk untermischen, eine in Holland gezüchtete Cannabissorte, die in bestimmten Kreisen zu sechs Euro pro Stück gehandelt wird. Die Herkunft des Vogelhanfs bleibt obskur und wird nicht näher deklariert. Wahrscheinlich stammt er aus dem Anbau von Nutzhanf, der seit zwanzig Jahren in Deutschland wieder zugelassen ist, aber strengen Kontrollen unterliegt.

Im Internet und anderswo liest man häufig, Vögel würden nur dann schön singen, wenn sie eine Hanfdiät verabreicht bekommen. Tatsächlich bekommen Sittiche Hanf vorgesetzt, weil ihr Gefieder dann schöner glänzt. Bei Kanarienvögeln erhöht er außerdem den vom Halter gar nicht so sehr geschätzten Bruttrieb. Die Meise käme auch ohne Hanf durchs Leben, sie ist ein opportunistischer Fresser, der im Zweifelsfall lieber eine fette Raupe verschlingt.

Niederländische Ornithologen haben herausgefunden, dass es unter den Kohlmeisen verschiedene Persönlichkeiten gibt. Manche verhalten sich vergleichsweise scheu, andere sind ausgesprochene Draufgänger. Am Max-Planck-Institut für Ornithologie in Seewiesen konnte man zeigen, dass dafür bestimmte

Abweichungen im Erbgut verantwortlich sind, die den Dopaminstoffwechsel betreffen. Dopamin beeinflusst auch beim Menschen die Stimmungslage, der Volksmund spricht vom »Glückshormon«, das Antrieb und Motivation steigert. Vielleicht ist es so, dass man Meisen, die davon zu wenig haben, sowieso nicht zu Gesicht bekommt. Sondern immer nur jene, die von Natur aus »jut druff« sind, wie der Berliner sagt.

Bei den Amseln ist das wiederum anders. Sie machen meistens einen schlechtgelaunten Eindruck. Hüpfen mehr, als dass sie fliegen, scharren wie die Hühner, aber ohne Erfolg. Dann legen sie den Kopf schief, als wollten sie sagen: Das bringt nix. Und so ist es meistens auch. Die Aktivität der Amsel steht in keinem Verhältnis zum Ertrag. Amseln sind die Grobmotoriker unter den Vögeln. Wenn eine von ihnen die Tränke ansteuert, ist anschließend kein Wasser mehr drin. Dafür alles voller Milben. Kaum ist es Frühling, beginnt auch wieder die übliche Rüpelei unter den Männchen. Besonders ausgefeilt sind die Rangkämpfe nicht. Hintereinander herhopsen, halbhoch in die Höhe flattern, ineinanderkrachen und zu Boden gehen – das ist alles. Anschließend sind sie beleidigt und warten auf die nächste Gelegenheit. Wenn Amseln sonst nichts einfällt, machen sie sich über die Krokusse her. Früher hat man geglaubt, sie würden auf diese Weise ihr Gefieder reinigen; man müsse nur für eine Wasserstelle sorgen, um sie von ihrem Tun abzubringen. Das hat aber nie funktioniert. Manchmal heißt es, die Amselhähne würden Krokusblüten mit den Schnäbeln ihrer Rivalen verwechseln. So viel Dämlichkeit möchte man aber nicht mal einer Amsel unterstellen, zumal sie sich keineswegs auf gelbe Krokusse beschränkt, sondern auch die blauen massakriert. Als Gegenmaßnahme wird empfohlen, Stöckchen mit Stanniolpapier aufzustellen. Oder alte Handfeger zwischen den Krokussen zu verteilen. Oder Weckgläser darüberzustülpen. Ehrlich gesagt: Eine Lösung ist das nicht.

Von Rechts wegen gehört die Amsel in den Wald, und zwar

in einen möglichst dichten, feuchten. Doch stattdessen hat sie in der Mitte des 19. Jahrhunderts beschlossen, die Städte zu erobern. Heute brütet sie praktisch überall, und wenn es neben der Mülltonne ist. Wahllos wühlt sie in allem herum, schmeißt mit Dreck und reagiert auf Versuche, sie zu vertreiben, nur mit schlechtgelauntem Zetern.

Aber alles ist vergeben und vergessen, wenn das Amselmännchen in der Dämmerung auf dem nächsten Dachfirst hockt und seinen Gesang anstimmt. Das kann bis zu einer halben Stunde dauern und mehr als dreißig Motive umfassen. Der Vogel antwortet auch, wenn man ihm was vorflötet. Amseln sind halbwegs standorttreu, wenn ein neuer Revierinhaber sich niederlässt, klingt er anfangs schäbiger als sein Vorgänger. Doch mit der Zeit gibt er sich immer mehr Mühe, bis das menschliche Ohr schier dahinschmilzt. In gesanglicher Hinsicht sei die Amsel sogar der Nachtigall überlegen, die Spannweite ihres Ausdrucks reiche »vom Schlichtesten bis zum Differenziertesten und darüber hinaus ins Unfassbare«, schrieb der 1971 verstorbene Komponist Heinz Tiessen.

Was zählt da ihre sonstige Tölpelhaftigkeit? Der Callas hat man ja auch verziehen, dass sie jenseits der Bühne eine unglaubliche Nervensäge war.

Sehr lange müsste ich nachdenken, um Ähnliches zum Vorteil der Wühlmaus zu sagen. Im Gegensatz zum Maulwurf hinterlässt sie selten und niemals ordentliche Haufen. Man erkennt ihr Wirken vielmehr daran, dass Pflanzen, die eben noch vital schienen, vor sich hin kümmern. Gießt man die verdächtige Stelle, entsteht ein Krater, in dem Kubikmeter Wasser und Erde verschwinden. Am liebsten frisst die Wühlmaus, was auch dem Gärtner am Herzen liegt, also Tulpenzwiebeln, Kartoffeln, Sellerie sowie die Feinwurzeln von Rosen, Apfelbäumen oder Weinstöcken.

Eine Wühlmaus kann bis zu vier Mal im Jahr zwischen zwei und zehn Junge zur Welt bringen, die ihrerseits nach zwei Monaten geschlechtsreif werden. Alle sind bestrebt, auf der Stelle einen eigenen Bau anzulegen. Die Zahl der Vorschläge, wie man sie daran hindern könnte, ist Legion. Das Einschlämmen mit Wasser scheint ihnen Spaß zu machen, sie arbeiten sich umso munterer voran. Indifferent reagieren Wühlmäuse auf Versuche, ihnen durch Pfeiftöne, tickende Wecker oder faulende Fischköpfe die Lust am Leben zu verderben. Das Aufstellen von Fallen will gelernt sein und verspricht nur mäßigen Erfolg. Köder werden allenfalls genommen, wenn sonstige Nahrung knapp ist. Ohne Weiteres kommt der Laie auch gar nicht in den Besitz wirksamer Gifte.

Anthroposophen haben übrigens folgenden, wenig bekannten Tipp auf Lager: Man verschaffe sich, wenn die Venus im Skorpion steht, einen Mäusebalg und verbrenne ihn. In dessen Asche konzentriert sich dann nach Rudolf Steiner eine negative, der Fortpflanzungsfreude diametral entgegengesetzte Kraft. Man streue das in homöopathischen Dosen über das Grundstück – keine Wühlmaus wird es fortan wagen, den Grünkohl anzunagen. Wer daran glaubt, wird selig.

Manchmal kommt einem aber auch das Glück zustatten. Einmal fand ich ein sauber abgenagtes Skelett, das ich nicht zuordnen konnte. Es war ungefähr eine Handspanne lang, der Schädel mit kräftigen Zähnen und großen Augenhöhlen ausgestattet, dazu eine lange Wirbelsäule. Als es später geschneit hatte, stieß ich auf eine Spur: Fünf Zehen und ein Ballenabdruck – es sah aus, als ob sich das Tier springend fortbewegt hätte. Und an einer Stelle, wo die Wühlmäuse ihre Haufen aufzuwerfen pflegen, schien es so, als wenn sich jemand Zutritt von außen verschafft hätte.

Zwergwiesel hinterlassen solche Spuren. Oder Hermeline. Beide wechseln zweimal im Jahr das Fell. Ob die kastanienbraune Färbung dabei im Winter ins Schneeweiße umschlägt, hängt beim Zwergwiesel von der geographischen Breite ab. Ein sicheres Unterscheidungsmerkmal soll die dunkler gefärbte

Schwanzspitze des Hermelins sein. Man könnte beim Männchen auch nachschauen, ob der Penisknochen gestreckt oder sigmoidal nach hinten gekrümmt ist. Dazu müsste man ein lebendes Wiesel zu fassen bekommen. Das ist angesichts seiner Lebensweise aber ziemlich unwahrscheinlich.

Als Referenzwerk gilt unter Wieselfreunden *The Natural History of Weasels and Stoats: Ecology, Behavior and Management*, eine profunde Darstellung, verfasst von Carolyn Mary King von der University of Waikato in Hamilton, Neuseeland. Sie schrieb sie in der Absicht, das blutrünstige Image der Gattung Mustela in ein freundlicheres Licht zu setzen. »Sehen aus wie typische Killer, sind typische Killer, und man hat ein gutes Gefühl, wenn man eines abschießen kann«, zitiert King eine verbreitete Haltung unter Waidmännern. Auch sonst fällt dem kleinsten aller Carnivoren gern die Schurkenrolle zu. »Hinterhältig wie ein Wiesel« heißt es beispielsweise in Charles Dickens' weniger bekanntem Roman *Der Raritätenladen*.

Der schlanke Körperbau, die flinken Bewegungen, die spitzen Fangzähne – alle Eigenschaften des Wiesels sind wie geschaffen dafür, seiner Beute bis in die kleinste Spalte zu folgen und sie auf der Stelle zu töten. Einen Winterschlaf kann sich der ewig hungrige Wicht nicht leisten. Höchstens ruht er für Stunden im Mäusenest, das er vorher gnadenlos ausgeräubert hat. Man hat Wiesel beobachtet, die ein Wildkaninchen abschleppten. Nach Plinius dem Älteren sind sie die Einzigen, die sogar einen Basilisken ins Jenseits befördern können. Es sind wirklich mutige Tiere.

Die Frage ist nur: Befreien sie mich wirklich von den Wühlmäusen? Mauswiesel müssen täglich ein Drittel ihres Körpergewichtes zu sich nehmen, verteilt auf ein knappes Dutzend Mahlzeiten. So viele Wühlmäuse mein Garten auch hervorbringt – allein kann er kein Wiesel ernähren. Das Jagdrevier eines Mauswiesels dürfte zwischen einem und zwanzig Hektar umfassen. Gut geht es dem Wiesel in sogenannten Mastjahren, in denen es reichlich Bucheckern oder Eicheln gibt. Dann kann es zu einer wahren Mäuseschwemme kommen. Das Zahlenverhältnis von Beute und Räuber lässt sich in solchen Fällen berechnen, und zwar nach Regeln, die der italienische Mathematiker Vito Volterra vor mehr als achtzig Jahren formuliert hat: Erst vermehren sich die Mäuse, später phasenverzögert die Wiesel. In der Folge gibt es wiederum weniger Mäuse und irgendwann wieder weniger Wiesel. Ökonomen kennen die Volterra-Formel ebenfalls, sie kennen sie unter dem Begriff »Schweinezyklus«. Steigen die Preise für Schweinefleisch, stürzen sich alle auf die Schweinehaltung. Das führt zu einem Überangebot, was die Preise in den Keller treibt. Viele kapitulieren und gehen raus aus der Schweinemast. Ergo steigen die Preise wieder, und so weiter, ad infinitum. Daran sieht man, dass meine Hoffnung, das Wiesel würde mir ein für allemal die Wühlmaus vom Hals schaffen, eine trügerische ist. Auf längere Sicht kehrt alles wieder. Vor allem der ungeliebte Schädling.

Es kommt aber hinzu, dass Wiesel nicht wählerisch sind. Insbesondere gehen sie unter Missachtung der Volterra-Regeln nicht nur Nagetieren, sondern auch Vögeln an den Kragen. Das hatten neuseeländische Farmer nicht bedacht, als sie um die Wende zum 20. Jahrhundert Hermeline ins Land brachten. Sie sollten die ebenfalls eingeschleppten Ratten, Hasen und Karnickel vertilgen. Das taten sie mit Fleiß. Aber nebenbei vernaschten sie auch seltene Rallenvögel wie die Südinsel-Takahe und bedrohen inzwischen die kümmerlichen Restbestände des Zwergkiwis.

Beste Freunde

Wenn es um Tiere geht, kann man sich eben nicht aussuchen, was sie tun und lassen. In der Nähe meines Gartens treibt sich immer mal wieder ein Schäfer herum. Man riecht das bei passender Windrichtung, zweihundert Schafe sind was anderes als zweihundert Rosenstöcke. Meist hört man sie aber nur. Ganz selten kommen sie so nahe, dass man sie beobachten kann. Schafe sind Wiederkäuer, als solche führen sie ein meditatives, weitgehend friedliches Leben. Wenn sie nicht gerade sinnend in der Landschaft herumstehen, rupfen sie Gras und Blätter und ersetzen auf diese Weise Sense und Balkenmäher. Wo es darum geht, die Vegetation kurz zu halten, sind nur noch Ziegen effektiver.

Beim Weiden trödeln Schafe herum wie Kinder auf dem Nachhauseweg. Hier lockt ein saftiges Büschel, dort ein besonders leckeres Kraut. Aber wenn man das Geschehen aus der Distanz betrachtet, fällt auf, dass an der Spitze meist ein Führungsschaf steht, das eine bestimmte Richtung im Sinn hat. Allein gelassen will kein Schaf werden, und so trotten alle hinterher. Weil aber auch der Schäfer will, dass es irgendwann wieder auf die Koppel geht, hält er sich Hütehunde. Und mit denen gibt es Probleme.

Hunde haben generell wenig Humor, Hütehunde sind völlig humorlos. Auf Spaziergänger reagieren sie wütend, auf andere Hunde geradezu allergisch. Es gab schon verschiedentlich Beschwerden von Besitzern, die ihren Vierbeiner zum Arzt bringen mussten. Sie mussten sich belehren lassen, dass es keine gute Idee ist, einen Hund ohne Leine in die Nähe einer Schafherde zu lassen.

Der Wanderschäfer, der mit seiner Herde durch die Gegend zieht, ist bei uns immer seltener geworden. Deutschland ist von der Küste bis zu den Alpen durchagrarisiert. In Teilen Großbritanniens, in Schottland und anderen Gegenden der Welt hält man dagegen noch große Bestände ohne Zaun und Koppeldraht. Ganze Bergketten sind dort abgenagt bis auf die Grasnarbe. Der britische Lake District sei eine der deprimierendsten Landschaften Europas, behauptet der Umweltaktivist George Monbiot, restlos zerstört durch die weiße Plage. Seine Landsleute, für die der Lake District der Inbegriff der Romantik ist, reagierten empört: Sie wollen, dass er zum Weltnaturerbe erklärt wird, ähnlich wie das Great Barrier Reef oder die Serengeti.

Bei uns wird es so weit nicht kommen. Die Schafe halten zwar den Grünwuchs in Schach. Aber die Hunde eben auch die Schafe.

Wenn wir schon bei den Hunden sind: Genetische Studien haben den Beweis geliefert, dass er vom Wolf abstammt. Und zwar nur vom Wolf. Warum der Wolf um alles in der Welt seine Freiheit gegen die Gefangenschaft getauscht hat, wissen wir nicht. Ein Abstieg war es in jedem Fall. So, wie das Wildschwein dem Hausschwein in physischer Hinsicht überlegen ist, ist auch der Hund, verglichen mit seinem wilden Vetter, ein

Schwächling. Er ist nicht so zäh, er ist nicht so klug, er ist nicht so vielseitig, und er wird auch selten so alt wie der Wolf. Dafür darf er im Warmen übernachten.

Als der Wolf sich entschloss, den Ur-Hund zu spielen, hat er einen hohen Preis gezahlt. Und umgekehrt? Was hat die Steinzeithorde dazu bewogen, den potenziellen Todfeind in die engere Familie aufzunehmen? Es gibt dazu eine Menge Theorien. Sie sind alle nicht besonders schlüssig.

Als Pfeil und Bogen noch nicht erfunden waren, haben sich die Beutezüge von Mensch und Wolf wahrscheinlich geähnelt. Beide lebten in Sozialverbänden. Dem Wild wurde gemeinsam aufgelauert, es wurde gemeinsam verzehrt. Dass einer dem anderen freiwillig etwas abgegeben haben soll, leuchtet nicht ein; Mensch und Wolf sind typische Nahrungskonkurrenten.

Eher könnte man sich vorstellen, dass Wolfsrudel um das menschliche Lager geschlichen sind und sich vom weggeworfenen Aas ernährt haben. In Zeiten des Überflusses ließ man sie gewähren, in Zeiten der Not griff man auf die halbzahme Fleischreserve zurück: Domestikation als Folge von Canophagie, also Hundeverzehr. In China und anderswo hat sich der Brauch gehalten: Der Chow-Chow ist dort regelrecht als Braten gezüchtet worden.

Manchmal wird auch die These vorgetragen, der Wolfshund könne als lebende Alarmanlage gedient haben. Dagegen spricht, dass Wölfe nicht bellen. Oder höchstens kurz, um sich bei drohender Gefahr auf möglichst leisen Sohlen davonzumachen.

Australische Forscher haben die Beziehung zwischen Aborigines und herumstreunenden Dingos untersucht und herausgefunden, dass die Wildhunde in kalten Nächten gelegentlich am Feuer geduldet werden. Daraus haben sie gefolgert, der Mensch habe den Wolf in seiner Frühzeit vor allem als mobiles Wärmekissen geschätzt. Dagegen spricht wiederum, dass erwachsene Wölfe selbst bei strengem Frost am liebsten alleine schlafen.

Gelegentlich wird die Ansicht vertreten, Wölfe könnten als Packtiere gedient haben; man habe sie später sogar vor Schlitten gespannt. Der deutsche Verhaltensforscher Erik Zimen hat entsprechende Versuche mit zahmen Wölfen angestellt und hält das für ziemlich abwegig.[20]

In einer zivilisierten Gesellschaft gibt es nicht mehr allzu viele Gründe, Hunde zu halten: als Blindenführer beispielsweise, als Lawinen-, Such- und Rettungshund, bei der Drogenfahndung, im Polizeidienst oder als Schweißhund bei der Jagd. Allein in Deutschland aber leben schätzungsweise fünf Millionen Hunde, vom Pinscher bis zum Dobermann, und die Frage ist schon erlaubt, ob das in Ordnung ist.[21]

Wenn fünf Millionen Deutsche einen Hund halten, dann stehen ihnen 75 Millionen Deutsche gegenüber, die das nicht tun. Aus guten Gründen. Man ist irgendwo eingeladen, und dann kläfft, sobald man geklingelt hat, ein Hund, rasend vor Freude oder vor Zorn, wer weiß das in diesem Augenblick schon so genau. Hunde, schrieb Kurt Tucholsky, sind ein Anachronismus. Sie leben noch immer im Dreißigjährigen Krieg; in jedem Briefträger wittern sie den fahrenden Landsknecht, in jedem Zeitungsboten die schwedische Vorhut. Hunde sind unberechenbar. Ruhig, Hasso, ruhig, sagt der Herr, und der Hund dreht durch, wackelt mit dem Hintern, wirft alles um, springt an einem hoch, leckt einem die Hände, rast davon und schleppt seine Lieblingsdecke an oder einen durchsabberten Hausschuh. Beziehungsweise: Wenn man Pech hat, beißt er einem auf der Stelle ins Bein.

Hunde stören. Sitzt man gemütlich beim Kaffee, kommt das Tier alle fünf Minuten an, macht sich irgendwie bemerkbar, kratzt sich, bellt, fühlt sich vernachlässigt. Und während man noch süß über den Tisch lächelt, wird er da unten sauer und greift in die Kiste seines unverschämten Verhaltensrepertoires: Der Hund rubbelt sich am Bein des Besuchers ab.

Hunde sind impertinent. Eine echte Unterhaltung kann da

nicht aufkommen, wo ein Hund zu Hause ist. Spätestens nach einer Stunde heißt es Gassigehen. Aufruhr, Chaos, Raserei. Der Hund hat es wieder mal geschafft, seinen Willen durchzusetzen. Darin schlägt er sogar jedes Kleinkind.

Hunde sind dekadent. Hunde sind laut. Hunde bellen des Nachts, damit ihr Besitzer aufwacht und »Halt die Schnauze!« brüllt. Hunde halten ihren Herrn für Karl den Großen. Hunde sind teuer. Keine Krankenkasse zahlt einen Pfennig, wenn sie über kurz oder lang siech und pflegebedürftig werden.

In der Wohnung ist der Hund nur ein Problem. Im Grünen ist er ein einziges Übel. Im Park kann man ihn aus guten Gründen nirgends mehr von der Leine lassen. Im Wald war das schon immer verboten. Auf freiem Feld wird es ebenfalls nicht toleriert. Bleibt der Garten. Mancher Hundehalter hat nur deshalb einen, weil er dann weiter auf dem Sofa *Tatort* gucken kann, während der Köter sich auf dem Rasen erleichtert. Anschließend gräbt Fiffi auf der Suche nach imaginären Knochen die Narzissen aus. Oder er hechtet den Amseln hinterher. Geborene Hütehunde wie der Border Collie langweilen sich derart im Garten, dass man schon vom Anblick ein schlechtes Gewissen bekommt. Kommt draußen am Zaun ein Artgenosse vorbei, der den Gartenknast kurzfristig verlassen durfte, bricht bei dem Eingesperrten schiere Hysterie aus. Man tut dem Hund mit einem Garten keinen Gefallen.

Und dem Garten auch nicht mit dem Hund. Hundeurin verätzt alles. Weil er das Bein zuverlässig an ein und derselben Stelle hebt, ist der Schaden unübersehbar. Ewig in die Köttel zu greifen, wenn man irgendwo Unkraut zupfen will, ist auch kein Vergnügen. Garantiert kommt die Töle dann an, um solidarisch mitzuscharren.

Für Gartenarbeit hat kein Hund Verständnis. Er will, dass man permanent Stöckchen wirft. Auf denen kaut er herum, bis die Splitter in den Zähnen steckenbleiben. Hunde sind ein ideales Medium zur Verbreitung von Zecken im Garten. Dafür sind sie in der Regel völlig nutzlos, wenn es darum geht, Maulwürfe oder Wühlmäuse zu fangen. Ausnahmen sind vielleicht Hunde, die vom Jäger auf Erdarbeit abgerichtet sind. Die allerdings verrichten ihr Werk so gründlich, dass man stattdessen auch einen Bagger nehmen könnte.

Hunde, die man dauernd in den Garten schickt, werden mit der Zeit neurotisch. Erst versuchen sie noch, sich unterm Zaun durchzuwühlen oder darüber hinwegzusetzen. Wenn das nicht gelingt, entwickeln sie sich zu chronischen Kläffern. Ganze Straßenzüge können so zur Lärmhölle werden. »Mein Hund ist eben wachsam«, reden sich die Besitzer ein und vergessen darüber, dass ihr verweichlichter Vierbeiner im Ernstfall nur mit dem Schwanz wedelt und sich tierisch über jeden Eindringling freut, der ihm endlich die Einsamkeit vertreibt.

Zufallsbekanntschaften

Jeder Gärtner hat eine Lieblingspflanze, die sich beharrlich weigert, seine Zuneigung zu erwidern. Bei mir ist das der Rittersporn. Kaum habe ich ihn für teures Geld erstanden, verkrümelt er sich im Nu. Ersatzweise habe ich es mit dem giftigen Eisenhut versucht, aber auch der kümmert vor sich hin. Wofür ich stattdessen ein Händchen habe, ist der Essigbaum.

Er kam aus dem Nichts, wuchs innerhalb von zwei Jahren vier Meter in die Höhe und versperrte die Aussicht. Was macht man da? Man stutzt ihn. Nichts findet der Essigbaum anregender, als wenn ihm die Zweige gestutzt werden. Im darauffolgenden Jahr waren es schon vier Exemplare, die ich beschneiden musste, und seitdem geht das in geometrischer Folge so weiter. Mittlerweile ist er zu beiden Seiten bei den Nachbarn angekommen.

Der Essigbaum bildet das, was der Fachmann als »Polykormon« bezeichnet. Unterirdisch treibt er Rhizome, aus denen wiederum senkrechte Sprossen hervorgehen, die identische Klone sind. Viele Gartenbesitzer halten den Essigbaum für den Teufel in Pflanzengestalt. Je mehr man ihn drangsaliert, desto hartnäckiger schlägt er zurück.

Das Strauchgewächs, auch Hirschkolbensumach genannt, kam Anfang des 17. Jahrhunderts aus der Neuen Welt nach Europa und wurde zunächst nur vereinzelt in botanischen Gärten kultiviert. Seinen Siegeszug trat der Essigbaum nach dem Zweiten Weltkrieg an. Eine Zeitlang gehörte er zum Standardrepertoire der Baumschulen. Ansprüche stellt er kaum, er wächst praktisch überall. In der Schweiz zählt Rhus typhina mittlerweile zu den »verbotenen invasiven gebietsfremden Organismen«, die weder vermehrt noch in Verkehr gebracht werden dürfen.

Was könnte man Gutes über den Essigbaum sagen? Sein Holz ist weich, angeblich lässt es sich zu Intarsienarbeiten verwenden. Ein Sud aus seinen Blättern soll zum Gerben von Leder geeignet sein. Und im Herbst färbt sich sein Laub spektaku-

lär rot. Das alles kann seinen miesen Ruf nicht retten: Absägen, ausreißen oder Glyphosat drüberkippen, lauten die einschlägigen Tipps. Man könnte es auch mit unverhohlenem Hass probieren.

Aber so herum funktioniert das nicht zwischen Gärtnern und Pflanzen. Von allein stellt sich meist das ein, was Gefallen am Standort findet. Selten kann man solchen Opportunisten einen festen Platz zuweisen. Bei mir geistern auf diese Weise der Fingerhut (erwünscht), die Königskerze (in Maßen geduldet) und die Eselsdistel (unerwünscht) umher. Zuletzt hat sich die Nachtkerze dazugesellt. Vermutlich die gewöhnliche Art Oenothera biennis, ganz sicher kann man bei dieser Gattung nicht sein, sie bildet schwer unterscheidbare Kleinarten.

Nachtkerzen blühen den ganzen Sommer hindurch. Die Blüten öffnen sich erst in der Dämmerung, dann aber, für eine Pflanze blitzschnell, innerhalb von Minuten. Etwas später verbreiten sie einen süßlichen Duft, der Nachtfalter anlockt. Einige davon schwirren wie Kolibris vor der Blüte, um ihren Rüssel in den Nektar zu tunken. Dabei bleibt der männliche Pollen aus den Staubgefäßen an ihnen hängen. Erst nachdem die Staubbeutel entleert sind, streckt sich der Griffel mitsamt der weiblichen Narbe, damit diese befruchtet werden kann.

Nachtkerzen sind autogam und selbstkompatibel. Das heißt, sie bestäuben sich, mit Hilfe der Falter, selbst. Für eine Pionierpflanze, die gern neue Standorte besiedelt, ist das von Vorteil. So kann schon ein einzelnes Exemplar eine gewisse genetische Vielfalt unter den Nachkommen zeugen. Autogamie steht in dieser Hinsicht zwischen Fremdbestäubung und vegetativer Fortpflanzung, die zu identischen Klonen führt.

Nachtkerzen führen ohnehin ein interessantes Sexualleben. Der niederländische Botaniker Hugo de Vries hat an einer engverwandten Art, der Rotkelchigen Nachtkerze Oenothera glazioviana, um 1900 herum die Mendelschen Regeln der Vererbung wiederentdeckt, die zwischenzeitlich in Vergessenheit geraten waren. Er fand eine Variante mit kurzem Griffel (»brevistylis«) und prägte dafür den Begriff »Mutation« (von lat. mutare, verwandeln). Das schien zunächst im Widerspruch zur Lehre Darwins zu stehen, der davon überzeugt war, dass Veränderungen in Lebewesen nicht sprunghaft auftreten, sondern in graduellen Übergängen, die von der Selektion je nach Fitness bevorzugt oder verworfen werden. Die spontanen Hüpfer im Erbgut der Nachtkerze schienen nicht in dieses Bild zu passen.

Der Genetiker Thomas Hunt Morgan, der für seine Kreuzungsexperimente mit Taufliegen berühmt wurde, nahm das zum Anlass, frei nach de Vries einen radikalen »Mutationismus« auszurufen. Die Auseinandersetzung lappte schließlich ins Weltanschauliche; noch 1953 erschien in der DDR eine Kampfschrift *Gegen den reaktionären Mendelismus-Morganismus*. Religiöse Zweifel an der Evolutionstheorie haben sich bis heute gehalten.

Weniger ideologisch belastet ist der andere Gartenstreuner namens Fingerhut. In voller Blüte ist sein Anblick spektakulär, die violett gesprenkelten Kelche locken Insekten und Kinder magisch an. Letzteren sollte man allerdings einbläuen, die Finger von der Pflanze zu lassen: Digitalis purpurea gehört mit zum Giftigsten, was man im Garten haben kann. Schon der Verzehr von zwei bis drei Blättern soll tödlich sein. Der Verlag Hoffmann und Campe verschickte als Werbung für einen Kriminalroman vor Jahren mal ein Rezept für geschmortes Kaninchen in Kräutersauce, das als zusätzliche Würze Fingerhut empfahl; die Presseabteilung bat anschließend dringend um Rücksendung. Einschränkend kann man sagen, dass Fingerhutblätter sich nicht optimal für einen Giftmord eignen, weil sie bitter schmecken.

Die hilfreiche Wirkung der Digitalis-Wirkstoffe bei der Behandlung von Wassersucht hat als Erster der britische Arzt und Botaniker William Withering erkannt. Bei Herzflimmern werden Digitalis-Präparate bis heute verschrieben, doch sind Überdosierungen leicht möglich, weshalb sie zunehmend von Betablockern verdrängt werden. Kommerziell gewonnen wird die Droge meist aus dem Anbau des Wolligen Fingerhuts Digitalis lanata, der längst nicht so hübsch aussieht wie der Rote. Die Wildform blüht manchmal auch gelb oder weiß, außerdem gibt es Hybridzüchtungen, die noch auffälliger gefärbt und gezeichnet sind. Die britische Royal Horticultural Society hat drei davon ausgezeichnet, ›Shirley‹ und ›Excelsior‹ sowie eine Kreuzung aus D. purpurea und D. albiflora.

Wenn man den verblühten Fingerhut lange genug stehenlässt, samt er sich leicht von selbst aus und bildet im ersten Jahr eine imposante Rosette, aus der im zweiten Jahr der Blütenstand wächst. Er hat nur die Eigenschaft, sich überall da anzusiedeln, wo man ihn gar nicht haben will, zum Beispiel in Pflasterfugen oder Mauerritzen. Unter Obstbäumen sollte man ihn dulden, die Pflanze reichert Nährstoffe wie Kalium, Eisen und Magnesium an und gibt sie beim Verrotten wieder frei. Auch gegen den bösen Blick soll der Fingerhut zuverlässig schützen. In England, wo sein Trivialname »Foxglove« lautet, glaubt man, dass böswillige Feen die Blüten einst so verzaubert haben, dass Füchse damit auf lautlosen Pfoten in Hühnerställe eindringen können.

Wenn sich nur alle ein- und zweijährigen Samenpflanzen so verlässlich aussäen würden! Ich hätte am liebsten eine ewig blühende Mischung nach dem bewährten Vorbild des »Mössinger Sommers« (erhältlich bei der Firma Dürr-Samen in Reutlingen-Rommelsbach), die im Idealfall von selbst für ihren Fortbestand sorgt. Leider tut sie das nicht. Von drei Dutzend Arten samen sich manche erfolgreich aus, andere denken nicht daran. Das liegt, um es fachmännisch auszudrücken, an der sogenannten »Übergangswahrscheinlichkeit«, die bei kurzlebigen Samenpflanzen nur schwer zu kalkulieren ist.

Nehmen wir als Beispiel den Mohn. Eine Zeitlang habe ich den Samen gezielt gesammelt und im Frühjahr ausgesät. Das führte zu einer wahren Mohnschwemme. Dann wiederum habe ich bis zum Herbst nur fallen lassen, was von selbst fiel, und die abgetragenen Pflanzen entsorgt. Ergebnis: Hier und da (und vor allem dort, wo man nicht damit rechnet) tauchen einzelne Keimlinge auf. Weil Mohn sehr viele Samen produziert, fragt man sich, wo der Rest geblieben ist. Eine Modellrechnung könnte ungefähr so aussehen: Von zehntausend Samen sind zehn Prozent von vornherein nicht keimfähig, 30 Prozent werden gefressen, verschleppt oder verfaulen. Die Hälfte ruht als stille Reserve im Boden und wartet auf bessere Zeiten. Bleiben zweitausend Samen, die keimen könnten, aber nur die Hälfte davon schickt sich dazu an. Von diesen wiederum erfriert ein großer Teil im März, der April ist zu trocken, dann kommen der Regen und die Schnecken. Am Ende haben sich schätzungsweise zwanzig Jungpflanzen etabliert. Wie viele davon tatsächlich in Blüte gehen, ist ungewiss.

Ähnliche Rechnungen kann man für Tagetes, Kapuzinerkresse und andere Einjahrespflanzen aufmachen. Erfolgreicher ist nur das Unkraut.

Unter natürlichen Bedingungen hängt die Populationsdynamik im Pflanzenreich von vielen Faktoren ab. Durch Konkurrenz um Nährstoffe, Wasser und Licht machen sich die einzelnen Arten gegenseitig das Leben schwer. Im Gleichgewicht befindet sich eine Pflanzengesellschaft nie, es sei denn, man denkt an das Klimaxstadium alter Wälder. Aber auch die brechen irgendwann zusammen. Weshalb der Naturschutz grundsätzlich auf dem Holzweg ist, wenn er Biotope wie Museen betrachtet.

Die Sache mit den Stauden

Die neue Lust der Deutschen am Garten – man kann es bald nicht mehr hören. Wofür geben sie ihr Geld denn aus? Ein Blick in die Top-Ten-Liste der Beet- und Balkonpflanzen, herausgegeben von der Agrarmarkt-Informationsgesellschaft, fördert die Wahrheit zutage. Im Frühjahr kauft der Deutsche Stiefmütterchen und Primeln. Wenn die nach ein paar Wochen vertrocknet sind, ersetzt er sie durch Geranien, Begonien, Petunien und Margeriten. Im Spätsommer haben auch die ausgedient, es folgen Heide und Chrysanthemen. Nimmt man noch Fuchsien und Edel-Lieschen hinzu, summiert sich das jährlich auf zwei Milliarden Euro, die im Wesentlichen in der Tonne landen. Gärtnern kann man das nicht nennen. Höchstens umdekorieren.

Wahr ist, dass ein Teil der Bevölkerung, der sich bislang eher für Loftwohnungen und Geländelimousinen interessiert hat, nun den Garten als Statussymbol entdeckt. Da werden für eine siebzig Jahre alte Blutbuche schon mal zwanzigtausend Euro auf den Tisch gelegt. Jede Wette, dass diese Klientel dahintersteckt, wenn auch das Thema »Stauden« wieder hervorgekramt wird. Das war einmal das liebste Betätigungsfeld der britischen Oberschicht. Als Säulenheilige gilt in diesem Zusammenhang Gertrude Jekyll, eine Tochter aus reichem Haus, geboren 1843 in London. Sie studierte Malerei, lernte sticken, schnitzen, vergolden und fotografieren. Wegen eines Augenleidens warf sie sich schließlich auf die Gartenkunst. Von 1883 an schuf sie in Munstead Wood in der Grafschaft Surrey auf sechs Hektar Wald- und Heidelandschaft ihren berühmten Mustergarten. Ihr Partner, der Architekt Edwin Lutyens, entwarf das geometrische Grundgerüst in Form von Terrassen, Mauern, Treppen und gepflasterten Wegen sonder Zahl. Sie selbst kümmerte sich um die Zusammenstellung der »mixed borders«, Rabatten in gemischter Bepflanzung, die sie streng nach ästhetischen Gesichtspunkten komponierte. »Um gut zu pflanzen, bedarf es eines Künstlers von beträchtlicher Fähigkeit«, schrieb sie, »seine Schwierigkeiten sind nicht gering, denn sein lebendes Bild muss aus jeder Perspektive und bei jedem Licht stimmen.« Insbesondere legte sie Wert darauf, dass die Farbtöne korrespondierten. *Colour Schemes for the Flower Garden* wurde ihr einflussreichstes Buch, an dem sich Heerscharen von Gartengestaltern orientierten.

Zur Pflege ihrer Staudenbeete beschäftigte Gertrude Jekyll bis zu vierzehn Gärtner. Sie entwarf Hunderte von Gartenanlagen in aller Welt, die meisten davon bekam sie nie zu Gesicht, was angesichts ihrer fortschreitenden Erblindung auch zunehmend schwierig wurde. Gertrude Jekylls aufwendiger Gartenstil firmiert heute gern unter dem Begriff »Cottage Garden«, was völliger Kappes ist, weil ihre Bepflanzungsvorschläge ausschließlich feinsinnigem Farb- und Formverständnis und keineswegs den Bedürfnissen der Pflanzen oder gar dem des Garteninhabers folgten.

Trotzdem sind zu kaum einem Gegenstand mehr Gartenbücher verfasst worden als zum Thema Farbkombinationen. Da wird seitenlang gefachsimpelt, ob sich eine Blaue Gelbrand-Garten-Funkie nun mit einem Geranium ›Pink Penny‹ verträgt oder nicht. Todsicher kommt die Rede irgendwann auf Goethes Farbenlehre, und ein Zitat aus Karl Foersters Werken macht sich auch immer gut. Als Höhepunkt künstlerischen Gestaltens gilt der »weiße Garten von Sissinghurst«, den die Schriftstellerin Victoria Mary Sackville-West in den Dreißigerjahren des vorigen Jahrhunderts anlegen ließ.

Hier handelt es sich nun um etwas vollkommen Artifizielles. Monochromie kommt im Pflanzenreich kaum vor. Pflanzen bringen alle möglichen Farben hervor, weil sie bestäubt werden wollen. Nur die wenigsten verlassen sich dabei auf den Wind, die meisten setzen auf tierischen Beistand. In diesem Zusammenhang spricht der Botaniker ausnahmsweise mal von Blumen und nicht von Blüten. Man unterscheidet cantharophile von myophilen, melittophilen, psychophilen, phalaenophilen, ornitophilen und chiropterophilen Blumen, je nachdem, ob Käfer, Fliegen, Bienen, Schmetterlinge, Motten, Vögel oder Fledermäuse angelockt werden sollen. So erklärt sich wenigstens zum Teil, warum das Farbspektrum so breit ist. Honigbienen und Hummeln beispielsweise nehmen reines Rot nicht gut wahr, dafür umso besser das für den Menschen unsichtbare Ultraviolett, ein bestimmtes Gelb, Purpur und Weiß. Vögel wiederum stehen auf Rot. Intensives Rosa ist für Schmetterlinge attraktiv, Creme, Ocker oder schmutziges Lila locken in den Tropen Flughunde und Vampire an.

Blütenfarben haben sich mit den Angiospermen, den Bedecktsamern, erst während der Kreidezeit vor rund 120 Millionen Jahren entwickelt. Die Pflanzenfresser unter den Dinosauriern ernährten sich zuvor ausschließlich von Nacktsamern, die keine auffällig gefärbten Blütenstände besitzen. Die Koevolution zwischen Bestäubern und Bestäubten hat seitdem zu einer enormen Spezialisierung auf beiden Seiten geführt. Und manchmal auch in die Sackgasse: Der Dunkle Wiesenknopf-Ameisenbläuling zum Beispiel ist hierzulande auch deshalb vom Aussterben bedroht, weil sich die Raupen dieses Falters ausschließlich von den Blüten des Großen Wiesenknopfs ernähren und zudem von Ameisen aufgepäppelt werden müssen.

Aber zurück zu den Stauden. Der Beginn der modernen Staudengärtnerei lässt sich in Deutschland datieren: 1917 erschien das Buch *Vom Blütengarten der Zukunft*, in dem der Züchter und Gartenschriftsteller Karl Foerster das Lob der »veredelten winterfesten Dauerpflanze« sang. Von Foerster stammt auch eine schöne Definition: »Stauden sind Blumen, die im Winter aus scheußlichem Gestrüpp bestehen oder gar nicht vorhanden sind, falls man nicht in der Erde nachwühlt.« Etwas systematischer würde man sie unter dem Oberbegriff »krautige Perennen« zusammenfassen, weil sie erstens nicht verholzen und zweitens jedes Jahr wiederkommen; Knolle, Zwiebel oder Wurzelstock dienen als Überwinterungsorgane.

Inbegriff aller Staudenfreuden war für Foerster der Phlox, auch Flammenblume genannt. Dieser werde älter als ein Landpfarrer, schrieb er, bedürfe allerdings häufigerer Versetzung als jener zur vollen Erhaltung seiner Lebenskraft. Foersters Gärtnerei in Bornim bei Potsdam wurde zum Mekka der deutschen Gartengestalter. An die vierhundert Sorten, vor allem Rittersporne und Astern, gehen auf ihn zurück, auch wenn er nicht alle davon gezüchtet, sondern viele nur benannt hat. Karl Foerster starb 1979 im Alter von 96 Jahren, zwei Jahre später wurde sein Betrieb in ein Volkseigenes Gut umgewandelt. Nach einigen ökonomischen Wirren wird das Foerstersche Staudensortiment in Bornim inzwischen wieder gepflegt (www.foersterstauden.de), das unter Denkmalschutz stehende Wohnhaus und der berühmte Senkgarten werden in Form einer Stiftung weitergeführt.

Anders als seine Zeitgenossin Gertrude Jekyll war Foerster nicht nur an der dekorativen Funktion seiner Stauden interessiert. Er achtete auch auf Winterhärte, Stabilität und Wuchsfreude. Sein Ideal waren »Blumengärten für intelligente Faule«, wie er es nannte. In dieser Hinsicht knüpfte er an ein anderes englisches Vorbild an, den Gartenreformer William Robinson, welcher der spätviktorianischen Marotte den Kampf angesagt hatte, luxuriöse Teppichbeete anzulegen, die vorwiegend mit exotischen Pflanzen aus dem Gewächshaus bestückt wurden. Robinson plädierte stattdessen für kontrollierten Wildwuchs, worunter er eine standortgerechte Bepflanzung mit einheimischen Gewächsen verstand. Das kam dem neuerdings

»New German Style« genannten Verständnis von Staudengärtnerei schon recht nahe.

Professionell befasst sich heute der Bund deutscher Staudengärtner mit der Sichtung neuer Züchtungen und der Einhaltung gewisser Qualitätsstandards. Er wählt regelmäßig eine »Staude des Jahres«. Bislang waren das die Glockenblume, die Aster, der Salbei, der Storchschnabel, das Windröschen, der Phlox, der Ehrenpreis, die Sonnenbraut, die Funkie, die Katzenminze, die Fetthenne, der Knöterich und die Wolfsmilch, woran man schon die ganze Bandbreite dessen ablesen kann, was alles unter der Bezeichnung Staude blüht und gedeiht.

Der »New German Style« im Garten ist so neu, wie er klingt, auch wieder nicht. Dass man Stauden standortgerecht pflanzen sollte, hat schon früheren Generationen eingeleuchtet. Ordnung in die Sache hat der Gartenbauwissenschaftler Richard Hansen gebracht, ebenfalls ein Schüler Foersters. Hansen (1912 bis 2001) baute in Weihenstephan ein Institut für angewandte Pflanzensoziologie auf und entwickelte ein System, aus dem sich verträgliche Kombinationen von Stauden, Knollen- und Zwiebelpflanzen, Ziergräsern und Gehölzen ableiten ließen. Sein 1981 erschienenes Buch *Die Stauden und ihre Lebensbereiche* gilt als Standardwerk.

Wer wissen will, wie das in der Praxis aussieht, sollte den zweieinhalb Hektar großen Schau- und Sichtungsgarten Hermannshof in Weinheim an der Bergstraße besuchen (www.sichtungsgarten-hermannshof.de). Dort führt ein Rundgang durch Bereiche, die der nordamerikanischen Prärie nachempfunden sind. Trockene und sonnige Standorte wechseln ab mit feuchten und schattigen.[22]

Im Garten sind ausdauernde Gewächse eine gute Alternative zur Wegwerfbepflanzung. Aber funktioniert das auch auf dem Balkon? Offen gesagt: Ich weiß es nicht. Meine Erfahrung spricht dagegen. Über die Runden gebracht habe ich in all den Jahren, in denen ich in der Stadt wohnte, nur Efeu und

Buchsbaum. Aber diese Immergrünen erinnern doch sehr an den Friedhof, genau wie die üblichen Arrangements aus Chrysanthemen, Glockenheide, Zierkohl und Scheinbeere, die im Herbst überall angeboten werden und beim zweiten Frost dahin sind.

Kompetentere Auskunft findet man bei der Staudengärtnerei Dieter Gaissmayer in Illertissen (www.gaissmayer.de). Dort ist man so ehrlich einzuräumen, dass der Standort Balkon viele Nachteile hat. Das geht mit dem Kleinklima los. Im Sommer kann es brüllend heiß werden, dann kommt man mit dem Gießen kaum nach. Im Winter wiederum saugen sich bepflanzte Balkonkästen voll mit Wasser, das bei anhaltenden Minustemperaturen zum Eisklotz gefriert. Geobotanisch gesehen ist ein Balkon irgendwo zwischen Tundra und Steinwüste angesiedelt, beides ist für Zwiebelpflanzen, die ihre Wurzeln schon im Winter ausbilden und im Sommer in Ruhe einziehen wollen, tödlich. Der gern erteilte Rat, Balkonkästen mit Tulpenzwiebeln zu bestücken, kann nur zu Enttäuschung führen.

Ein zweiter Umstand, der die Sache schwierig macht, ist die Erde. Abgesehen davon, dass man sie erst mal in den fünften Stock bekommen muss, ist käufliche Blumenerde für eine Dauerbepflanzung denkbar ungeeignet. Sie besteht fast ausschließlich aus Torf, der schneller schwindet, als man denkt. Gemeine Gartenerde verschlämmt in den Töpfen und Kästen, und auch Kompost besitzt nicht die richtige Struktur, die gewährleisten muss, dass Wasser gleichzeitig gespeichert und abgegeben wird. Man kann sich mit vulkanischem Material wie Bims und Lava oder künstlichem Blähton behelfen, die man im Verhältnis zwei zu eins mit lehmiger Erde und Torf mischt.

Schutt- und Ruderalpflanzen wachsen in einem solchen Substrat hervorragend – wenn man weiter nichts unternimmt, kommen sie von selbst angeflogen. Aber das wird in den allermeisten Fällen nicht das Ziel sein. Bei Gaissmayer stellt man Pakete mit Stauden für sonnige beziehungsweise schattige Balkone und Terrassen zusammen. Empfohlen werden beispielsweise Federnelken, deren Duft man besonders gut wahrnehmen kann, wenn sie in Augen- und Nasenhöhe wachsen. Niedrige Schwertlilien fühlen sich auf dem Balkon angeblich ebenfalls wohl. Pfennigkraut bedeckt Flächen, Minzen blühen lange, auch der Blutstorchschnabel zeigt sich dankbar. Und natürlich Kräuter: Problemlos sind wahrscheinlich Salbei, Lavendel, Bohnenkraut und Thymian; Rosmarin und Lorbeer verlangen Winterschutz.

Balkongärtnern kann frustrierend sein. Insofern ist es echtes Gärtnern.

Wenn ein Schnitt danebengeht

Bisher habe ich das Thema vermieden, so gut es ging. Aber einmal kommt der Moment der Wahrheit: Wie hält es der Autor mit den Rosen? Das ist eine heikle Frage. Über die »Königin des Gartens« sind Tonnen von Literatur verfasst worden. Ein scharfzüngiger Brite hat den Inhalt folgendermaßen zusammengefasst: 75 Prozent Folklore, 24 Prozent persönliche Vorurteile, ein Prozent Fakten. Da möchte man seinen Senf nicht auch noch unbedingt beisteuern.

Mein Verhältnis zu Rosen ist zwiespältig. Einerseits bewundere ich sie natürlich, andererseits bereiten sie mir ein schlechtes Gewissen. Denn nie kann ich mich dazu durchringen, sie konsequent zu beschneiden, wie es die zahllosen Vorschriften fordern. Die sich allerdings samt und sonders widersprechen: Mal soll ein Drittel weg, mal weniger oder mehr, mal soll es im Herbst sein, mal im Winter. Beziehungsweise dann, wenn die Forsythien blühen, auch der Sommerschnitt sei strikt zu beachten. Alle schwachen Triebe sollen dran glauben müssen, ebenso das alte Holz, fünf Millimeter über einem schlafenden Auge soll gekappt werden, Letzteres muss unbedingt nach außen weisen und der Schnitt im Winkel von 45 Grad angesetzt werden, andernfalls würde Wasser eindringen und zu Schimmelpilzen führen. Ohne diese ganze Prozedur, da sind sich die allermeisten Rosenfreunde wiederum einig, würden Rosensträucher verkümmern und verkahlen und in wenigen Jahren zugrunde gehen. Begründung: Auch in den modernsten Züchtungen stecke noch das Erbe der wilden Rosenhecke, die sich nach Wildverbiss immer wieder verjüngen muss.

Zweifel sind erlaubt. Dass Rehe oder Kaninchen sich beim Knabbern an die oben genannten Vorschriften halten, wäre wohl zu viel verlangt. Wie die Rosen selbst darüber denken, wissen wir nicht. In England hat die ehrwürdige Royal National Rose Society in ihren Schaugärten in St. Albans in den Neunzigerjahren einen Versuch durchgeführt und ein Dutzend Beete mit Teehybrid- und Floribunda-Rosen bepflanzt. Je ein Drittel davon wurde nach allen traditionellen Regeln der Kunst beschnitten beziehungsweise per Hand auf einheitliche Höhe gestutzt oder ganz brutal per Heckenschere getrimmt. Über Jahre hinweg stellte sich heraus: Die lieblos gekappten Sträucher schlugen in der folgenden Saison stärker aus und brachten genauso viele oder sogar mehr Blüten hervor.

Seitdem tobt ein Glaubenskrieg. Die einen sagen: Es kann doch nicht sein, dass jeder dahergelaufene Depp mit der Motorschere dasselbe Ergebnis erzielt wie ein Rosenliebhaber mit

dreißig Jahren Erfahrung auf dem Buckel. Die anderen behaupten: Gar kein Schnitt wäre noch besser.

Eine Autorität auf dem Gebiet des Rosenschnitts war der

Schweizer Gartenfachmann Dietrich Woessner. Seine (noch vergleichsweise übersichtlichen) Regeln lauteten: Bei Beetrosen darf nur ein Anteil von maximal einem Viertel zwei- und mehrjährigen Holzes am Stock belassen werden; bei einmalblühenden Strauchrosen soll der Anteil an mehrjährigen Ästen drei Viertel und bei dauerblühenden Strauchrosen ein Drittel ausmachen; bei einmalblühenden kleinblumigen Kletterrosen werden nur einjährige Triebe belassen; bei Kletterrosen-Hybriden sei das Verhältnis zwischen zwei- bis mehrjährigen und einjährigen Trieben zwei zu eins; bei Climbing-Rosen betrage Letzteres vier zu eins.

Alles klar?[23]

Bei Licht betrachtet, dienen solche Vorschriften nur dem Interesse des Gärtners. Die Rose soll gefälligst den und nur den Platz einnehmen, den er ihr zugewiesen hat. Die meisten Rosen selbst kämen prima ohne Schnitt zurecht. Sie sind gar nicht so kapriziös, wie man häufig hört. Auf Friedhöfen oder an verwilderten Standorten kann man meterhohe Exemplare finden, die über und über blühen. In vernachlässigten Gärten sind Rosen oft die einzigen Zierpflanzen, die sich behaupten. Die Sitte, sie möglichst kurz und einheitlich zu halten, geht auf den barocken französischen Gartenstil zurück, der sie zu formalen Parterres in einheitlichen Farben arrangierte.

Eine Rose strebt, wie alle anderen Pflanzen auch, danach, möglichst viel Blattwerk zu entwickeln. Zu diesem Zweck schiebt sie ihre Triebe bevorzugt dorthin, wo viel Licht und wenig Konkurrenz herrschen. Je stärker sich ihr Astwerk entwickelt, desto tiefer dringen ihre Pfahlwurzeln in den Boden. Etablierte Rosen sind deshalb auch wenig anfällig gegen Trockenheit.

Der kalifornische Rosenliebhaber Gregg Loery hat über Jahrzehnte hinweg Tausende von alten, teils wilden Rosen gesammelt und empfiehlt, einen Rosenstock erst einmal ausgiebig zu betrachten, ehe man die Schere ansetzt. Wie ist er gewachsen, wo hat er zuletzt seine Energie hineingesteckt und damit für die Zukunft vorgesorgt? Hoffnungsvolle, jugendliche Triebe sind rotgrün oder grün, reife Triebe grau, verwelkende gelbgrün und verbrauchte braun. Nur verbrauchtes oder absterbendes Holz sollte entfernt werden. Das setzt allerdings voraus, dass die Pflanze genügend Raum hat. Und es hat zur Folge, dass sie eventuell eine Form annimmt, die nicht unbedingt dem ästhetischen Empfinden des Besitzers entspricht. Muss man das einer »Königin des Gartens« nicht ohnehin gestatten?

Nicht unwichtig in diesem Zusammenhang ist übrigens die Frage, zu welcher Schere man greift, wenn es denn sein muss. Ich besitze ein rundes Dutzend. Warum? Weil es die ideale Schere nicht gibt. Der Anfänger sagt sich vielleicht »Was soll's?« und schnappt sich eine beim Discounter. Nach dreimaligem Schnitt ist die Arretierung hin. Nächster Versuch im Baumarkt: Quetscht mehr, als dass sie schneidet. Aus dem Drogeriehandel: Ruck, zuck sind die Klingen stumpf. Handgeschmiedet von japanischen Meistern zu immerhin 59 Euro: sauscharf, stanzt blutige Stücke aus dem Handballen, nach einer Saison versagt die Feder. Gartenscheren sind wie gute Freunde: Schwer zu finden, aber wenn, hält die Freundschaft ein Leben.[24]

Was wäre denn eine ideale Gartenschere? Sie müsste stets sauber schneiden, ohne die Hand zu ermüden, überall hingelangen, jederzeit zu sichern sein, eine austauschbare Feder haben und vollständig auseinanderzubauen sein, um sie bei Bedarf nachzuschärfen sowie Verschleißteile ersetzen zu können, was voraussetzt, dass diese überhaupt langfristig lieferbar sind. So gesehen schrumpft das ernstzunehmende Angebot, das ansonsten von den bekannten Firmen Wolf, Gardena und neuerdings Fiskars dominiert wird, noch einmal deutlich zusammen. Strenggenommen kommt bloß eine »Felco« in Frage, wie sie seit dem Ende des Zweiten Weltkrieges in der Schweiz produziert wird. Oder die Ambossschere Marke »Löwe« der Gebr. Schröder in Kiel. Beide haben ihren Preis. Wäre schön, wenn der Autor dafür bezahlt würde, sie zu loben. Ist aber nicht so.

Baumplagen

Der Hauptakteur in meinem Garten bin nicht ich. Das ist, und zwar seit Jahrzehnten, ein Kirschbaum. Wenn er blüht, ist das ein triumphaler Anblick. Rund zehn Blüten hängen zusammen in Büscheln, ein kleiner Ast hat im Durchschnitt zehn davon, ein größerer ungefähr zehn Seitenäste und der ganze Baum vielleicht hundert größere Äste. Das wären dann grob geschätzt hunderttausend Blüten. Der Forstwissenschaftler Andreas Roloff hat einmal eine Vorlesung nach draußen verlegt und seine Studenten zählen lassen. Angesichts einer älteren, frei stehenden Vogel-Kirsche kamen sie auf exakt 998 750 Blüten.

Die Kulturform der Süßkirsche gehört zur selben Art wie die wilde Vogel-Kirsche Prunus avium. Sie ist, wie der Name schon sagt, ein Pflaumengewächs und damit eng verwandt mit der Schlehe, der Aprikose, dem Pfirsich und der Mandel. Ausgewachsene Süßkirschen sieht man immer seltener, die Bäume werden einfach zu groß, um sie maschinell abernten zu können. »Beim Kirschenpflücken von der Leiter gefallen« ist ein Klassiker in der Unfallchirurgie. Viel häufiger werden inzwischen Sauerkirschen gepflanzt, die niedriger bleiben, später blühen und deshalb nicht so spätfrostgefährdet sind. Süßkirschen gibt es als Herzen oder Knorpeln, Sauerkirschen (Prunus cerasus) als Weichseln, Amarellen oder Schattenmorellen. Letztere wollen aber durchaus nicht im Schatten stehen, der Name leitet sich vom französischen »Château« ab.

Obwohl mein Baum im besten Alter steht, trägt er in manchen Jahren nicht eine einzige Kirsche. Wenn die Blüte verregnet oder gar erfriert, tun sich die Bienen schwer mit der Bestäubung. Was dann noch Frucht ansetzt, rieselt unreif zu Boden. In anderen Jahren ist die Ernte zwar reichlich, aber mit »Würm« befallen, wie der Nachbar die Maden der Kirschfruchtfliege nennt. Man kann engmaschige Netze spannen, die der Fliege den Zugang versperren. Wie das bei einem fünfzehn Meter hohen Baum funktionieren soll, weiß ich nicht.

Wenn das Blütenwunder stattfindet, bleiben Spaziergänger stehen, um den Baum zu würdigen. Selbst Kampfhundbesitzer zeigen dabei einen verträumten Gesichtsausdruck. In Japan bekommen Schulkinder und Angestellte regelmäßig frei, wenn die Kirschblüte einsetzt. Mit der Produktivität des Standorts Deutschland ist das natürlich nicht zu vereinbaren.

Auch der Nachbar besaß einmal eine stattliche Süßkirsche. In seinem steten Bemühen um Flurbereinigung hat er sie umgelegt. Wie die anschließende Stammesbeschau zeigte, war sie kerngesund. Dafür hat er jetzt einen Parkplatz mehr. Und jede Menge Brennholz.

Frisches Kirschholz kleinzukriegen ist kein Vergnügen, deshalb hatte er sich eine Motorsäge und einen elektrischen Holzspalter besorgt. Angelockt von dem Krach, den das machte, stellten sich nach und nach weitere Nachbarn ein. Irgendwas zu kommentieren hatte jeder: Ob er denn keine Spaltkeile besäße, die Säge sei nicht scharf genug und die Maschine viel zu schlapp, ohne Drehstrom ginge da nix. Weil es ausnahmsweise ein schöner Tag war, keimte auch bald der Wunsch nach einem Bier. Alles in allem herrschte eine Stimmung wie beim städtischen Grünflächenamt: »Einer schafft, fünfe gucken zu.«

Man sieht daran unschwer, dass Baumfällen und Brennholzmachen zum Volkssport geworden sind. Nach einer Studie der Universität Hamburg über die »Energieholzverwendung in privaten Haushalten« ist die Nachfrage inzwischen auf 33 Millionen Festmeter pro Jahr gestiegen. Das heißt: Im Durchschnitt jagt jeder Privathaushalt jährlich einen Festmeter Baum durch den Schornstein.

Es wird aber auch einiges neu gepflanzt, sonst hätten die Baumschulen längst dichtgemacht. Jeder hat schließlich schon mal Martin Luthers Gartenweisheit gehört, nach der man ruhig noch einen Apfelbaum pflanzen soll, selbst wenn man wüsste, dass morgen die Welt zugrunde geht. Die Rede ist bei Luther ausdrücklich von einem »Baum« und nicht von einem Bäumchen. Ein Apfelbaum von echtem Schrot und Korn kann hundert Jahre alt werden, wächst höher als ein Einfamilienhaus und entwickelt einen entsprechenden Kronendurchmesser. Weil Äpfel generell selbststeril sind, braucht man noch eine zweite Sorte zur Befruchtung. Zwei Bäume dieser Größe aber würden die meisten Gärten hoffnungslos verschatten. Man kann als Unterlage stattdessen einen Halbstamm wählen, aber auch das wird noch ein stattlicher Brocken. Also läuft es meist auf eine Art Busch oder Spindel hinaus. Diese Zwergformen des Apfelbaums tragen schon nach wenigen Jahren, dafür vergreisen sie früh. Wenn sie überhaupt so weit kommen. Neuanpflanzungen können im Winter erfrieren, falls ihnen nicht schon die Wildkaninchen den Garaus gemacht haben, die nichts Leckereres kennen als Apfelbaumrinde. Vom Frühjahr bis in den Herbst drohen Wickler, Spanner, Milben, Läuse, Stecher. Am spektakulärsten vielleicht die Apfelgespinstmotte, die den Baum mit dichten Netzen umstrickt und sämtlicher Blätter beraubt. So geschwächt, geht er vielleicht noch in ein drittes oder viertes Jahr, dann ist es wieder Zeit für den nächsten Pilgergang in die Obstbaumschule.

Dort erzählen sie einem was vom Pferd über alte, fast ausgestorbene Sorten. Die Wahrheit ist, dass alte Apfelsorten viele Eigenschaften haben können, angefangen von fader Mehligkeit über bitteren Geschmack und zähe Schale bis zum unvermeidlichen Schorf. Und dass das Schild, auf dem »Goldparmäne« steht, von einem trotteligen Lehrling verwechselt wurde, ist auch nicht ganz auszuschließen.

Wenn der Baum dann ausnahmsweise doch mal anwächst und zur rechten Zeit in voller Blüte steht, muss man anschließend verhindern, dass die Äste unter der Last der Früchte brechen. Der Erziehungsschnitt: ein ewiges Rätsel. Die optimalen Licht- und Bodenverhältnisse: Glückssache. Als Gründe, einen Apfelbaum zu fällen, werden zwei genannt. Entweder: »Der trägt ja überhaupt nicht!« Oder: »Was soll ich bloß mit den vielen Äpfeln?« Beide sind völlig irrational.

Bäume sind gewissermaßen das Salz der Erde. Wer wollte ohne ihren Trost leben? Aber sind sie erst groß, geht es los mit der Mäkelei. In meiner Nähe steht zum Beispiel ein Walnussbaum. Mindestens fünfzig Jahre alt, der Platzhirsch unter den Bäumen. Doppelt bis dreimal so alt könnte er werden. Wenn man ihn lässt. Der Besitzer hat schon mit dem Nörgeln angefangen: Wirft zu viel Schatten, darunter wächst nichts, das Laub verrottet kaum. Ganz unrecht hat der Mann nicht. Wobei man das mit dem Schatten auch positiv sehen kann: Im Sommer braucht er keinen Sonnenschirm, außerdem treibt der Walnussbaum unter allen heimischen Gehölzen am spätesten Blätter und wirft sie im Herbst am frühesten ab. Andererseits stimmt es, dass die Walnuss unter und neben sich nicht viel duldet. Erstens treibt sie gewaltige Pfahlwurzeln und gräbt damit der Konkurrenz das Wasser ab. Zweitens produziert die Echte Walnuss Juglans regia in allen ihren grünen Teilen ein Glucosid, das freigesetzt zu Juglon umgewandelt wird. Der Stoff hemmt das Wachstum der meisten anderen Pflanzen. Auch auf Insekten wirkt es abstoßend, weshalb man den Walnussbaum früher gern neben den Misthaufen gepflanzt hat. Und drittens gilt: Hat man eine Walnuss, hat man viele. Eichhörnchen schleppen die Nüsse durch die Gegend, und wenn sie irgendwo welche vergessen, keimen die. Nach einer feuchten Kälteperiode schiebt sich im nächsten Frühjahr die erste Wurzel hervor, die schon von der Vitalität des künftigen Baumes kündet.

Den Nachteilen des Walnussbaums stehen die Vorteile gegenüber. Vor allem natürlich die Nüsse. Man hat ihnen schon alle möglichen medizinischen Vorteile angedichtet. Die darin reichlich enthaltene Linolensäure soll gut fürs Herz sein, der hohe Zinkgehalt für Leber und Haare. Die Früchte sollen gegen Diabetes schützen, auch vor zu hohem Blutdruck und Prostatakrebs. Verwunderlich ist eigentlich nur, dass man Walnüssen noch keinen positiven Einfluss aufs menschliche Gehirn nachgesagt hat, denn genau so sehen sie bei näherer Betrachtung aus.

Das Holz der Echten Walnuss gehört zum wertvollsten überhaupt und wird, weil es so selten ist, meist zu Furnieren verarbeitet. Noch gefragter sind die sogenannten Maserknollen.

Das sind Wucherungen am Stamm, die durch eine Infektion mit Agrobacterium tumefaciens hervorgerufen werden. In der automobilen Luxusklasse kann man sie als »Wurzelnuss«-Intarsien fürs Armaturenbrett bestellen.

Ich würde trotzdem keine Walnuss pflanzen und auch keinem dazu raten. Für einen Hausgarten ist sie wirklich zu herrisch.

Oder nehmen wir die Birke. Im Garten meiner Eltern wuchs eine. Sie war ungefähr so alt wie ich, also recht erwachsen. Irgendwann stand der Garten samt Haus zum Verkauf und damit die Frage im Raum, was mit der Birke geschehen soll. Der Nachbar hatte ihr seit geraumer Zeit nach dem Leben getrachtet und alles abgesägt, was über den Zaun ragte. Dadurch war sie ziemlich einseitig geraten. Außerdem hatte sie zwei Stämme ausgebildet. Wo die zusammengewachsen sind, war eine Höhlung entstanden, in der sich Feuchtigkeit sammelte und das Holz zu faulen begann. Dem künftigen Besitzer hätte man ehrlicherweise sagen müssen, dass die Tage dieser Birke gezählt sind.

Aber ohne die Birke wäre der Garten nicht mehr derselbe. Bäume sind Charakterdarsteller. Zugunsten der Hängebirke Betula pendula und ihrer vielen Verwandten ließe sich noch sehr viel mehr Lobenswertes anführen. Aus der Rinde hat der Mensch seit der Steinzeit Birkenpech gewonnen, den ersten Kunst- und Klebstoff der Geschichte überhaupt. Oder er hat daraus Schuhe und Körbe geflochten. Aus den Reisern bindet man Besen, die Blätter sind sogar essbar, enthalten unter anderem Vitamin C und werden in der Pflanzenheilkunde geschätzt. Zapft man die Birke im Frühjahr an, quillt ein Saft aus dem Stamm, der nicht nur gegen Haarausfall gut sein soll, sondern auch zu Birkenwein vergoren werden kann, der »dem ächten Champagner zum Verwechseln ähnlich sey«, wie es in einem alten Hauslexikon heißt. Der Russe liebt die Birke, weil sie in seiner Heimat lichte Wälder bildet. Der Finne peitscht sich mit ihren Zweigen, wenn er in der Sauna schwitzt. Und der Junggeselle ist gut beraten, wenn er seiner Angebeteten im Mai einen Birkenast verehrt.

Andererseits darf man auch nicht verschweigen, dass der Birke nachgesagt wird, sie ziehe den Blitz an. Dass ihr Pollenstaub Allergiker in den Wahnsinn treiben kann, ist eine traurige Tatsache. Birken produzieren ihn in Massen, er fliegt Dutzende von Kilometern weit, man ist nirgends vor ihm sicher. Der Deutsche Polleninformationsdienst will beobachtet haben, dass seit der Jahrtausendwende immer mehr Birkenpollen herumwirbelt, besonders stark angeblich in allen Jahren mit gerader Jahreszahl. Und wegen der Klimaerwärmung immer früher.

Bäume können noch aus anderen Gründen stören. Der amerikanische Präsident Ronald Reagan hat sie in seiner hemdsärmeligen Art als Umweltverschmutzer Nummer eins bezeichnet. Wahr ist daran höchstens, dass sie indirekt beteiligt sind, wenn aus Autoabgasen Ozon entsteht. Doch nicht wenige Menschen sehen das wie Reagan: Es gibt keinen schlimmeren Dreck als das Laub, das sie jedes Jahr fallen lassen. In Deutschland werden Jahr für Jahr Prozesse geführt um die Frage, ob man den Blattfall vom Nachbargrundstück auf seinem eigenen dulden muss. Antwort: im Prinzip ja.

An einem durchschnittlichen Laubbaum hängen gut 30 000 Blätter, bei einer hundertjährigen Buche können es bis zu einer Million sein. Das alles rieselt im Herbst herunter.

Ein schlimmes Faktum, offenbar. Denn sofort greift die Nation zum Laubbesen oder noch lieber zum Blasegerät. Anschließend stellt sich die Frage: Wohin mit dem Zeug? In den guten alten Zeiten wurde es verbrannt, was mordsmäßigen Qualm verursachte und heute nach dem Kreislaufwirtschaftsgesetz verboten ist. Der gesetzestreue Bürger kauft stattdessen Laubsäcke und stellt sie an die Straße, wo Wind und Wetter dafür sorgen, dass der Inhalt wieder gleichmäßig verteilt wird. Man kann das Laub alternativ als Segen betrachten. Zum Beispiel als willkommenen Winterschutz auf Beeten und unter Sträuchern: Leicht angefeuchtet, sackt das schnell zusammen und bildet eine Schicht, die je nach Wunsch liegen bleiben oder im Frühjahr fortgeräumt werden kann. Laub kann auch gut kompostiert werden, nur nicht das von der Eiche, weil es ziemlich gerbstoffhaltig ist.

Der Nachbar hat noch einen weiteren Weg gefunden, sein Laub loszuwerden. Er lädt es auf den Hänger und fährt es bei Nacht und Nebel in den Wald. Wirtschaftsökologisch betrachtet ist das eine Umkehr der Streunutzung, bei der die armen Bauern nach dem Dreißigjährigen Krieg den Waldboden bis auf den letzten Rest kahlgefegt und die Streu als Dünger und Viehfutter verwendet haben. Den Forst hat das seinerzeit ruiniert.

Minzen schnackseln gern

Kreative Köche dekorieren ihre Speisen neuerdings immer häufiger mit Blüten. Ihr Favorit ist die Kapuzinerkresse. Das ist ernährungsphysiologisch gar nicht mal so abwegig: Tropaeolum majus enthält neben Vitamin C vor allem Senfölglykoside, die für scharfen Geschmack sorgen und zumindest im Laborexperiment imstande sind, die Vermehrung von Pilzen, Bakterien und Viren zu hemmen. In klinischen Studien am Menschen konnte immerhin gezeigt werden, dass ein Extrakt aus Meerrettichwurzeln und Blättern der Kapuzinerkresse zur Linderung von Atem- und Harnwegsinfektionen geeignet ist. Entsprechende Phytopharmaka (»Angocin«) sind in der Apotheke frei erhältlich. Der Infektiologe Uwe Frank vom Universitätsklinikum Heidelberg glaubt, dass Senföle aus Pflanzen sogar gegen Grippeviren wirken könnten – eine Vermutung, die bereits in den Fünfzigerjahren des vergangenen Jahrhunderts geäußert wurde.

Botanisch gesehen handelt es sich bei der Kapuzinerkresse um einen Vertreter der Ordnung Brassicales. Ihre Heimat liegt in den Anden, die Pflanze wurde aber schon in der zweiten Hälfte des 16. Jahrhunderts nach Europa eingeführt und im *Hortus Eystettensis* erwähnt.

Im Garten ist die Kapuzinerkresse ein ausgesprochener Spätstarter. Anfangs keimt sie nur widerwillig, aber wenn sie sich etabliert hat, schiebt sie unermüdlich meterlange Triebe. Bis weit in den Herbst erscheinen daran kurzlebige, leuchtend gelbe bis tief samtrote Blüten. Am Zaun oder an anderen passenden Unterlagen rankt die Pflanze in die Höhe. Sie wächst auch im Halbschatten, Sonne gefällt ihr aber besser. An trockenen Standorten will sie gewässert werden, sonst macht sie schlapp. Die dicken dreiteiligen Samen lassen sich fortwährend ernten. Ein nicht auszurottendes, seit Generationen überliefertes Gerücht besagt, sie ließen sich, eingelegt in Essig, als vollwertiger Ersatz für Kapernfrüchte verwenden. Es heißt außerdem, die Kapuzinerkresse würde Blattläuse fernhalten. Das Gegenteil ist der Fall: Ihre weichen, safthaltigen Stengel locken die Läuse förmlich an, und ob diese anschließend freiwillig darauf verzichten, über die benachbarten Rosen herzufallen, müsste erst noch bewiesen werden.

Bis zu den ersten Frösten setzt die Kapuzinerkresse optimistische Akzente im Garten. Dann aber, praktisch über Nacht, verwandeln sich ihre Ranken in ein schleimiges, unansehnliches Gewirr.

In der Küche läuft Kapuzinerkresse nur so nebenbei mit. Als Königin der Gewürzpflanzen gilt dagegen das Basilikum. Wer es anbauen will, braucht eine hohe Frustrationstoleranz. Die Aussaat ist ein Vabanquespiel, die Keimlinge rafft es schneller dahin, als man zusehen kann. Nicht besser ist dran, wer fertige Exemplare im Topf kauft: Länger als eine Woche halten die meist auch nicht. Eine Verschwörungstheorie besagt, dass die im Handel befindliche Ware absichtlich mit Chemikalien oder Mikroben verseucht wird, damit der Absatz floriert. In Wahrheit fängt das in die Höhe geschossene Kraut zu welken an, sobald es die Treibhäuser verlässt. Lange Transportwege, Lichtmangel, kühle Temperaturen und zu wenig oder zu viel Wasser machen ihm den Garaus.

Basilikum liebt die Wärme. Richtig gut geht es ihm draußen im Freiland nur rund ums Mittelmeer. Die Italiener beispielsweise ernten es in geradezu empörenden Mengen, an der Nordsee dagegen braucht man gar nicht erst anzufangen mit der Kultur. Was die Witterung nicht schafft, erledigen die Schnecken. Das dunkle Küchenfenster ist keine Alternative, allenfalls der Balkon. In praller Sonne und regelmäßig, aber nicht zu viel gegossen hat Ocimum basilicum noch die besten Überlebenschancen. Wind mag es allerdings auch nicht so gern.

Wer sich trotzdem einlässt auf das einjährige Würzkraut, hat die Wahl zwischen zwei Dutzend Sorten. Es gibt klein- und großwüchsige, grüne und rote, mit Blättern von der Größe eines kleinen Fingernagels bis hin zu der eines Salatblattes. Alle besitzen den typisch pfeffrigen Basilikumgeruch. Manche duften auch noch nach Zitrone, Zimt, Thymian oder Lakritz. Mitkochen sollte man Basilikum nie, das Aroma verfliegt beim Erhitzen.

In der Landesversuchsanstalt für Gartenbau in Heidelberg hat man Versuche durchgeführt, wie sich Topfbasilikum im Gewächshaus kompakter und robuster züchten ließe. Regelmäßiges Betüddeln erwies sich als die effektivste Methode. Ein mit Wischtüchern bestückter »Streichelwagen« fuhr dazu rund hundertmal am Tag über die Pflanzen hinweg, im Ergebnis wuchsen sie kürzer und buschiger.

Geheimnisvolle Kräfte waren dabei nicht am Werk. Der Effekt ist seit Längerem bekannt und wird als »Thigmomorphogenese« bezeichnet. Der amerikanische Botaniker M. J. Jaffe hat ihn 1973 zum ersten Mal an Gurken und Bohnen beschrieben. Biochemiker der Rice University in Houston, Texas, konnten an der Modellpflanze Arabidopsis zeigen, dass kontinuierliche Berührungsreize auch die pflanzlichen Abwehrkräfte gegen Schädlinge stärken, indem sie die Bildung von Jasmonsäure fördern. Tomatenpflanzen scheint mechanischer Stress ebenfalls zu bekommen, wie Experimente an der Universität Hohenheim ergeben haben. Schnittlauch, Koriander, Petersilie, Kerbel und Zitronenmelisse sollen gleichermaßen dankbar sein, wenn sie regelmäßig gestreichelt werden. Da geht es ihnen nicht anders als dem Gärtner.

Wie das Basilikum brauchen die meisten Gewürzkräuter volle Sonne, um ihr Aroma zu entwickeln. Aber es gibt Ausnahmen. Bei mir wuchs im Schatten unter Bäumen jahrelang

Waldmeister. Irgendwann hat er den Geist aufgegeben. Man kennt das Phänomen auch von Rosen: Wo eine stand, kommt eine neue nur schwer hoch. Was sie an Nährstoffen braucht, hat die Vorgängerin dem Boden nachhaltig entzogen – die berühmte »Rosenmüdigkeit«. Vielleicht sind es auch bestimmte Ausscheidungsprodukte, die das Wachstum derselben Art hemmen. Jedenfalls stellte sich für mich die Frage: Was kommt nach dem Waldmeister?

Ein zäher Vertreter ist für solche Fälle die Minze. Aber was heißt hier Minze? Es gibt derart viele Minzen, dass schon Walahfrid, genannt Strabo, ein Abt des Benediktinerklosters auf der Insel Reichenau im neunten Jahrhundert, darüber ins Stöhnen geriet: »Wenn aber einer die Kräfte und Arten und Namen der Minze samt und sonders zu nennen vermöchte, so müsste er gleich auch wissen, wie viele Fische im Meere schwimmen.« Die Gattung Mentha aus der Familie der Lippenblütler schnackselt eben gern, wie die Fürstin Gloria von Thurn und Taxis mal in anderem Zusammenhang gesagt hat. Aus einer Zufallskreuzung zwischen Bachminze und Krauser Minze ist zum Beispiel die Pfefferminze Mentha x piperita hervorgegangen. Sie existiert in zahlreichen Spielarten.

Ein Problem mit Minzen ist es, sie am unkontrollierten Wuchern zu hindern. Ich habe sie vorläufig in sieben Holzkästen eingesperrt. Einer davon ist für die botanisch nicht näher bestimmte Sorte M. spec. ›Nemorosa‹ vorgesehen, von der es heißt, sie stamme in direkter Linie aus dem Garten der Lieblingsbar von Ernest Hemingway in Havanna, wo er (und nicht nur dort) unzählige Mojitos zu sich nahm. Eine andere ist unter der Bezeichnung M. x piperita var. piperita ›Agnes‹ im Handel und wurde vom Institut für Pflanzenbau der Bayerischen Landesanstalt für Landwirtschaft in einer vierjährigen Leistungsprüfung unter vierzehn weiteren Herkünften als besonders mentholhaltig ausgelesen. Sämtliche Anforderungen des Europäischen Arzneibuches erfüllt allerdings auch sie nicht, denn sie reichert gleichzeitig einiges an Pulegon an, einem Keton, das zwar Insekten vertreibt, aber leider auch den menschlichen Verdauungstrakt reizt.[25]

Bei Gewürzpflanzen, die schon lange kultiviert werden, steht der Botaniker oft vor einem nomenklatorischen Problem. Wie soll man sie korrekt benennen? Am Beispiel des Thymians wird das deutlich. Seit Linnés Zeiten gilt, dass ein Pflanzenname aus zwei lateinischen Wörtern bestehen sollte. Das erste bezeichnet die Gattung, das zweite die Art. Thymus vulgaris, der Echte Thymian, ist ein ausdauerndes Kraut, das seit eh und je in der Küche Verwendung findet. Im Handel findet man nun aber Dutzende von Thymianen, die unter Trivialnamen wie ›Gold-Thymian‹, ›Sand-Thymian‹ oder ›Zitronen-Thymian‹ angeboten werden. Dazu muss man wissen, dass die Gattung Thymus außerordentlich formenreich ist. Bei gutem (und unter Systematikern meist auch vorhandenem) Willen lassen sich an die 350 Arten unterscheiden. In solchen Fällen unterteilt sie der Fachmann in Sektionen. Beim Thymian sind es acht. Echter Thymian wäre demnach Thymus vulgaris sect. Thymus L., wobei L. wiederum für den Erstbeschreiber steht, in diesem Falle Carl von Linné persönlich. So weit folgt das noch den Regeln des Internationalen Codes der Nomenklatur für Pflanzen, auf den sich die Botaniker seit 1867 in Abständen immer wieder neu geeinigt haben.

Komplizierter wird es im Falle des Zitronen-Thymians. Wer sucht, der findet allein davon zwei Dutzend Sorten, unter Bezeichnungen wie ›Aureus‹, ›Lemon Supreme‹ oder ›Villa Nova‹. Dabei handelt es sich um Auslesen und Zuchtformen, deren Namensgebung sich wiederum nach dem Internationalen Code der Nomenklatur der Kulturpflanzen richtet. Der spricht in diesem Falle von »Cultivaren«. Thymus x citriodorus (PERS.) SCHREB. EX. SCHWEIGG.& KÖRTE ›Aureus‹ wäre die ganz korrekte Bezeichnung.

Man sieht daran, dass die Benennung nicht ganz unumstritten war. Der überaus eifrige Christian Hendrik Persoon hat sie demnach als eigene Art beschrieben. Johann Christian von Schreber, ein Onkel des zu Unrecht als Erfinder des Schrebergartens verdächtigten Moritz Schreber, hat sie später als Unterart von T. serpyllum, dem Sand-Thymian, identifiziert. Die Herren August Friedrich Schweigger und Franz Körte haben den Zitronen-Thymian schließlich mit dem Multiplikationszeichen x versehen. Das bedeutet, dass es sich um eine Hybride handelt, hervorgegangen aus einer Kreuzung zwischen T. vulgaris und T. pulegioides, dem Breitblättrigen Thymian.[26]

Ein bisschen spitzfindig ist das schon. Aber auch ein Beleg dafür, dass Gewürze nicht auf die leichte Schulter genommen werden sollten.

Immer Chaos mit den Pflaumen

»Kommt an den Tisch unter Pflaumenbäumen«, sang einst Franz Josef Degenhardt. In manchen Jahren empfiehlt sich das nicht, denn sie tragen von Zeit zu Zeit so stark, dass ganze Äste zu Boden krachen. Viele Bäume bekommen dadurch ein sparriges Aussehen, was der Nachbar zu beschönigen weiß: »Die Pflaume putzt sich selbst.« Man müsse sie nicht beschneiden.

Das ist aber auch nur eine Legende. Wie der ganzen Gattung Prunus überhaupt etwas Unbestimmtes anhaftet. Der Pfirsich gehört dazu und die Schlehe, die Lorbeerkirsche und das Mandelbäumchen, und wie man die alle unter einen oder doch besser unter viele Hüte bringt, ist ein ergiebiges Thema für Taxonomen. Mit wenig praktischem Wert, muss man sagen: Von der Kulturpflaume Prunus x domestica weiß man nicht einmal, wie sie entstanden ist. Zu ihren Vorfahren gehört wohl die Kirschpflaume P. cerasivera, die nachweislich seit der Jungsteinzeit verzehrt wurde. Genauso lange scheint sich auch die Zibarte (P. domestica subsp. prisca) gehalten zu haben, die gern als Wildpflaume bezeichnet wird. Man destilliert daraus, etymologisch schon wieder leicht daneben, ein besonders aromatisches Zwetschgenwasser. Aber Zwetschgen sind noch einmal etwas anderes, ganz zu schweigen von Halbzwetschen, Reneclauden, Hafer-, Rund- und Eierpflaumen, die zu allem Überfluss auch noch Übergangsformen bilden.

Vieles davon wächst auf verwilderten Wiesen. Einmal glaubte ich, eine »Damaszener-Pflaume« identifiziert zu haben, frühreif und mit hell- bis dunkelroten kleinen Kugelfrüchten. Es war aber eine Mirabelle (subsp. syriaca). Ein anderer Baum trug schon im Juli dunkelviolette Früchte. Sie schmeckten ganz hervorragend, aber bitterer als gewohnt. Ob das ein Zufallssämling war? Oder eine alte Kultursorte, die ein längst verstorbener Obstbauer hinterlassen hat?

Der Nachbar weiß es auch nicht. Er macht es sich einfach und unterscheidet nur Pflaumen (»haben eine Naht«) von Zwetschgen (»haben keine«). Erstere suppen durch, wenn man damit einen Kuchen belegt. Letztere sind am besten, wenn sie beinahe überreif sind und von allein vom Baum fallen. Bei mir gehört es zum alljährlichen Ritual, ein paar Kilo davon durch den Fleischwolf zu drehen. Weil das auch die hohe Zeit der Wespen ist, muss man höllisch aufpassen. Fünf, sechs Stunden lang köchelt die Masse anschließend ein. Als Ideal schwebt mir vor, was der Österreicher liebevoll »Powidl« nennt: eine zähe, schwarze Angelegenheit, der nur wenig Zucker zugesetzt werden darf. Auf einem frischen Brötchen gibt es nichts Besseres.

Die Zwetschgen holen wir am liebsten von den umliegenden Streuobstwiesen. Fünf Kilo Zwetschgen sind ungefähr ein großer Eimer voll. Dürfen wir die einfach so mitnehmen? Wenn der Baum hinter einem Zaun steht, sicher nicht. Aber auf den Wiesen stehen noch viel mehr Bäume, für die sich offenbar niemand zuständig fühlt. Andererseits gibt es hier in Hessen die Institution des Feldschützen. Wenn dieser kommunale Flurwärter uns dabei erwischen würde, wie wir fremder Leut's Bäume abernten, wäre das mehr als peinlich, nämlich eine Ordnungswidrigkeit. Wobei die Rechtslage nicht ganz eindeutig ist, denn der Straftatbestand des Mundraubes wurde schon 1975 abgeschafft und hieß in Wahrheit auch gar nicht so, sondern »Verbrauchsmittelentwendung«. Heute würden Juristen eher von einem »Diebstahl geringwertiger Sachen« reden. Der Nachbar weiß es noch einmal anders: Mundraub sei, wenn man drei, vier Äpfel einstecke, das wäre okay. Nicht aber der Frevel, wenn man eine Sackkarre voll abschleppt und zu Hause zu Most verarbeitet. Und schon gar nicht der Diebstahl, wenn man die fremden Früchte anschließend sackweise verkauft.

Wie auch immer: Die zahllosen Obstbäume, die in der freien Landschaft herumstehen, sind Verlockung und Vorwurf zugleich. Warum muss die Ernte denn vergammeln? Im Internet hat sich vor Jahren eine Initiative gegründet, die sich bemüht, Bäume, Sträucher und sogar Kräuter zu lokalisieren, von denen jedermann straflos pflücken darf. Auf www.mundraub.org sind sie in einer Karte eingetragen. Besonders viele stehen offenbar rund um Berlin und Leipzig. Bei mir in der Nähe konnte ich nur acht Mirabellenbäume, ein Bärlauchvorkommen und mehrere Brombeerhecken lokalisieren, von Zwetschgen nicht die Spur.

Mundraub.org hat für Schlagzeilen gesorgt. Hier und da wurde die Idee begeistert aufgegriffen, zum Beispiel vom Tourismusverband Hasetal, der kurzerhand die ganze Gegend entlang eines Radwanderweges zur Mundraubregion erklärt hat. Dann gab es wieder Klagen über organisierte Banden, die alte Kulturlandschaften ausplündern würden. Und einzelne Gemeinden sind dazu übergegangen, Plakate an kommunalen Bäumen anzubringen, nach denen es beispielsweise gestattet ist, pro Person hundert Walnüsse vom Boden aufzulesen, nicht aber, sie von den Ästen herunterzuschlagen.

Hinter alldem steckt die bekannte »Tragik der Allmende«. Darüber später mehr.

Was auch noch frei und in ziemlichen Mengen wächst, ist der Holunder. An seinem Geschmack scheiden sich die Geister. Allenfalls als Medizin schlucken viele den Saft der reifen Beeren, nur eine Minderheit findet ihn lecker. Ganz wenige Menschen essen die Beeren, die botanisch gesehen Steinfrüchte sind, sogar roh. Davon wird abgeraten, weil sie das Glykosid Sambunigrin enthalten, das beim Kauen Blausäure freisetzt. Vom ebenfalls vorhandenen Lectin wird den meisten Konsumenten allerdings schon vorher schlecht. Durch Erhitzen werden beide Substanzen zerstört.

Die Engländer jedoch, die kulinarisch vor nichts zurückschrecken, produzieren aus rohen Holunderbeeren einen Wein, den sie schamlos mit Bordeaux oder Burgunder vergleichen. Elton John hat dem Gebräu ein Denkmal gesetzt (»Feeling fine on elderberry wine«), auf der B-Seite seiner ansonsten sehr viel bekannteren Single »Crocodile Rock«. Unterstützt durch ordentlich Zucker, holt eine leistungsstarke Hefe aus Holundersaft locker zwölf Prozent Alkohol heraus.

Massenkompatibler ist Holundersirup, der nicht aus den Früchten, sondern aus den Blüten hergestellt wird. Die verströmen einen betörenden Geruch, wie er in der dritten Szene des zweiten Aufzugs von Richard Wagners Nürnberger *Meistersingern* beschrieben wird: »Was duftet doch der Flieder, so mild, so stark, so voll.« Der Franke, muss man dazu wissen, nennt den Holunderbusch Sambucus nigra tatsächlich Flieder und backt aus seinen Blüten Fliederküchlein. Holundersirup hat als Zutat zum Modedrink »Hugo« enorm an Popularität gewonnen. Auch in Bionade und anderen Fassbrausen kommt er vor. Ein bekannter Hersteller hat vor einiger Zeit mehrere Chargen vom Markt nehmen müssen, weil sie unverhofft in Gärung übergegangen waren; es scheint ein innerer, noch nicht restlos erforschter Zusammenhang zwischen dem Schwarzen Holunder und dem Alkohol zu bestehen.

Auch im Garten ist der Holunder ein häufiger Gast. Er ist, wie die Brennessel, ein Stickstoffanzeiger. Vögel, die ganz wild auf seine Beeren sind, scheiden seinen Samen überall aus, mit Vorliebe auf frisch gewaschenen weißen Tischtüchern. Wer einen Holunder in der Nähe seines Hauses wachsen hat, muss sich vor Blitzschlag und Schlangenbissen nicht fürchten. Es sei denn, er legt Axt an dessen Wurzel, dann naht Unheil. Verdorrt ein Holunder, führt das unmittelbar zum Tod eines Familienangehörigen. Wenn man einen Hollerbusch sieht, zieht man vor ihm am besten den Hut, dann ist man auf der sicheren Seite.

Es gibt natürlich noch edleres Obst als Zwetschgen und Holunder. Selbst wer nicht im Rheingau oder an der Mosel lebt, kann den Ehrgeiz entwickeln, echten Wein anzubauen. Man muss es nicht so weit treiben wie in Keitum auf Sylt, wo sie trotz widrigster Umstände gleich einen ganzen Morgen mit Solaris- und Rivanerreben bepflanzt haben. Mir reicht schon ein einzelner Stock. Wobei ich lange darüber nachgedacht habe, welche Sorte infrage käme. Auf keinen Fall die vom Nachbarn. Sie bringt zwar reichlich Trauben hervor, und er gibt auch gerne davon ab. Warum, zeigt sich, wenn man sie in den Mund nimmt – ein ganz widerwärtiger Geschmack. Önologen sprechen vom »Fox-Ton«, einer Note, die amerikanischen Wildreben eigen ist, ganz besonders der Fuchsrebe Vitis labrusca. Nach Europa sind sie im 19. Jahrhundert gelangt, weil hier die Reblaus gewütet hatte und eine resistente Unterlage benötigt wurde. Seitdem werden alle europäischen Edelreben auf die amerikanische Wildform gepfropft.

Gelegentlich findet man allerdings auch sogenannte Direktträgersorten, die nicht veredelt wurden. In der Schweiz beispielsweise wird im Tessin die Sorte ›Isabella‹ angebaut, der man vornehm eine »Tessinernote« bescheinigt. Ehrlicher sind die Schwaben, die vom »Katzensoicher« sprechen. Im österreichischen Burgenland führt man sich den berüchtigten Uhudler zu Gemüt, der ebenfalls von verschiedenen Direktträgern stammt. Sein Name leitet sich angeblich davon ab, dass man von diesem Getränk Augenringe wie ein Uhu bekommt. Verbürgt ist, dass nach reichlicherem Genuss Schlägereien nicht unüblich sind. So etwas in der Art muss der Nachbar erwischt haben.

Eine Zeitlang habe ich mit dem Gutedel geliebäugelt. Das ist eine der ältesten Rebsorten überhaupt, die keine allzu großen Ansprüche stellt und den Vorteil hat, dass die Trauben sowohl als Tafelobst wie zur Weinherstellung taugen. Dann bekam ich unverhofft ein Töpfchen mit einem Rivaner-Sprössling geschenkt. Rivaner ist ein Synonym für Müller-Thurgau und soll andeuten, dass er aus einer Kreuzung von Riesling und Silvaner hervorgegangen ist. Sein Züchter, der Schweizer Rebforscher Hermann Müller aus dem Kanton Thurgau, wollte eigentlich nicht, dass dieses Gewächs mit seinem Namen in Verbindung gebracht wird. Vielleicht, weil er seine Arbeit nicht besonders sorgfältig dokumentiert hatte. Bis heute steht nicht ganz fest, welche Reben er tatsächlich mit dem Riesling gekreuzt hat. Der Silvaner konnte durch Gendiagnostik ausgeschlossen werden, als möglicher Partner gilt ein Vertreter aus dem Kreis der Gutedel-Sorten, in der Schweiz auch Chasselas genannt. Forscher der ehemaligen Bundesanstalt für Züchtungsforschung wollten es noch genauer wissen und legten sich auf die Chasselas-Sorte ›Madeleine Royal‹ fest. Nach Erkenntnissen spanischer Önologen ist diese aber in Wahrheit eine Kreuzung der Burgundertraube mit dem altbewährten Trollinger.

Solange er nicht füchselt, ist mir das egal.

Der Apfel fällt sehr weit vom Stamm

Äpfel gibt es immer. Und wenn sie aus Neuseeland stammen. Golden Delicious oder Elstar, Jonagold oder Braeburn gehen nie aus. Niemand fragt, wo sie geerntet wurden. Oder wie »Omas Bester«, der naturtrübe, in die Flasche kommt. Apfelsaft ist billiger als manches Mineralwasser.

Hat der Apfel das verdient? Vielleicht war es so: Als Gott den Menschen davor warnte, vom Baum zu naschen, hat er eigentlich Malum, das Böse, gemeint. Und nicht Malus, den Apfel. Denn wo immer der ursprünglich wuchs – im Paradies, das nach allgemeiner Lehrmeinung irgendwo zwischen Euphrat und Tigris lag, mit Sicherheit nicht. Dort gab es wohl Granatäpfel, Quitten, Pfirsiche, Aprikosen. Selbst eine Feige könnte Eva in Versuchung gebracht haben. Nur nicht der Apfel, der ein notorischer Frostkeimer ist; sein Zuhause sind die kühl gemäßigten Zonen.

Zu den Ahnen des Malus domesticus gehören drei ungenießbare Wildarten: der Zwergapfel Malus pumila, der Holzapfel Malus sylvestris und der Kirschapfel Malus baccata. Daraus sind unzählige Zuchtformen hervorgegangen. Wobei Zucht nicht ganz den Kern der Sache trifft: Gezielt züchten lässt sich der Apfel kaum. Denn erstens ist er selbststeril und auf Befruchtung mit fremdem Pollen angewiesen. Zweitens liegt sein Erbgut nicht nur in einer Kopie vor, sondern mindestens in zwei-, manchmal auch in drei- oder vierfacher Ausführung. Diese »Polyploidie«, verbunden mit der Neukombination der elterlichen Merkmale bei jeder Bestäubung, macht die Vorhersage unmöglich, welche Eigenschaften ein Apfelsämling haben wird. Selbst die fünf obligaten Kerne, die sich in jedem Apfelgehäuse finden, sind genetisch voneinander verschieden. Die Wahrscheinlichkeit, dass sich auch nur zwei von acht genetischen Markern gleichen, liegt bei eins zu einer Milliarde. Die Fortpflanzungsstrategie des Apfels ist das genaue Gegenteil von Inzucht. Durch gezieltes »outbreeding« sichert er die enorme Variabilität seiner Nachkommen. Man kann also mit Recht sagen: Der Apfel fällt ziemlich weit vom Stamm.

Will man Äpfel sortenrein vermehren, muss man sie klonen. Wer als Erster auf die Idee kam, einen jungen Apfeltrieb auf eine fremde Unterlage zu pfropfen, ist nicht überliefert. Wir wissen nur, dass schon die Römer die Kunst des Veredelns beherrschten. Knapp dreißig Apfelsorten wurden auf diese Weise vermehrt.

Mit den Römern kam der süße Gartenapfel nach Germanien, wo man bis dahin nur Früchte kannte, deren Säure »selbst scharf geschliffene Schwerter stumpf werden lasse«, wie Cato der Ältere lästerte. Der früheste Anbau veredelter Äpfel ist in

Städten wie Xanten, Köln, Trier oder Mainz nachgewiesen. Auf dem Land fasste er erst viel später Fuß, unter Karl dem Großen, der anordnete, seine Hofgüter mit Obstbäumen zu bepflanzen. In einer Verordnung aus dieser Zeit (*Capitulare de Villis*) werden Apfelsorten wie Gormaringer oder Geroldinger beim Namen genannt.

Als Handelsobjekt hat der Apfel damals nicht getaugt. Die Früchte waren zu empfindlich, um sie auf holprigen Wegen durchs Reich zu transportieren. Auch waren sie deutlich kleiner, holziger und saurer als alles, was heute im Supermarkt liegt. An die hundert Sorten wird es im Mittelalter gegeben haben, sie waren wohl selten eine Delikatesse. Die Gelehrten ließen es nicht an Warnungen fehlen: Weder roh noch auf leeren Magen solle man sie verzehren. Sondern zu Mus kochen oder dörren, wenn sie schon nicht ihrem Hauptzweck zugeführt würden, nämlich der Vergärung zu Apfelwein.

Die medizinische Weisheit, rohe Äpfel seien gesund (»an apple a day …«), ist vergleichsweise jungen Datums. Sie wurde Ende des 19. Jahrhunderts von amerikanischen Temperenzlern in die Welt gesetzt, um dem Genuss von »hard cider« einen Riegel vorzuschieben. In den Pioniertagen der Neuen Welt waren Äpfel nämlich kein Obst, sondern etwas, aus dem sich problemlos Alkohol gewinnen ließ. Praktisch jeder Farmer, der sich im Westen niederließ, pflanzte Apfelbäume und verarbeitete die Ernte zu Most. Verglichen mit dem Fusel, den man aus Getreide brannte, war er jedenfalls das gesündere Getränk.

Man hat das 19. Jahrhundert das »goldene Zeitalter der Pomologie«, also der Lehre vom Obstbau, genannt. Wahr daran ist, dass es weder zuvor noch danach eine größere Apfelvielfalt gegeben hat. In Deutschland gründeten Schlossgärtner, Pfarrer, Lehrer oder Apotheker Pomologenvereine, mit dem Ziel, den Anbau systematisch zu fördern. Der Stuttgarter Hofgärtner Johann Caspar Schiller forderte seine Landsleute auf, sie mögen, »bei einer jeden Gegend sorgfältig nachsehen, welche Gattungen Obst daselbst am liebsten, sichersten, schönsten und besten wachsen. Dieselbe wähle man zum Adaptieren und wende seinen Fleiß daran«.

Immerhin 1263 Apfelsorten nennt ein Obstratgeber Mitte des 19. Jahrhunderts, eingeteilt in 14 Klassen: Schlotteräpfel, Gulderlinge, Rosenäpfel, Taubenäpfel, Pfundäpfel, Rambour-Reinetten, Einfarbige Reinetten, Borsdorfer Reinetten, Rote Reinetten, Lederäpfel, Goldreinetten, Streiflinge, Spitzäpfel und Plattäpfel. Doch da wurden schon die ersten Stimmen laut, die vor drohendem »Sortenwirrwarr« warnen. In der Landwirtschaft hielt die Mechanisierung Einzug, gefragt waren Produkte, die sich über größere Strecken transportieren lassen. Ein erstes »Reichsobstsortiment« für den gewerblichen Anbau umfasste gerade noch zehn robuste Sorten. Auch wurden die ersten Zwergformen propagiert – Bäume, die sich leichter abernten lassen als die gängigen Hochstämme.

Als Vorbild in Sachen Effizienz galt Amerika. Dort war der Wilde Westen bereits Geschichte. Ein einzelner Mann namens John Chapman, auch Johnny Appleseed genannt, hatte die Pioniere noch mit Sämlingen versorgt, die er zu Hunderttausenden aus Kernen zog. Die meisten waren Ausschuss. Aber hin und wieder fand sich einer, der überraschende Qualitäten zeigte. Die größte Erfolgsgeschichte war einem hartnäckigen Wildling beschieden, der im Garten des Quäkers Jesse Hiatt in Iowa trotz mehrfachen Abmähens immer wieder in die Höhe wuchs und später unerwartet süße Früchte trug. Sein Entdecker nannte ihn ›Hawkeye‹ und schickte vier Ableger an die Stark Brothers Nurseries in Louisiana, Missouri, wo der Baum den verkaufsträchtigen Namen ›Delicious‹ erhielt. 1914 erwarben ihn die Stark Brothers für damals stolze fünftausend Dollar. Heute gehören ›Golden‹ und ›Red Delicious‹ zu den Apfelsorten, die weltweit angebaut werden. Ähnliche Bedeutung haben noch der ›Jonathan‹, der ›Braeburn‹, der ›Cox Orange‹, der ›Boskop‹ und der ›Granny Smith‹. Kreuzungen wie ›Fuji‹, ›Elstar‹, ›Gala‹, ›Jonagold‹ oder ›Idared‹ sind fast alle aus dem Delicious hervorgegangen.

Damit ist die genetische Basis des Tafelapfels, wie bei den meisten Nutzpflanzen, ziemlich schmal geworden. Wie viele alte Apfelsorten auf Streuobstwiesen, in Hausgärten oder Obsthainen überlebt haben, ist nicht bekannt. Schätzungen reichen von zehn- bis zwanzigtausend. An neuen, möglichst mehltau-, feuerbrand- und schorfresistenten Sorten wird mit Hilfe der Gentechnik gearbeitet. Ein geplanter Freilandversuch in Quedlinburg wurde vor längerer Zeit allerdings vom Verbraucherschutzministerium untersagt. Alternative Methoden der Schädlingsbekämpfung seien aussichtsreicher, hieß es damals.

Die Risikobetrachtungen für den Fall, dass es in Deutschland eines Tages erlaubt sein sollte, gentechnisch veränderte Apfelbäume anzupflanzen, beruhen auf der Annahme, dass Äpfel von sich aus nicht groß auf Wanderschaft gehen. Dem widerspricht energisch der deutsche Pomologen-Verein. Schon heute ständen entlang von Eisenbahnlinien, an Autobahnparkplätzen, Landstraßen oder in Naturschutzgebieten auffällig viele Apfelbäume, die aus weggeworfenen Butzen hervorgegangen seien. Allein auf der ursprünglich apfelbaumfreien Insel Schiermonnikoog wurden vor Jahren neben den Spazierwegen mehr als dreihundert wild aufgelaufene Bäume gezählt. Besonders leicht keimen solche Sämlinge im Trester, der bei der Apfelvermostung übrig bleibt und manchmal ans Wild verfüttert wird.

Zur Hölle mit ihnen

Der Nachbar ist wieder mal sauer. Seine Bäume haben getragen wie nichts Gutes. Nun weiß er nicht, wohin damit. Früher hat er das Zeug zum Mosten gebracht, doch da kriegt er heute keine zwei Euro mehr für den Zentner. »Ich bin doch nicht blöd«, sagt er und harkt die Äpfel zu Haufen, damit sie schneller vergammeln.

Äpfel sind einfach zu billig geworden. Polen überschwemmt halb Europa damit. China presst mittlerweile so viel Apfelsaftkonzentrat wie der Rest der Welt zusammen. Chinesische Äpfel haben wenig Aroma, doch das lässt sich durch Zugabe von Zitronensäure ausgleichen. So kommt es, dass die Schorle, die der Nachbar gegen den Durst trinkt, um die halbe Welt gereist ist, während das Gelump von seinen eigenen Bäumen vor sich hin rottet.

Früher, ja früher. Früher hat der Nachbar wenigstens noch versucht, Saft zu machen. Mit einer umgebauten Bohrmaschine. Es war eine Sauerei. Man kann Äpfel im Dampfkochtopf entsaften. Aber das einzig Wahre ist kaltgepresster Most. Und das auch nur, weil daraus Apfelwein wird.

Es gibt Snobs, die spitzlippig versichern, sie würden nie auch nur einen Tropfen davon herunterbekommen. Der Schriftsteller Christian Kracht schrieb einmal, Apfelwein sei die einzige ihm bekannte Form von Alkohol, bei der man schon während des Trinkens einen Kater bekomme. Das ist purer Unfug, denn ein fachgerecht gekelterter Apfelwein ist eines der saubersten Getränke, die es gibt.[27]

Apfelwein lebt, wenn man ihn lässt, und ist ein zuverlässiger Begleiter durch die Jahreszeiten. Im Frühherbst schätzen wir ihn als »Süßen«, der bald zum stürmischen Rauscher wird. Diese Phase legt sich bis gegen Weihnachten, wo er als »Neuer« willkommen geheißen wird. Dann reift er weiter bis zum Sommer und nimmt Charakter an. Der »Alte« ist schon etwas gewöhnungsbedürftig, wenn er im Glase murrt. Aber die nächste Ernte steht ja vor der Tür.

Bier haben nachweislich schon die Sumerer gebraut. Seit wann es Apfelwein gibt, ist weniger gut dokumentiert. Die Früchte haben einen entscheidenden Nachteil: Sie sind hart und lassen sich, anders als Trauben oder Beeren, schlecht zu Saft pressen. Professionelle Kelterer rücken ihnen heute mit leistungsstarken Rätzmühlen und Bandpressen zu Leibe, die ein Dutzend Tonnen pro Stunde verarbeiten. Wer seine bescheidene Ernte selbst schreddern möchte, hat es schwerer.

Dazu kursieren abenteuerliche Vorschläge. Mit dem Hammer zerschlagen, heißt es zum Beispiel. Manche zweckentfremden auch ihren Holzschredder. Man hat schon ausgediente Waschmaschinentrommeln zu Zentrifugen umgebaut. In Baumärkten werden handbetriebene Spindelpressen angeboten. Ganze Äpfel kann man damit aber auch nicht pressen, man muss sie vorher zerkleinern.

Für eigene Versuche habe ich mir einen elektrischen Entsafter angeschafft. Der Hersteller warnt vor übertriebenen Erwartungen: »Nicht für den Dauerbetrieb geeignet« steht in der Bedienungsanleitung. Unter Gefährdung des häuslichen Friedens kann ich vielleicht dreißig Kilo Äpfel durchjagen, wobei sich schon der entscheidende Nachteil dieser Methode zeigte: Man erhält viel Schaum. Weil die Äpfel relativ fein gemahlen werden, oxidieren sie auf der Stelle. Andererseits wird frischer Apfelsaft immer braun, egal, wie man ihn herstellt. Aus dreißig Kilo werden ungefähr sechs Liter, die in Plastikkanister abgefüllt und mit Gärröhrchen versehen werden. Wenn die Sache gut geht, fängt es nach einer Weile kräftig zu blubbern an.

Wenn es aufhört zu gären und kein Kohlendioxid mehr entweicht, ist es Zeit, zu probieren.

Bis dahin, so steht es in den Büchern, kann eine Menge schiefgehen. Es lauern Essigstich, Milchsäure, brauner Bruch, Kahmhefen, Schimmel, Böckser und dergleichen. Man kann mit Schwefel, Nährsalzen und Aktivkohle dagegen angehen. Man kann sich, wie man in meiner Jugend zu sagen pflegte, auch ein Knie ins Loch hacken und Rhabarber reinpflanzen. Ich habe beste Erfahrungen damit gemacht, den Rohsaft mit etwas Rauscher anzuimpfen, den ich glücklicherweise zur rechten Zeit beim Apfelweinwinzer Andreas Schneider in Niedererlenbach beziehe (www.obsthof-am-steinberg.de). Welche Hefe darin bei der Arbeit ist, wissen wir beide nicht. Schneider ist ein Anhänger der Spontanvergärung. Das heißt, er vertraut darauf, dass sich die richtigen Mikroorganismen von allein einstellen.

Im Grunde hat der Mensch das schon immer so gemacht. Reinzuchthefen gibt es erst seit wenigen Jahrzehnten. Manche Winzer lehnen sie heute noch ab.

Hefen gehören zu den Schlauchpilzen, beschrieben sind ungefähr 1500 verschiedene Arten. Für die alkoholische Gärung, die unter Ausschluss von Sauerstoff stattfindet, kommen aber nur eine Handvoll in Frage. Das sind die Zuckerhefen, Gattung Saccharomyces, und von denen sind beim Wein im engeren Sinne auch nur die Mitglieder der »sensu stricto«-Gruppe S. cerevisiae erwünscht. Es existieren mindestens tausend verschiedene Kulturstämme. Für die Praxis ist entscheidend, ob man Bier brauen, Brot backen oder Wein herstellen will. Spanische Mikrobiologen haben vor einiger Zeit zwei Dutzend Weinhefen unter die Lupe genommen, die vor allem in kühleren Anbaugebieten anzutreffen sind. Molekulargenetische Analysen zeigen, dass es sich um Hybride aus S. cerevisia und S. kudriavzevii handelt, die noch bei niedrigen Temperaturen gedeihen. Man vermutet, dass sie sich im Mittelalter verbreitet haben, als Zisterziensermönche darangingen, den Weinbau aus dem Burgund an den Rhein und an die Donau zu bringen. Gut möglich, dass einer dieser Stämme auch in meinem Apfelmost schwimmt. Aber allein ist er dort bestimmt nicht.

Draußen im Weinberg oder zwischen Apfelbäumen treiben sich kaum Zuckerhefen herum. Im Most schlägt ihre Stunde erst, wenn der Alkoholgehalt steigt. Vorher sind es vor allem wilde Apiculatus- und Candida-Hefen, die sich über die Maische hermachen. Sie gelangen selbst bei größter Hygiene ins Fass. Wer das verhindern will, kann zu Beginn der Gärung schwefeln. Für Puristen wie Andreas Schneider ist das nichts. Er schert sich auch um andere Dinge wenig. Wenn die Außentemperaturen sinken, verlangsamt sich eben die Gärung. So kann es Wochen bis Monate dauern, ehe der Zeitpunkt kommt, den Wein von der Hefe zu nehmen. Zwischendurch verkostet er immer wieder. Ich mache das genauso und bin noch nicht tot umgefallen.

Dem Efeu ist nicht zu trauen

Das Jahr geht dem Ende zu. Viel Grün ist draußen nicht mehr zu sehen. Aber auf ein immergrünes Gewächs kann man sich verlassen: den Gemeinen Efeu Hedera helix. Als Kriechpflanze hat er bei mir den Hang erobert, jetzt schickt er sich an, zu klettern.

Efeu, der in Mitteleuropa fast überall winterfest ist, führt ein interessantes Doppelleben. Im Jugendstadium trägt er drei- bis fünflappige Blätter und bildet Haftwurzeln, die sich bei Kontakt mit Erdreich in Nährwurzeln verwandeln. Die Ausläufer jedoch warten nur darauf, bis sie etwas finden, das sich zu erobern lohnt. Das kann ein Baum, ein Zaun oder eine Hauswand sein. Wenn die Oberfläche nicht allzu glatt ist, schlägt der Efeu zu und krallt sich in die Höhe. Zwanzig Meter und mehr sind für ihn kein Problem. Höchstens für den Hausbesitzer.

Jahre später, nachdem er sich etabliert hat, wird der Efeu erwachsen. Erst die Altersform bringt Blüten und Früchte hervor, während die Blätter eine ungelappte Eiform annehmen. Dann hat der Knabe genug vom Klettern und bildet aufrechte Sprossachsen, die verholzen. Er wird zum Strauch beziehungsweise zur Liane.

Der Mensch hat das Treiben des Efeus von alters her mal mit Freude, mal mit Misstrauen betrachtet. Den Anhängern des Dionysos galt seine Anwesenheit als sicheres Zeichen dafür, dass der Gott des Weines nicht weit sei. Aber schon Plinius der Ältere wunderte sich über diese Verehrung – die Pflanze sei schließlich imstande, Bäume zu erwürgen, Grabmäler und Mauern zu sprengen und gewähre Schlangen einen kühlen Zufluchtsort.

Abgesehen von dem Argument mit den Schlangen hat sich dieses Urteil bis heute gehalten. Einerseits wohl zu Unrecht, denn dass ein Efeu einen Baum umbringt, ist kaum zu befürchten. Er saugt ihn ja nicht aus, wie viele glauben, und behindert sein Wachstum auch sonst nicht, wie zahlreiche Untersuchungen gezeigt haben (http://region-hannover.bund.net/uploads/media/Efeu_und_Baeume.pdf). Andererseits muss man einräumen, dass ein stattlicher Efeu schon manche Fassade ruiniert hat. Insbesondere Fachwerk und schlecht Verfugtes sind gefährdet. Dort können die Jungtriebe Nährwurzeln hineintreiben. Hat sich im Spätstadium eine üppige Krone entwickelt, bekommt die Sache Übergewicht, und der ausgewachsene Efeu kracht herunter, wobei er größere Brocken aus der Wand mitnehmen kann. Ein Ärgernis sind in jedem Fall die hinterbliebenen Haftscheiben, die sich kaum entfernen lassen (www.biotekt.de/kletterpflanzen/hedera-efeu).

Weil er nackten Beton und andere Scheußlichkeiten kaschieren kann, wird der Efeu auch »Architektentrost« genannt. Richtig populär wurde er im 18. Jahrhundert, als der Stil des englischen Landschaftsgartens aufkam. Da hinein gehörte unbedingt eine malerisch von Efeu überwucherte Ruine. Die Mode breitete sich rasch aus. Zu Beginn des zwanzigsten Jahrhunderts fühlte sich die Gartengestalterin Gertrude Jekyll bereits verpflichtet, eine Warnung an ihre Landsleute zu richten: »So manches erlesene Mauerwerk ist schon unter Efeu begraben worden. Wo der Mörtel lose geworden ist, dringt er ein und wirkt bald mit unwiderstehlicher Kraft. Historische Gebäude sind seine leichteste Beute.« Da hatte ihr Kollege Shirley Hibberd bereits eine Monographie über den Efeu veröffentlicht, in der er mehr als zweihundert Zuchtformen auflistete.

In Deutschland war es der Ordensbruder Ingobert Heieck, der dem Efeu seine ganze Aufmerksamkeit widmete. In den Siebzigerjahren des vorigen Jahrhunderts baute er in der Abtei Neuburg bei Heidelberg eine Spezial-Gärtnerei auf. Er sammelte Sorten aus aller Welt, zuletzt sollen es mehr als fünfhundert gewesen sein, darunter Züchtungen wie ›Ritterkreuz‹, ›Altheidelberg‹, ›Goldstern‹ oder ›Schimmer‹. Nach ihm selbst wurde Hedera helix ›Bruder Ingobert‹ benannt, eine Spielart mit grün-weiß panaschierten Blättern, die sich auch als Zimmerpflanze eignet. Ingobert Heieck starb 1993, seine Sammlung verwucherte, bis sich ein paar Enthusiasten der Deutschen Efeugesellschaft daranmachten, wieder Ordnung in den Laden zu bringen (http://efeu-ev.org/).

Soll man nun oder nicht? Eine Fassadenbegrünung mit Efeu ist keine Hexerei. Man zwickt irgendwo ein paar junge Triebe ab, die mit Haftwurzeln versehen sein müssen; die adulte Form bildet keine mehr aus. In die Erde gesteckt, wachsen sie willig an. Dann dauert es ein paar Jahre, in denen der Efeu erst zaghaft und später zunehmend vital die Wand emporklimmt. Hat er sie vollständig erobert, kann man damit rechnen, dass sich Spinnen und anderes nützliches Getier einnisten. Wenn der Efeu spät im Jahr blüht, ist er für Bienen, Wespen und Schwebfliegen eine willkommene Nahrungsquelle. Von seinen Früchten zehren Gartenrotschwanz, Mönchsgrasmücke oder Rotkehlchen noch im Winter. Nebenbei wird der Efeu gelobt, weil er sowohl Stadt- wie Wohnungsklima verbessert. Man muss ihn nur streng im Zaum halten. Denn wie gesagt: So manches erlesene Mauerwerk ...

O trübselige

Jetzt ist sie wieder da, die öde Jahreszeit. Mancher tröstet sich da vielleicht mit einem kernigen Imperativ, den wir abermals Karl Foerster verdanken: »Es wird durchgeblüht!« Das ist vielen Gärtnern aus dem Herzen gesprochen, denn sie können es nicht akzeptieren, dass auf den Sommer regelmäßig ein Herbst und dann sogar der Winter folgt. Die Lösung des Problems? Ein Heidegarten. Da geht immer was. Allein die Gattung Erica bietet ein knappes Dutzend winterharte Arten, im Handel sind Hunderte von Sorten erhältlich. Nimmt man die Besenheide Calluna vulgaris dazu, blüht es im Heidegarten tatsächlich durch.

Jedenfalls im Gartencenter. Da gehen die Heidetöpfchen palettenweise über den Tisch, in Rosa, in Weiß, in Rot, seit ein paar Jahren auch in kreischendem Blau, Orange oder ähnlich absurden Farben. In solchen Fällen wurde mit der Sprühdose nachgeholfen. Es gibt auch Züchtungen in den verschiedensten Blatttönen, mit gefüllten Blüten oder mit solchen, bei denen die Knospen niemals aufgehen.

Heidekräuter sind Geschmackssache. Ökologisch gesehen gehören sie zu den stenopotenten Arten, die nur unter ganz speziellen Bedingungen gedeihen. Von Natur aus wächst Heide auf extrem nährstoffarmen und sauren Böden vom Podsol-Typ. Dabei liebt es die Besenheide möglichst trocken, die Glockenheide Erica tetralix wiederum feucht. Wer dauerhaft Freude an diesen Gewächsen haben will, muss also den fruchtbaren Mutterboden abräumen und durch Sand ersetzen. Einen niedrigen pH-Wert erreicht man durch Zugabe von ungedüngtem Torf, den Wechsel zwischen Nässe und Trockenheit durch ein ausgeklügeltes Wassermanagement. Ferner wäre es gut, ein paar Heidschnucken zu halten, denn ohne dauerhaften Verbiss verkahlt die ganze Pracht im Handumdrehen. Die Besenheide hat es außerdem gern, wenn sie von Zeit zu Zeit niedergebrannt wird. Alles in allem handelt es sich um eine ungesellige Pflanze. Mit Laubbäumen verträgt sie sich gar nicht, bestenfalls kann man ein paar niedrige Koniferen oder Wacholdersträucher in die Nachbarschaft pflanzen.[28]

Heide erweckt keine fröhlichen Gefühle, eher im Gegenteil. Der angeblich attraktivste Teil der Lüneburger Heide heißt nicht von ungefähr »Totengrund«.

Aber lassen wir das. Schon steht Weihnachten vor der Tür. Das Fest kann aus verschiedenen Gründen schiefgehen. Einer

davon könnte sein, dass der kleine Leon oder die empfindsame Mia bei der Bescherung in Tränen ausbrechen, weil sie nicht gewollt haben, dass extra für sie ein Tännchen stirbt. Wie beugt man dem vor? Man greift zur Ballenware. Ein nicht unerheblicher Teil der Weihnachtsbäume wird inzwischen im Topf verkauft, samt Erdreich und Wurzeln. Allerdings meist zu wenig Wurzeln, als dass die Containergewächse eine Chance hätten, draußen im Garten oder auf dem Balkon zu überleben. Außerdem mögen es Nadelbäume gar nicht, wenn man sie im Winter ins warme Wohnzimmer holt.

Manchmal gelingt es aber doch, einen Topfbaum durchzubringen. Aus Rheda-Wiedenbrück im Landkreis Gütersloh wurde mal ein besonders eindrucksvoller Fall berichtet. Dort hatten Eigentümer einer Wohnanlage vor 35 Jahren ein Nordmanntännchen ausgepflanzt, das nun dazu erkoren wurde, den »glanzvollen Mittelpunkt des Wiedenbrücker Christkindlmarkts zu bilden«, wie die Lokalzeitung schrieb. Eine Spezialfirma rückte mit einem 200-Tonnen-Kran an und hievte das 17 Meter hohe Exemplar erfolgreich auf einen Tieflader.

So viel Glück hat nicht jeder. Die meisten Tannenbäume, die in Deutschlands Gärten heranwachsen, sprengen irgendwann jedes sozialverträgliche Maß. Das heißt: Die unglücklichen Besitzer sitzen im tiefsten Schatten und überlegen, wie sie das Trumm wieder loswerden können. Umsägen ist leicht gesagt, ab einem Stammumfang von neunzig Zentimetern, gemessen in einem Meter Höhe, verbietet das schon die örtliche Baumschutzsatzung. Ganz Clevere säbeln daher weiter oben herum. So erklärt sich vielerorts der deprimierende Anblick einer Reihe von Tannenskeletten, die immer noch weit genug über die Dachrinne ragen, um diese nachhaltig vollzunadeln.

Wie kann man sich sonst noch in Stimmung bringen? Mit dem unvermeidlichen Weihnachtsstern. In Deutschland werden jährlich rund 35 Millionen Stück verkauft, in einer Saison, die gerade mal sechs Wochen dauert. Ursprünglich wuchs Euphorbia pulcherrima (»die Schönste«) in den tropischen Laubwäldern Mittel- und Südamerikas, und zwar als bis zu vier Meter hoher, spärlich verzweigter Strauch. Der Botschafter Joel Poinsett brachte die Pflanze mit den auffällig gefärbten Hochblättern Anfang des 19. Jahrhunderts nach Nordamerika. Dort begeisterte sie hundert Jahre später den aus Deutschland zugewanderten Lehrer Albert Ecke so sehr, dass er mit dem professionellen Anbau begann. Anfangs verkaufte er den Stern als Schnittblume, später pfropfte sein Sohn Paul kompaktere Sorten auf unverzweigte Stämme und vertrieb sie als Topfpflanzen. Nach dem Zweiten Weltkrieg gelang der Firma Ecke ein züchterischer Coup: Sie brachte Exemplare auf den Markt, die sich, ganz entgegen der Natur des Strauches, mehrfach verzweigten und eine Vielzahl von Hochblättern hervorbrachten. Ecke besaß damit ein Weltmonopol. Niemand wusste, welcher Trick dahintersteckte. Erst im Jahre 1997 fand ein Pflanzenpathologe namens Ing-Ming Lee heraus, dass dafür eine Phytoplasmose verantwortlich war.

Phytoplasmen sind zellwandlose Bakterien, die von Pflanzensaft saugenden Insekten übertragen werden. Sie greifen in den Stoffwechsel ihres Wirtes ein, was zu Blattvergilbungen, Nekrosen und Wuchsanomalien führen kann; die Apfeltriebsucht, die Himbeerstauche und die Schwarzholzkrankheit der Weinrebe zählen zu den bekannten Fällen. Dass sie Weihnachtssterne buschiger wachsen ließen, war die erste positive Eigenschaft, die man einem Phytoplasma nachsagen konnte.

Ecke liefert noch heute die meisten Weihnachtsstern-Stecklinge. Produziert wird ein Großteil in Guatemala, von wo aus sie jedes Jahr zu Hunderten von Millionen in den Handel gelangen. Rote Blätter bilden sie nur, wenn sie vorher mehrere Wochen lang unter Gewächshausbedingungen bis zu vierzehn Stunden am Tag in völliger Dunkelheit gehalten werden. So enden sie dann auch: als Wegwerfprodukte in der Biotonne.

Und nun ist das Jahr endgültig herum. Als Silvestersymbol hat sich neben dem Schwein und dem Schornsteinfeger der Glücksklee etabliert. Was im Minitöpfchen verschenkt wird, ist aber gar kein echter Klee. Echter Klee ist eine Pflanzengattung, deren lateinischer Name schon sagt, was sie auszeichnet: Trifolium kommt mit mehr als zweihundert Arten durchgehend dreiblättrig daher. Ganz selten findet sich mal ein vierblättriges Exemplar, das dann entsprechend Glück bringen soll. Der

Glaube geht auf die Kelten zurück, die aber vom irischen Nationalheiligen St. Patrick eines Besseren belehrt wurden, indem er ihnen das Wunder der göttlichen Dreifaltigkeit anhand eines dreiblättrigen Kleeblatts demonstrierte.

Wer nach echtem Glücksklee Ausschau hält, wird am ehesten in den Beständen des Weißklees Trifolium repens fündig. Weißklee wird als Futterpflanze angebaut und gehört in Deutschland zu den häufigsten Pflanzen überhaupt. Die Chance, auf ein vierblättriges Einzelstück zu stoßen, stehen ungefähr bei eins zu zehntausend. Der Glücksklee aus dem Supermarkt dagegen gehört zur taxonomisch entfernten Familie der Sauerkleegewächse, den Oxalidaceae. Die fragliche Art Oxalis tetraphylla stammt aus Mexiko, wo sie in drei Varietäten vorkommt. Anfang des 19. Jahrhunderts wurde sie als Zierpflanze nach England eingeführt und hat sich seitdem an verschiedenen Stellen der Welt als Neophyt ausgebreitet. Der vierblättrige Oxalis-Klee ist ausdauernd, man kann ihn mit etwas Glück im Freien vermehren oder in frostigen Gegenden kühl im Topf überwintern und sich dann im Sommer sogar an seinen rosa Blüten erfreuen (die übrigens fünfblättrig angeordnet sind). Die Wurzeln, die in sandigem Boden zu kleinen Möhren heranwachsen, sollen in getrocknetem Zustand essbar sein, zu den Leckereien gehören sie wohl nicht.

Die meisten Gärtner indes sehen Klee nicht als Glücksboten, sondern mit Misstrauen. Insbesondere den Rasenliebhabern ist er ein Dorn im Auge. Mit Unkrautvernichtern rücken sie ihm auf den Leib, dabei wäre mehr Gelassenheit zu wünschen. Der amerikanische Gartenjournalist David Beaulieu wirbt sogar dafür, Klee statt Rasen zu säen. Erstens toleriere er Trockenheit und bleibe den ganzen Sommer über auch ohne Bewässerung grün. Zweitens unterdrücke er andere, unerwünschte Kräuter. Drittens müsse er nicht gedüngt werden, ganz im Gegenteil sorge er sogar selbst für Nährstoffe, indem er den Stickstoff aus der Luft fixiert. Viertens wachse er auch in verdichteter Erde und sorge mit seinen Wurzeln für Lockerung. Fünftens sei er trittfest, man könne angenehm auf ihm gehen. Sechstens brauche man Klee viel seltener zu mähen als Gras. Siebtens lockten seine Blüten Bienen und andere nützliche Insekten an. Und achtens vertrage er sogar Hunde- und Katzenurin, ohne sich, wie Gras, gelblich zu verfärben. Viel mehr kann man von einer einzelnen Pflanze nicht erwarten.

Was kostet jetzt die Welt?

Das Gartenjahr ist zu Ende. Und ein neues beginnt. Zeit, sich mal Gedanken ums Ganze zu machen. Was ist uns diese Erde, in der wir im Kleinen wie im Großen herumbuddeln, eigentlich wert? Zum Beispiel das Blaukehlchen: Sein Materialgehalt ist nicht besonders hoch, der Biokybernetiker Frederic Vester hat dafür zu einer Zeit, als die Deutsche Mark noch etwas galt, drei Pfennige angesetzt. Aber als er die Leistungen des Vogels als Schädlingsbekämpfer, Samenverbreiter und Indikator für Umweltbelastungen in Rechnung stellte, sah die Sache schon anders aus. Zehn Pfennig, entsprechend dem Gegenwert einer Valium-Tablette, gab er noch drauf für den Wert des Kehlchens als Ohrenschmaus und Augenweide. Resultat: 301,38 DM für den kleinen Schmätzer, der in ganz Europa vorkommt, aber nicht leicht zu beobachten ist.

Und das ist ja nur das Blaukehlchen. Einer von aberhundert Millionen Organismen dieses Planeten samt aller Lebensräume, die sie bevölkern. Robert Costanza, Direktor des Institute for

Ecological Economics an der University of Vermont, hat den Jahresertrag des globalen Bioreichtums einmal mit 32 Billionen Dollar beziffert. Das wäre immerhin das Doppelte der weltweiten Wirtschaftsleistung. Methodisch ist an dieser Schätzung viel ausgesetzt worden. Doch die grobe Richtung hat Costanza damit vorgegeben. Umweltschutz ist in Wahrheit globales Big Business.

Was ist biologischer Reichtum? Was haben wir davon? Und was kostet er uns?

Fangen wir mit der letzten Frage an. Dass einer intakten Umwelt inzwischen auch ein materieller Wert zugestanden wird, ist erst einmal Balsam auf die Seelen der Ökofreunde. Lange genug galten sie als notorische Feinde des wirtschaftlichen Fortschritts. Wo immer ein Neubaugebiet ausgewiesen, eine Autobahn geplant oder ein Fluss ausgebaggert wurde, waren sie zur Stelle und präsentierten irgendeinen Lurch, den Feldhamster oder den Wachtelkönig. Zäh wurde über Ausgleichsmaßnahmen verhandelt; Krötentunnel und ähnliche Sperenzchen wurden zu lästigen Begleiterscheinungen einer Umweltmarotte, gegen die jederzeit das Arbeitsplatzargument ins Feld geführt werden konnte.

Doch langsam werden auch die biologischen Ressourcen knapp. Damit geraten sie zwangsläufig in den Fokus von Wirtschaft und Politik. Was beispielsweise zweitausend Kilometer ursprüngliche Küstenlinie wert sind, hätte vor der Havarie der Exxon Valdez niemand zu sagen vermocht. Der Öltanker war im März 1989 im Prince William Sound vor Süd-Alaska auf Grund gelaufen. 40 000 Tonnen Rohöl verseuchten die Strände, eine viertel Million Seevögel verendeten, die Fischbestände wurden schwer geschädigt. Der Prozess um Schadenersatz zog sich anschließend zwanzig Jahre hin.

Ein Gutachten nach dem anderen wurde in Auftrag gegeben, Exxon schließlich zur Zahlung von fünf Milliarden Dollar verurteilt, was in etwa dem Jahresgewinn des Ölkonzerns entsprochen hätte. Die Summe verringerte sich auf dem Weg durch die Instanzen nach und nach auf 500 Millionen.

Allein das Säubern der Strände hat seinerzeit mehr als zwei Milliarden Dollar gekostet. Forscher der Temple University in Philadelphia fanden trotzdem noch größere Mengen Öl im Boden, die sich mangels Sauerstoff kaum zersetzen. Mindestens kann man aus dem Fall Exxon Valdez lernen, dass die Spätfolgen einer Umweltkatastrophe nicht so ohne Weiteres abzuschätzen sind. Weder von Ökonomen noch von Ökologen.

Beide tun sich auf ihre Art schwer mit der Umwelt. Solange saubere Küsten und Gewässer nicht wie Bananen gehandelt werden, lässt sich kein Marktpreis ermitteln. Ersatzweise kann man fragen, was Menschen bereit wären, für eine intakte Umwelt zu zahlen. Wie viel sie ausgeben würden, um beispielsweise einen Blauwal zu Gesicht zu bekommen. Oder wie hoch die Immobilienpreise steigen, wenn vor der Tür alles sprießt. Doch ändert das nichts daran, dass man Ökosysteme in letzter Konsequenz nicht nach den Regeln der Marktwirtschaft bewerten kann. Zumal der Mensch auch noch integraler Teil von ihnen ist, allein schon durch seine Teilnahme an der Nahrungskette.

Das führt zur zweiten Frage, die Biologen sehr ungern hören: Was haben wir überhaupt davon, dass sich Seeadler und Tordalk oder Mehlprimel und Trollblume wohlfühlen?

Als der Evolutionsbiologe Edward Wilson vor mehr als zwei Jahrzehnten den Ausdruck »Biodiversität« prägte, ging er noch wie selbstverständlich von einem Wert der Natur an sich aus. Wilsons Kollege David Ehrenfeld von der Rutgers University wetterte damals: »Dinge zu bewerten, die uns nicht gehören und deren Bedeutung wir nur äußerst unvollständig verstehen, ist der Gipfel der Anmaßung.« Ökologen, so warnte er eindringlich, sollten sich auf jeden Fall fernhalten vom schlüpfrigen Terrain der Wirtschaftswissenschaften. Doch genau dort, in den Händen der Utilitaristen, ist das Thema in der Zwischenzeit gelandet.

Nach einer klassischen Definition des britischen Ökonomen Lionel Robbins dreht sich alles unter der Sonne um die Befriedigung menschlicher Bedürfnisse, wobei die Mittel dazu stets knapp sind.

Was hätten wir in dieser Hinsicht von der Natur zu erwarten? Je nachdem wären das: Arzneimittel wie Aspirin oder Penicillin; Rohstoffe wie Holz, Gummi, Öle, Harze, Farbstoffe, Fasern; Bioindikatoren für Umweltveränderungen wie Flechten oder andere empfindliche Arten; Freizeitvergnügen und ästhetische Befriedigung; Ökosystemdienstleistungen wie Bodenfruchtbarkeit, saubere Luft, Fixierung von Kohlendioxid durch Photosynthese, Regulierung des Wasserkreislaufs, Stickstoffbindung, Abbau organischer Materie durch Pilze und Mikroorganismen und so fort (die Aufzählung folgt einer Zusammenstellung des Lüneburger Nachhaltigkeitsökonomen Stefan Baumgärtner und ist keinesfalls vollständig).

Das elementarste menschliche Bedürfnis freilich rangiert vorneweg: der Hunger.

Seit dem Ende der Jäger- und Sammlerkultur stammt ein Großteil unserer Nahrungsmittel von domestizierten Pflanzen- und Tierarten. Allzu viele sind das nicht. Essbar wäre vermutlich ein Viertel der wissenschaftlich beschriebenen 240 000 höheren Pflanzen. Aber nur rund 150 wurden jemals kultiviert, weniger als zwanzig davon decken mehr als 90 Prozent des heutigen Nahrungsbedarfs – Weizen, Mais, Reis und Kartoffeln allein über die Hälfte.

Wozu dann der ganze Rest? Warum sollen wir zum Beispiel Moore schützen, wenn dort nichts von Bedeutung wächst? Schließlich waren unsere Urgroßväter noch heilfroh, wenn sie den Torf endlich gestochen, das Land entwässert und fruchtbar gemacht hatten.

Seit dem Neolithikum rodet der Mensch gegen die Wildnis an. Oft war das zu seinem Segen, häufig genug ging es aber auch schief. Vor allem dann, wenn es an nachhaltiger Erfahrung fehlte. So konnten sich die Pioniere am Amazonas den Regenwald kaum anders als »grüne Hölle« vorstellen.[29]

Heute gilt eher die Faustregel, dass es sich um eine grüne Wüste handelt. Die sprichwörtliche biologische Vielfalt findet sich größtenteils in den Kronen der Bäume, was zu Boden fällt, wird auf der Stelle von Insekten, Pilzen oder Mikroorganismen recycelt. Das Erdreich, in dem die ganze Pracht wurzelt, gehört zu den ärmsten Böden der Welt. Kahl schlagen lässt sich ein Regenwald nur ein einziges Mal.

Was allzu oft auch geschieht. Jahr für Jahr geht der Bestand der Tropenwälder nach Angaben der Welternährungsorganisation FAO um ein Prozent zurück. Mehr als doppelt so schnell schwinden Mangrovenwälder, die durch Shrimps- und Fischfarmen ersetzt werden. Moore, Auen, Seen und Flüsse werden trockengelegt, gestaut, begradigt, verschmutzt; nach Schätzungen des World Wildlife Fund rafft das Jahr um Jahr mehr als zwei Prozent aller im Wasser lebenden Wirbeltierarten dahin.

Als hochgradig gefährdet gelten außerdem ein Viertel aller Korallenriffe. Keine konkreten Schätzungen existieren für Graslandschaften, Wüsten und Steppen, wobei auf der Hand liegt, dass produktives Grünland jederzeit in der Gefahr schwebt, degradiert zu werden. Auf dem Vormarsch scheinen einzig und allein die Laub- und Nadelwälder der gemäßigten Breiten zu sein – sie legen jährlich um 0,1 Prozent zu. Über ihren Zustand ist damit allerdings noch wenig gesagt.

Das führt zurück zur Eingangsfrage: Was ist biologischer Reichtum? Es hat nicht an Versuchen gefehlt, ihn quantitativ zu erfassen. Der sogenannte Shannon-Index beschreibt die Reichhaltigkeit eines Ökosystems auf ähnliche Weise wie den Informationsgehalt einer Nachricht oder die Entropie in einem thermodynamischen System. In der Praxis kann man damit gerade mal die relative Häufigkeit einer Spezies innerhalb einer Population aus mehreren Arten bestimmen.

Die Schutzwürdigkeit und damit der Wert eines Ökosystems hängen von weiteren Unwägbarkeiten ab. Unter anderem von dem jeweiligen Grad an »Resilienz«, also der Fähigkeit, Störungen zu tolerieren. Ein Brand in der Savanne kann deren Regeneration sogar fördern, ein Feuer in einem Regenwald kann ihn unwiederbringlich zerstören.

Häufig wird der Begriff Biodiversität auch mit »Artenvielfalt« (species richness) übersetzt. Doch das trifft es ebenfalls nicht. Ein Biotop, etwa ein Strandabschnitt auf den Westindischen Inseln, kann Dutzende Arten und Unterarten von Schnecken beherbergen, die nur der Fachmann zu unterscheiden weiß. Besonders divers würde man das nicht nennen. Genauso wenig wie eine Ansammlung verschiedener Weihnachtstannen in einer dänischen Baumplantage.

»Variabilität« forderte deshalb die Convention on Biological Diversity 1992 in Rio de Janeiro. Gemeint ist damit die ganze Bandbreite der Vielfalt des Lebens, angefangen von Genen und Genomen über Arten und Populationen bis hin zu kompletten Biomen. Aber selbst das reicht bei näherer Betrachtung noch nicht aus. Denn in Wahrheit gilt es ja, die Interaktionen zwischen allen diesen Elementen zu betrachten. Beispielsweise die Art und Weise, wie der Bestand einer Mäusepopulation mit dem Vorkommen bestimmter Gräser oder Raubkatzen zusammenhängt, inklusive der damit verbundenen Stoff- und Energiekreisläufe.

Damit immer noch nicht genug: Will die Ökologie Anspruch erheben, eine exakte Wissenschaft zu sein, muss sie solche Einheiten nicht nur beschreiben, sondern zum Beispiel auch verlässlich vorhersagen können, wie sich die Lebensgemeinschaft eines Kalktrockenrasens in absehbarer Zukunft entwickeln wird, und zwar sowohl dann, wenn er regelmäßig gemäht oder beweidet wird, wie auch dann, wenn er sich selbst überlassen bleibt.

Die Hoffnung, eine verlässliche Größe für »Biodiversität« zu finden, hat sich jedenfalls nicht erfüllt. Bis auf Weiteres kann man nur sagen: Biologische Vielfalt ist wie Pornographie. Am ehesten intuitiv zu begreifen, wenn man sie vor Augen hat.

Dem Schnorchler am Korallenriff leuchtet das ein. Den Anwohnern der Sahelzone schon weniger. Ein noch näher liegendes Beispiel sind Deutschlands Buchenwälder. Nach herrschender Lehrmeinung sind sie der Lebensraum, der hierzulande dominieren würde, wenn nicht schon unsere Vorfahren dafür gesorgt hätten, dass in Germanien anderes und mehr wächst als Fagus sylvatica samt den zugehörigen, im ökologischen Weltmaßstab eher bescheiden zu nennenden Beständen an Waldschwingel, Hasenlattich oder Hainsimse.

Bis ins 18. Jahrhundert hinein wurden Deutschlands Wälder derart dezimiert, dass von rentabler Forstwirtschaft kaum noch die Rede sein konnte. Erst der Forstmeister Georg Ludwig Hartig formulierte um 1800 in seiner *Anweisung zur Taxation der Forsten* ein Umdenken: »Es lässt sich keine dauerhafte Forstwirtschaft denken, wenn die Holzabgabe aus den Wäldern nicht auf Nachhaltigkeit berechnet ist. Jede weise Forstdirektion muss daher die Waldungen des Staates so benutzen, dass die Nachkommenschaft wenigstens ebenso viel Vorteil daraus ziehen kann als die jetzt lebende Generation.« Hartig wurde zum Vorbild für Generationen von Förstern. Ein Drittel Deutschlands ist heute wieder mit Wald bedeckt. Nachhaltig bewirtschaftet wird er seit Langem. Es wachsen mindestens so viele Bäume nach, wie geschlagen werden. Aktuell sogar mehr. Aber ist das schon Biodiversität?

Erst einmal ist das nur ein Wirtschaftsfaktor. Ein 120 bis 140 Jahre alter Buchenwald erster Güte bringt etwa 25 000 Euro pro Hektar, wenn das Holz vollständig geschlagen wird. Blieben die Bäume stehen, bis sie nach weiteren hundert bis zweihundert Jahren zusammenbrechen und verrotten, hätte der Forstbesitzer diese Summe in den Wind geschrieben. Über den gesamten Zeitraum hinweg wären das pro Jahr und Hektar ein paar hundert Euro Verlust.

In der Praxis allerdings kämen stillgelegte Wälder häufig billiger, sagt Ulrich Hampicke, vor seiner Emeritierung Lehrstuhlinhaber für Landschaftsökonomie an der Universität Greifswald. Das größte zusammenhängende Laubwaldgebiet Deutschlands beispielsweise, der Thüringer Nationalpark Hainich, sei unter anderem deshalb angelegt worden, weil es billiger war, munitionsverseuchte Flächen einzuzäunen als zu räumen. Ähnlich im Nationalpark Eifel, wo die älteren Stämme noch voller Granatsplitter aus dem Zweiten Weltkrieg stecken.

Was steht dem forstwirtschaftlichen Verzicht auf der Habenseite gegenüber? Zweifellos ein ökologischer Gewinn, denn morsches und totes Holz bietet Lebensraum für Hunderte von Pilz- und Insektenarten. Zur ökonomischen Rechtfertigung wird in solchen Fällen der Tourismus genannt, der durch Nationalparks angelockt werde. Fairerweise muss man einräumen, dass selbst der Ökotourist weniger an modernden Baumstümpfen als an »charismatischen Arten« interessiert ist. Darunter versteht man etwa den Pandabären, den sibirischen Tiger, den Berggorilla oder das afrikanische Großwild, die allesamt imstande sind, eine Region (und so manche Organisation) durch ihre bloße Existenz zu ernähren.

Was bietet in dieser Hinsicht der vielbesungene deutsche Wald? Hirsch und Wildschwein fallen schon mal weg, denn deren Bestände muss man eher reduzieren als schützen. Als Pendant zum Panda könnte man noch Luchs und Wildkatze nennen. Doch wie der Wolf gehen sie dem Menschen möglichst aus dem Weg. Wo man sie ansiedeln will, geht es vor allem darum, sie konsequent in Ruhe zu lassen – eine Strategie, die nicht unbedingt mit touristischen Zielen vereinbar ist.

Als Wappentier schlechthin gilt im deutschen Forst das Auerhuhn. Für dessen Zukunft sieht es düster aus. Ein total unflexibles und anpassungsunfähiges Tier, sagt Ulrich Hampicke, das nur bleibt, wenn man ihm den roten Teppich ausrollt. Damit ein Auerhuhn sich wohlfühlt, muss der Wald nadelholzreich, aber gleichzeitig licht sein, voller Heidelbeeren, ausgestattet mit großen Balzplätzen und umgeben von insektenreichem

Offenland für die Küken. Im Schwarzwald müht man sich in Modellprojekten, doch der Erfolg ist nicht abzusehen. Das lässt Zweifel daran aufkommen, ob man die Art überhaupt erhalten soll.

So viel zum heimischen Wald. Der größere biologische Reichtum findet sich hierzulande da, wo der Mensch im Laufe der Jahrhunderte Kulturlandschaften geschaffen hat. Das können gemähte Flächen auf unterschiedlich kargen Böden sein, extensiv genutzte Schaf- und Rinderweiden, traditionell bewirtschaftete Weinberge, teilweise entwässerte Niedermoore, Streuobstwiesen, Wachholderheiden, Almen, Steinbrüche, Bahndämme, Hecken, Mauern, Acker- und Waldränder, Bauerngärten, Tümpel und Teiche. Selbst degradiertes Ödland wie aufgegebene Bahnhöfe und ehemalige Truppenübungsplätze bietet einen hohen Artenreichtum, verglichen mit den Monokulturen der modernen Landwirtschaft.

Denn das ist ein weiteres Problem: Die größte Biodiversität in der gemeinsamen Geschichte von Mensch und Natur hat vermutlich vor zweihundert Jahren geherrscht, kurz vor Beginn der Industriellen Revolution. Seitdem sind in weltweitem Maßstab nur noch Flächen geopfert worden, kaum welche hinzugekommen. Wenn jetzt die letzten unberührten Gebiete wie Amazonien zum »Naturerbe der Menschheit« erklärt werden, dann äußert sich darin nichts anderes als die seit Aristoteles beschriebene »Tragik der Allmende«. Öffentliche Güter, die von allen genutzt werden, werden demnach bis an den Rand ihrer Existenz ausgebeutet und darüber hinaus. »Wenn ich es nicht tue, dann die anderen«, lautet das Argument, mit dem sich Fischer, Jäger oder Holzfäller schon immer gerechtfertigt haben.[30]

Traditionell gilt der Niedergang einer frei verfügbaren, aber begrenzten und damit bald übernutzten Ressource als unabwendbar. Jeder zieht seinen kurzfristigen Nutzen aus dem Raubbau, niemand denkt an die langfristigen Folgen.

Was wäre die Alternative? Man könnte besonders schützenswerte »Hotspots« der Biodiversität privatisieren oder verstaatlichen. Man könnte sie auch in den Rang unschätzbarer Kunstwerke erheben. Milliardäre könnten bedrohte Landstriche aufkaufen, wie es bereits in Patagonien oder in Südafrika geschieht. Dann allerdings müsste man sie ähnlich scharf bewachen wie die Mona Lisa oder die Goldreserven von Fort Knox.[31]

Das Gegenteil vom Paradies

Zum Schluss noch eine kritische Selbstbetrachtung. Sind Gärtner bessere Menschen? Es hängt davon ab, könnte man sagen. Odysseus, der am Ende langer Irrfahrt endlich seinen Vater Laertes wiedersieht, findet den vormals stolzen König von Ithaca zerlumpt und verdreckt beim Hacken seiner Gehölze. Der Garten selbst ist tiptop in Ordnung (»trefflich besorgt, es fehlt ihm wirklich schon gar nichts«, schreibt Homer), allein der Alte ist gnadenlos heruntergekommen. Erst nachdem er den Sohn erkannt und das vermaledeite Gelände verlassen hat, erlangt Laertes seine Würde zurück. Ein Garten, könnte man daraus schließen, macht seinen Besitzer zum Sklaven.

Der Dichter Rudolf Borchardt, dem man im Nachhinein eine zeitweilig reaktionäre Gesinnung attestieren darf, erhob den Blumengarten und seinen Gestalter in die höchsten Ränge der Humanität; er selbst himmelte gleichwohl Mussolini an. Unsympathische Zeitgenossen kann man in jedem Schrebergartenverein finden, sie gelten geradezu als Hort engstirnigen Spießertums.[32]

Auch wer in den diversen Gartenblogs des Internets stöbert, stößt auf Rechthaber aller Couleur, die jeden Abweichler vom ökologischen Heilsweg die Krätze an den Hals wünschen. Liebhaber eines gepflegten Rasens werden behandelt wie Umweltsäue, die vorsätzlich Singvögel und wahrscheinlich auch Katzen und Kleinkinder vergiften. Wohingegen die braven Biogärtner ein Segen für Umwelt und Natur sind.

Wie sehr liegt die Natur dem Naturgärtner tatsächlich am Herzen? Im *Journal of Environmental Psychology* wird seit Jahren die Frage erörtert, ob man derartige Einstellungen empirisch fassen kann. Eigens dazu wurden eine »connectedness to nature«-Skala und andere Messinstrumente entwickelt, die den Grad der Naturverbundenheit des jeweils Befragten ermitteln sollen. Indem er zum Beispiel folgenden Aussagen zustimmt: »Ich fühle eine große Verantwortung für alle Lebewesen« oder »Der Mensch hat das Recht, die Umwelt für seine Zwecke zu nutzen«.

Viel ist dabei nicht herausgekommen. Wer eher die Natur schätzt und weniger sich selber, neigt zu kreativeren und ganzheitlicheren Ansätzen im Denken und Handeln, lautet eines der Ergebnisse, das von anderen Autoren sofort angezweifelt wurde. Die Diskussion bewegt sich inzwischen auf einer Metaebene, die mit dem Thema nichts mehr zu tun hat.

Der Heidelberger Romantiker Clemens von Brentano hat in seiner *Chronik eines fahrenden Schülers* bemerkt, »dass doch in den Blumen und Bäumen, ja selbst in den harten Felsen eine Seele zu wohnen scheint, welche gleich dem Menschen atmet und fühlt«. So herum wird ein Schuh draus. Aber auch nicht für jeden.

Denn was sucht man wirklich im Garten? Nachbars Onkel, der unlängst verstorben ist, hätte nicht mal die Frage verstanden. Wann immer das Wetter es zuließ, klappte er den Liegestuhl auf, öffnete eine Flasche Bier und ließ sich die Sonne auf den Bauch scheinen. Wenn er sich mal erhob, dann nur zu dem Zweck, eine Wurst auf den Grill zu legen. Könnte man ihn im Nachhinein als glücklichen Menschen bezeichnen?

Die gängige Vorstellung vom Garten geht ja dahin, dass er ein Abbild des Paradieses ist, in dem nichts getan werden muss. Wo man passiv »die Seele baumeln lassen kann«, wie das Klischee lautet, das fälschlicherweise Kurt Tucholsky zugeschrieben wird, denn bei ihm baumeln die Verliebten auf Schloss Gripsholm höchst aktiv »mit« der Seele. Die »vita activa«, also das tätige Leben, ist so gesehen eine Grundbedingung des Menschen. Indem er arbeitet, sichert er sein Überleben, indem er etwas herstellt, schafft er seine Welt, indem er handelt, teilt er sich mit.

Das Paradies ist kein Ort, an dem man sich ewig aufhalten möchte. Odysseus verbrachte sieben lange Jahre auf der Insel Ogygia, wo ihn die Nymphe Kalypso festhielt. Sie versprach ihm Unsterblichkeit und endlose Jugend, ein sorgloses Leben in einem Hain voll grünender Bäume, Pappelweiden und düftereicher Zypressen – er hielt es nicht aus und war dankbar, als die Götter ihn von diesem Fluch befreiten.

Ein Gärtner hat immer was zu rackern. Idealtypisch hat ihn der tschechische Schriftsteller Karel Čapek beschrieben: Sie müssen mich unbedingt mal besuchen, sagt er zu einem Bekannten, doch als der tatsächlich kommt, sieht er nur dessen Hinterteil zwischen den Stauden hervorragen. Was treibt den Gärtner an? Er denkt einerseits immer nach vorne. Die Hoffnung, so Čapek, ist sein Grundprinzip, die Überzeugung, dass das Wahre und Beste noch vor ihm liegen und Wachstum und Schönheit mit jedem Jahr zunehmen. Doch andererseits lehrt ihn die Erfahrung, dass es meistens anders kommt. So lebt er in steter Sorge. Das Wetter bringt ihn zur Verzweiflung, nie ist es so, wie es sein sollte. »Herrgott, mach, dass es regnet«, betet Čapek, »aber versteh mich recht, mäßig und warm, damit das Wasser in die Erde einsickern kann; lass es aber nicht auf Lavendel, Steinkraut und andere Blümlein regnen, die Dir, oh Herr, in Deiner unendlichen Weisheit als trockenliebende Pflanzen bekannt sind.« Regel Nummer eins lautet im Garten wie im Leben: Hope for the best, be prepared for the worst.

Und was lernt man im Garten sonst noch? Auch da kommt es ganz drauf an. Nirgends kann man sanfter scheitern. Gartenarbeit erdet, im Sinne des Wortes. Ein Garten hält das Ego in Schranken, weil sich weder Quecke noch Zecke einen Dreck darum kümmern, ob der Besitzer den Dr. phil. hat.

Die letztgültige Antwort auf die Frage, warum man einen

Garten haben sollte, liefert ein chinesisches Sprichwort. Es findet sich in jedem Gartenbuch und beschließt folgerichtig auch dieses. Wenn du einen Abend lang glücklich sein willst, dann betrinke dich. Wenn du eine Woche lang glücklich sein willst, schlachte ein Schwein. Wenn du aber ein Leben lang glücklich sein willst, werde Gärtner.

Register

Ackerkratzdistel 93 f.
Ackerschmalwand 114
Ahmed III., Sultan 63
Albertus Magnus 12
Allsopp, Alfred 136
Ampfer 18
Amsel 38, 149 f.
Apfelbaum 15, 55, 179 f., 196–201
Apfelmost 201 f., 204
Apfelwein 201 ff.
Archäophyten 66
Aristoteles 222
August der Starke 35 f.
Avondale Nursery bei Coventry 51

Backster, Cleve 112
Bärenklau 67
Bailey, Elisabeth Tova 108 f.
Balkonpflanzen 170 ff.
Ballard, Ernest 52
Bambus 24
Basilikum 185 f.
Baumgärtner, Stefan 217
Bavaria-Buche 115
Beaulieu, David 212
Bechstein, Ludwig 51
Beifußblättriges Traubenkraut 39, 67
Benjes, Hermann 28
Bennet, Mary Elizabeth 58
Binsen 18
Biodiversität 216, 218 ff., 222 f.
Bird, Christopher 114

Birke 181 f.
Blattläuse 73
Blindschleiche 146 f.
Bock, Hieronymus 52
Boden 41 f.
Bohne 136 ff.
Bolle, Carl August 52
Bonsai 52
Borchardt, Rudolf 224
Boysenbeere 17
Brandes, Dietmar 68
Braungart, Michael 91
Breitwegerich 12
Brennnesseln 18, 28, 66
Brentano, Clemens von 225
Brombeere 15 ff.
Brunfels, Otto 134
Buchsbaum 120 f.
Budding, Edwin Beard 14
Buschwindröschen 50 f.
Buttler, Karl Peter 59

Čapek, Karel 226
Cato der Ältere 197
Chalker-Scott, Linda 73 f.
Chamovitz, Daniel 113
Chapman, John 199
Cornelissen, Josef 56
Costanza, Robert 214 f.

Darwin, Charles 43 f., 61, 112 f., 162
Degenhardt, Franz Josef 190

Deko im Garten 79 f.
Dickens, Charles 152
Distel 72, 93, 161
Dressel, Johann Gottfried 118

Ecke, Albert 210
Ecke, Paul 211
Efeu 205 ff.
Ehrenfeld, David 216
Eibe 24
Eisenhut 160
Ellenberg, Karsten 96
Ellington, Charles 57
Erbse 136 ff.
Erdbeere 75 f.
Erlenzeisig 38
Essigbaum 160 f.

Feldahorn 25
Feuerschalen 82
Fichte, Johann Gottlieb 110
Fingerhut 161, 163 f.
Flieder 65
Foerster, Karl 31, 53, 167–170, 208
Forsythien 55
Frank, Uwe 184
Frezier, Amédé François 75
Friedrich Wilhelm I. 35
Frieling-Huchzermeyer, Ute 79
Frost 33
Frühblüher 50, 59
Futtergräser 12

Gänseblümchen 68
Gaissmayer, Dieter 171
Gambier, Lord James 58
Gams, Helmut 59
Gartenlaube 79
Gartenmöbel 81
Gartenschere 176
Gartenzwerge 80

Gentechnik 98 f.
Gerard, John 143
Gessner, Konrad 52
Gewürzpflanzen 184–188
Giersch 94 f.
Gießen 102 f.
Glücksklee -> Klee
Glyphosat 18
Goethe, Johann Wolfgang von 111, 118, 167
Goldlack 122 f.
Goldt, Max 138
Grahame, Kenneth 27
Gravetye Manor, Sussex 51
Grünfinken 38
Gurkenverordnung, europäische 133

Händel, Andreas 53
Hampicke, Ulrich 220 f.
Hanf 148
Hansen, Richard 170
Hartig, Georg Ludwig 220
Haselstrauch 26, 55
Hefen 203 f.
Heide 208 f.
Heieck, Ingobert 206 f.
Herbizide 18, 95
Hermannshof, Weinheim an der Bergstraße 170
Hermelin 151 f.
Hiatt, Jesse 199
Hibberd, Shirley 206
Himbeere 17
Holbein der Jüngere, Hans 118
Holunder 192 ff.
Homer 224
Horneburg, Bernd 143
Hortensien 116 f.
Hummel 56 f.
Hund 154–159
Hundertwasser, Friedensreich 90

Jaffe, M. J. 186
Janssen, Ton 144
Japanischer Staudenknöterich 67
Jasmin 31
Jekyll, Gertrude 166f., 169, 206

Kaffeesatz 73f.
Kamps, Matthias 141
Kanadische Wasserpest 66f.
Kant, Immanuel 115
Kappert, Hans 59
Kapuzinerkresse 184f.
Karl der Große 68, 198
Karlsson, Börje 100
Kartoffel 96–100
Keukenhof bei Lisse, Holland 62
King, Carolyn Mary 152
Kirschbaum 177f.
Klee 12, 211ff.
Knöterich 15
Königskerze 161
Körte, Franz 189
Kohlmeise -> Meise
Kompost 22, 73f., 90, 92, 100, 110, 171
Kornelkirsche 55f.
Kracht, Christian 201
Kreuter, Marie-Luise 70
Krüssmann, Gerd 55
Kürbis 138f.

Landlust 78f.
Lantbruk, Mäsinge 100
Le Nôtre, André 35
Leberblümchen 50ff., 54
Lee, Ing-Ming 211
Lerchensporn 50
Liguster 25
Linda -> Kartoffel
Linné, Carl von 143, 188
Löns, Hermann 67
Loery, Gregg 175

Löwenzahn 12, 93
Loganbeere 17
Lorbeerkirsche 24f.
Ludwig IX. 117
Luhnen, Paul 141
Lupinen 119f.
Luther, Martin 179
Lutyens, Edwin 167

Madonna 116f.
Mairübe 134–137
Martial 35
Maulwurf 70ff., 150, 159
Meise 37f., 107, 147ff.
Melchers, Georg 98
Mieze Schindler 76f.
Miller, Philip 144
Minze 184, 187
Möhre 136, 139f.
Mönchsgrasmücke 38
Mohn 164
Monbiot, George 155
Morgan, Thomas Hunt 162
Müller, Hermann 195
Mulch 72ff.
Munstead Wood, Surrey 166
Myers, Michael 46

Nachbarschaftsrecht 88f.
Nachtkerze 161f.
Nauenburg, Johannes 59
Nelken 118f., 122
Neophyten 66, 68

Orangerien 35

Palmengarten 34f.
Penzoldt, Ernst 98
Peplow, Haiko 91
Persoon, Christian Hendrik 189
Peters, Jürgen 53f.
Pflanzenneurobiologie 113

Pflaume 190 f., 194
Photosynthese 15
Photovoltaikanlagen 15
Plinius der Ältere 16, 152, 205
Poinsett, Joel 210
Primel 59 f.

Quecke 15, 18, 72

Radieschen 136 f.
Rasen 12 f., 15
Rasenmäher 13 f.
Reagan, Ronald 183
Regenwürmer 43 f., 71, 147
Reiser, Rio 37
Rembrandt van Rijn 63
Reschke, Kurt 24 f.
Retallack, Dorothy 113
Rhododendron 73
Rilke, Rainer Maria 116
Ringelnatter 146
Ringenberg, Jürgen 66
Rittersporn 160, 169
Robbins, Lionel 217
Robinson, William 50, 169
Roden 18 ff.
Roloff, Andreas 177
Rosen 73, 173 ff., 185, 187
Rotbuche 25
Rotkehlchen 147
Rotschwingel 12
Russell, George 120

Saatgut 12, 22, 133 ff.
Saatgutrecht, europäisches 133, 135
Sackville-West, Victoria Mary 167
Salat 136 f.
Salzinger, Helmut 146
Schaf 154 f.
Scharbockskraut 50
Scheinzypresse 24

Scheub, Ute 91
Schierling 95
Schiller, Johann Caspar 198
Schindler, Otto 76
Schlangen 146
Schmidt, Hans-Peter 91
Schnecken 73, 108, 147, 185
Schneeglöckchen 46 ff.
Schneider, Andreas 203 f.
Schreber, Johann Christian von 189
Schreber, Moritz 189
Schweigger, August Friedrich 189
Seidel, Heinrich 69
Seneca 35
Senföle 184
Serbische Fichte 24
Sickergrube 90
Sommerflieder 65
Sparschuh, Jens 103
Springkraut 67
Stauden 166–171
Steiner, Rudolf 151
Steingarten 124
Stiefmütterchen 57
Stoll, Gerhard 131
Suleyman der Prächtige (Sultan) 63

Tabernaemontanus (Botaniker) 52
Thujahecke 23 f.
Thymian 188 f.
Tomaten 142–145
Tomoffel 98 f.
Tompkins, Peter 114
Tomtato 99
Totholzhecke 28
Trockenmauer 125–131
Toilette im Garten 90
Tucholsky, Kurt 11, 157, 225
Tufnell, Richard 126

Tulpen 61 ff.
Twain, Mark 94

Umgraben 70, 72
Umweltschutz 215 f.
Unkraut 18, 72 f., 93 f., 124 f., 140
Unkrautvernichtungsmittel 18, 212

Veilchen 57 f., 108
Vester, Frederic 214
Vitruv 127
Vogelfutter 38 ff.
Vogelgrippe 39
Volterra, Vito 153
Vries, Hugo de 162

Wagner, Richard 193
Walahfrid, genannt Strabo 187
Wald, heimischer 220 ff.
Walderdbeeren 77
Waldmeister 187
Waldorf, Günter 46, 48
Walnussbaum 180 f.
Wasser 101–105
Wedgwood, Josiah 43
Weide (Salix) 26 ff.
Weidelgras 12

Weihnachtsbaum 209 f.
Weihnachtsstern 210 f.
Wein 194
Wickert, Ulrich 96
Wiesel 151 ff.
Wildkräuter 94 f.
Wilson, Edward 216
Winterschutz 30, 32 f., 35
Wintergoldhähnchen 39
Winterjasmin 31 f.
Withering, William 163
Witte, Günter 71
Wittrock, Veit Brecher 58
Woessner, Dietrich 175
Wolf 155 ff.
World Wildlife Fund 218
Wühlmaus 150–153, 159

Yeats, William Butler 28

Zaun 26
Ziege 154
Zimbelkraut 69
Zimen, Erik 157
Zitrusfrüchte 35
Zucchini 138
Zuckerman, Ethan 81

Anmerkungen

[1] Einen Überblick verschafft die erstaunlich tiefgründige Homepage des Vereins Deutsche Rasengesellschaft www.rasengesellschaft.de.
[2] Ich hätte eigentlich lieber einen Elektromäher. Die sind wesentlich leiser und weniger wartungsanfällig als ein Benziner. Theoretisch könnte man damit sogar am heiligen Sonntag zur Tat schreiten. Leider fehlt auf meinem Grundstück die Steckdose. Also müsste ein Akkumäher her. Aber beim derzeitigen Preis für Lithium-Akkus warte ich lieber noch ein Weilchen.
[3] Weidenruten werden heute vorwiegend auf Plantagen in Osteuropa geerntet. Es gibt aber auch in Deutschland und im benachbarten Ausland lokale Projekte zum Erhalt von Weiden-Biotopen (www.naturgruppe-salix.ch; http://tinyurl.com/c4925gy). Ein Gärtner, der sich wirklich auf Weiden einlassen will, kann es auch mit Zwergsträuchern versuchen. S. helvetica beispielsweise wächst äußerst langsam und nicht einmal mannshoch. In der Schweiz finden Interessierte auch die größte Auswahl an Weidenpflanzen. Die gelernte Apothekerin Sonja Züllig-Morf bietet in Güttingen am Bodensee ein ganzes Arsenal an (www.dulcamara.ch).
[4] Insgesamt hängt die Zusammensetzung der obersten Erdschichten von weiteren Faktoren wie dem Bodentyp, der Körnchen- und Porengröße, dem Klima, dem Wassergehalt oder dem pH-Wert ab. Die Zusammensetzung des Bewuchses, die Tätigkeit der oberirdischen Pflanzenfresser und die unterirdischen Aktivitäten von Bodenwühlern wie dem Maulwurf können dann alles Mögliche hervorbringen, vom Prärieboden bis zum nährstoffarmen Untergrund der Regenwälder.
Was der Gärtner vorfindet, ist noch einmal anders beschaffen. Meist haben schon Generationen vor ihm das Land kultiviert. Pflug, Spaten und Dünger haben die meisten Böden in einen Zustand versetzt, der nur noch wenig mit seinem Ursprung zu tun hat.
[5] Auch von diesem wiederkehrenden Ereignis hat sich Hollywood inspirieren lassen. In dem Film *Und ewig grüßt das Murmeltier* steckt der Protagonist, ein frustrierter Lokalreporter, in einer Zeitschleife fest und muss Tag für Tag über sich ergehen lassen, wie das Wetterorakel befragt wird. Gottlob macht ihn das am Ende zu einem besseren Menschen.
[6] Bei Günter Waldorf fing es damit an, dass ihm die Bibel aller Schneeglöckchenliebhaber in die Hände fiel, *Snowdrops: A Monograph of Cultivated Galanthus*. Das inzwischen vergriffene Werk beschreibt knapp fünfhundert Cultivare. Was genau ein Cultivar (»cultivated variety«, abgekürzt cv.) ist, ist noch nicht endgültig geklärt. Manche Biologielexika verwenden den Begriff synonym zur Sorte, der niedrigsten taxonomischen Einheit aller Kulturpflanzen. Andere sprechen lieber von Abarten, Varietäten oder Formen. Der Streit kommt nicht von ungefähr, denn nach dem Gesetz steht das

Recht auf wirtschaftliche Verwertung einer neuen Sorte ausschließlich dem Züchter zu. Wobei »Zucht« auch wieder so ein Begriff ist: Wer einen Zufallssämling findet, ist kein Züchter, sondern ein Selektionierer, und ob er ihn sortenrein vermehren kann, steht noch dahin. Insbesondere, wenn es sich um Schneeglöckchen handelt. Manche Merkmale der Gattung sind notorisch instabil.

[7] Andreas Händel hat viele Geschichten auf Lager. Eine handelt von der Odyssee einer besonders früh blühenden Sorte, die er in seiner Heimatstadt Erfurt in einem schattigen Vorgarten fand. Als er klingelte, erschien eine mürrische Frau mit den Worten: »Ich gebe nichts!« Erst als Händel das Stichwort Siebenbürgen fallenließ, war das Eis gebrochen. Es stellte sich heraus, dass dieses spezielle Leberblümchen ursprünglich von ihrer Urgroßmutter entdeckt worden war, und zwar auf einem Neujahrsspaziergang in den Wäldern rund um Sibiu, dem damaligen Hermannstadt. Die Pflanze sei zum Familienschatz geworden und zur Blütezeit eine weithin bekannte Attraktion. Sie selbst habe gegen Ende des Krieges, als die Familie nur das Nötigste auf einen kleinen Leiterwagen verladen durfte, noch schnell ein Stück von der Großmutterblume ausgerissen und zwischen alten Lappen versteckt. Drei Wochen Flucht und drei Umzüge habe das transsilvanische Mitbringsel überstanden, behütet und gepflegt als Andenken an die alte Heimat.

Händel hat ein Exemplar davon unter dem Namen ›Blumenstadt Erfurt‹ vermehrt. Von der Mürrischen hat er nie wieder gehört. Dafür umso mehr von begeisterten Pflanzenliebhabern. Die Sorte gilt als vergleichsweise zäh.

[8] Ähnlich kompliziert ist das bei den Osterglocken. Botaniker verstehen darunter lediglich die Art Narcissus pseudonarcissus, die in fünf Unterarten und neun Varietäten vorkommt. Sie wächst in Deutschland an einigen Stellen wild, wie zum Beispiel in der Gemeinde Misselberg im Rhein-Lahn-Kreis, und ist dort streng geschützt. Fachleute teilen alle übrigen Narzissen je nach Gusto in vierzig bis zweihundert verschiedene Arten und zehn Sektionen ein. Noch fummeliger wird die Klassifizierung, wenn es um die mehr als 25 000 Zuchtformen geht. Hier unterscheidet man zwölf Klassen, nämlich Trompeten, großkronige, kleinkronige und gefüllt blühende Narzissen, Engelstränen, Alpenveilchen-Narzissen, Jonquillen, Tazetten, Dichternarzissen, Wildarten, geschlitztkronige sowie sonstige Narzissen. Manche Experten gestehen auch den Wildhybriden und den Zwergformen eine eigene Klasse zu. Näheres findet sich auf einer Website der American Daffodil Society: www.daffodilusa.org.

[9] Der amerikanische Autor Michael Pollan hat ein Buch geschrieben, das die Sicht der Pflanzen in den Mittelpunkt stellt (*The Botany of Desire*). Darin nennt er vier Beispiele: den Apfel, den Hanf, die Kartoffel und die Tulpe. Alle vier hätten unterschiedliche Bedürfnisse des Menschen befriedigt. Der Apfel den Hunger nach Süße, der Hanf die Sehnsucht nach dem Rausch, die Kartoffel das Bedürfnis nach Nahrung, die Tulpe das Streben als Schönheit. Der Kulturapfel Malus beispielsweise erinnert in seinen zahllosen Spielarten kaum noch an den wilden Holzapfel.

Das lässt sich auch vom Hanf sagen. Holländischen Züchtern ist inzwischen eine Kreuzung von Cannabis indica und Cannabis sativa gelungen, die unter starker künstlicher Beleuchtung innerhalb weniger Wochen zu einer kompakten Zwergform heranwächst und dabei staunenswerte Konzentrationen an Tetrahydrocannabinol produziert. Noch nie, schreibt Michael Pollan, habe er Pflanzen gesehen, die einen derart euphorischen Eindruck machten. Als dritten Kronzeugen führt Pollan die Kartoffel ins Feld. Solanum tuberosum, einst in den Anden zu Hause, hat ganze Landstriche erst bewohnbar gemacht und die Wohlstandsgrenze in den Norden verschoben. Die irische Kartoffelfäule von 1845, bei der ein Pilz die Ernte binnen Wochen vernichtete, zeigt allerdings, welches Risiko der Mensch eingeht, wenn er sich in allzu enge Abhängigkeit begibt: Eine Million Iren verhungerten, doppelt so viele wanderten aus. Ohne den Pilz sähe die Bevölkerung der Vereinigten Staaten heute anders aus. Und was wären weite Teile der Niederlande heute ohne Tulpen? Möglicherweise Meeresboden, nicht eingedeicht.

10 Man darf bei alledem nicht vergessen: Deutschland ist, was Pflanzenvielfalt betrifft, nicht gerade ein Hotspot. Weltweit kennt man rund eine halbe Million Pflanzenarten, davon sind bei uns gerade mal 2700 heimisch. Mehr als fünfzigtausend Gewächse werden allerdings in Gewächshäusern kultiviert, ein Fünftel davon wäre theoretisch imstande, im Freiland zu überleben. Was muss der potenzielle Eindringling dazu mitbringen? Im Fall des Pontischen Rhododendrons, der im 18. Jahrhundert als Zierpflanze nach Großbritannien eingeführt wurde, hat man das näher untersucht. Rhododendron ponticum wuchert heute im walisischen Snowdonia-Nationalpark auf einer Fläche von mehr als zweitausend Hektar. Alle Versuche, ihn einzudämmen, sind gescheitert. Wo er wächst, kommt nichts anderes mehr hoch, die Nahrungskette verarmt. Heimisch ist der Pontische Rhododendron rund ums Schwarze Meer. An nordeuropäische Verhältnisse hat er sich erst angepasst, nachdem er gezüchtet wurde, wobei absichtlich oder unabsichtlich Gene für eine größere Kältetoleranz eingeschleust worden sind. Trotzdem hat es mehr als hundert Jahre gedauert, bis R. ponticum zur invasiven Spezies wurde. Bei Gehölzen scheint das die Regel zu sein. Die aus Ostasien eingeführte Forsythie hat neunzig Jahre gebraucht, bis sie in Brandenburg Fuß fassen konnte. Beim Gemeinen Flieder, der aus Südosteuropa stammt, dauerte es mehr als hundert, beim amerikanischen Lebensbaum sogar mehr als dreihundert Jahre. Die Anpassung an die fremde Umgebung fällt also nicht leicht. Umgekehrt muss es bereits Nischen geben, die der Fremdling leichter erobern kann, als die heimischen Gewächse sie verteidigen können. Eine echte Bedrohung sind Neophyten in Deutschland dennoch nicht. Das sieht in anderen Gegenden der Welt anders aus. Die Waldrebe Clematis vitalba beispielsweise, die hübsche Blüten trägt, erstickt in Neuseeland ganze Baumbestände. Es gibt aber auch Neuseeländer, die den »Old Mans Beard« dekorativ finden. Und im Nationalpark Snowdonia fragen Besucher regelmäßig, ob sie Ableger haben wollen vom Rhododendron, der sich so schön vermehrt.

11 Den besten Überblick über den Stand der Forschung bekommt man in Groß Lüsewitz in der Nähe von Rostock. Zu DDR-Zeiten wurde dort ein Institut für Pflanzenzüchtung mit dem Schwerpunkt Kartoffeln gegründet. Von mehr als fünfhundert Mitarbeitern blieben nach der Wende eine Handvoll. In einem der Gebäude wurde nach der Evaluierung Deutschlands größte Kartoffelsammlung untergebracht. Rund sechstausend Muster werden hier vorgehalten, gut die Hälfte davon Kultursorten, zehn Prozent davon wiederum alte Landsorten wie die ›Magdeburger Blaue‹ oder die ›Hunsrücker Rote‹. Die andere Hälfte der Sammlung besteht aus Wildkartoffeln, die an kürzere Tageslängen in Äquatornähe angepasst sind.
Sollte sich eines Tages eine neue Kartoffelpest breitmachen, besteht die Hoffnung, dass irgendwo in den Tiefen der Groß Lüsewitzer Genbank eine Resistenz schlummern könnte.

12 In Australien und anderswo hat man Obstsalat-Bäume herangezogen, die an ein und demselben Stamm Pfirsiche, Pflaumen und Aprikosen tragen. Oder Orangen,

Mandarinen und Grapefruits. Man kann die Technik des Pfropfens sogar bei Gemüsen anwenden, die Gattung Brassica, zu der die verschiedenen Kohlsorten gehören, bietet sich an. Für Pomologen ist das Verfahren allerdings ein alter Hut. Das Umveredeln von Apfelbäumen ist ein bewährter Trick, wenn die ursprünglich gewählte Sorte nicht gefällt. Ein Beispiel findet sich in den masurischen Geschichten von Siegfried Lenz, wo ein gewisser Adam Arbatzki nach seinem Tod in einen Apfelbaum fährt, um seine junge Witwe zu quälen, und nur dadurch vertrieben werden kann, dass man ihm hier einen Haselnussast ansetzt, dort einen Lindenzweig, auch Kastanien und Kruschken, bis er sich restlos verzettelt hat.

[13] Hortensien-Neuzüchtungen, die einen »endlosen Sommer« versprechen, finden sich im Internet unter www.plantintroductions.com/home.html.

[14] Ansonsten herrscht kein Mangel an Nelken. Die britische Royal Horticultural Society nennt knapp viertausend Sorten samt Bezugsquellen, das von ihr herausgegebene International Dianthus Register listet an die dreißigtausend Eintragungen auf. Viele davon sind allerdings schon wieder verlorengegangen, so zum Beispiel die Golden-Hybrid-Serie, die der Brite Montagu Allwood in den Dreißigerjahren des vorigen Jahrhunderts schuf. Normalerweise reicht das Farbspektrum der Nelke nur von Weiß über Rosa und Rot bis ins Violette. Durch Hybridisierung kann man ihr zwar die gelbe Farbe aufzwingen, doch die Nachkommen sind in der Regel unfruchtbar. Vermehren lassen sie sich dann nur durch Stecklinge. Mittlerweile ist es aber gelungen, polyploide Exemplare mit mehrfachem Chromosomensatz zu erzeugen, die wieder Nachkommen hervorbringen.

[15] Der deutsche Kürbisrekord liegt übrigens bei 668 Kilo, der europäische bei 705, den Weltrekord halten zwei Züchter aus Kanada mit 824 Kilo. Nicht auszuschließen, dass bald die magische Grenze von einer Tonne erreicht wird.

[16] Die allgemeine Verehrung, die dem Kürbis entgegenschlägt, muss andere Gründe haben. Drall, wie er ist, geht er natürlich als Fruchtbarkeitssymbol par excellence durch. Davon zeugt eine Reihe von Bräuchen. Die Pueblo-Indianer Neumexikos legten ihren Töchtern einen Kürbis in die Wiege. In der Oststeiermark, wo man aus den schalenlosen Kernen der Varietät Cucurbita pepo L. convar. pepo var. styriaca GREB ein schwärzliches Öl presst, hat sich bis in die Neuzeit der Glaube gehalten, dass es dem Kürbiswachstum förderlich sei, wenn ihm die Bäuerin beim Setzen hin und wieder den nackten Hintern zeigt. Das steirische Kürbiskernöl wird außerdem als Mittel gegen Prostataleiden gepriesen.

[17] Auf Haiti wurden Kürbisse Anfang des 19. Jahrhunderts kurzerhand zum offiziellen Zahlungsmittel erklärt, was sich denn doch als unpraktisch herausstellte. Mit dieser einen Ausnahme scheint dem Einsatz des Kürbisses kaum eine Grenze gesetzt. Der Schwammkürbis Luffa cylindrica beispielsweise dient in umweltbewussten Kreisen als ökologisch korrekter Badeschwamm, kann aber auch als Filtermaterial für Öl und Wasser Verwendung finden, als Schockabsorber, als Schallisolationsmittel sowie als Einlage für Schuhe oder Tropenhelme.

[18] Ganz zu schweigen von Welke, Schimmel, Flecken, Schorf, Virusbefall, der Weißen Fliege, der Gurkenlaus und anderem Ungemach. Der Verein Dreschflegel und das Institut für Pflanzenbau der Universität Göttingen haben vor Jahren versucht, in Genbanken und privaten Samensammlungen widerstandsfähigere Tomatensorten zu finden. Als wirklich resistent haben sich bislang nur solche erwiesen, die den Wildtypen ähneln und vom Geschmack oder vom Ertrag her fragwürdig sind.

[19] Im Institut für Gemüse- und Zierpflanzenbau in Großbeeren bei Berlin geht man seit Jahren der Frage nach, was Tomatengeschmack überhaupt ist. Der Zucker allein, der in reifen Tomaten vorhanden sein sollte, ist es nicht. Er muss auch in einem harmonischen Verhältnis zur Säure stehen. Aber selbst das ist nur ein grobes Maß. Die eigentlichen Aromastoffe werden erst beim Kauen frei. Nur 20 Prozent davon werden auf der Zunge gespürt, 80 Prozent dagegen »retronasal« beim Ausatmen über Rachen und Nase. Alles in allem handelt es sich um mehr als vierhundert flüchtige Stoffe. Keiner davon riecht für sich allein genommen wie Tomate, die Beschreibungen reichen stattdessen von »unangenehm« und »frisch, grün, süß« bis hin zu »gekochter Kartoffel«. Das ist anders als bei Gurken, da genügt schon eine einzige Substanz namens Nonadienal, und man weiß: Das ist Gurke. Bewaffnet mit diesen Erkenntnissen hat das Großbeerener Institut Vergleichsreihen durchgeführt. Die Sorte ›Supersweet‹, eine kommerzielle Cocktailtomate, wurde mit der Sorte ›Pronto‹, einer runden Standardfrucht, sowie einer alten Landsorte aus Mexiko ins Rennen geschickt. In fast allen Punkten schnitt die Cocktailtomate am besten ab. Die schnöde Hollandtomate landete immerhin noch auf dem zweiten Platz. Die mexikanische Landsorte dagegen fiel glatt durch, ihr bitterer Ton gefiel den Testessern ganz und gar nicht. Unter dem Strich ist für den Geschmack einer Tomate entscheidend, wie viel Licht und Wärme sie tanken kann. Beurteilen lässt sich das anhand einer offiziellen Farbskala, die von eins (grün) bis zwölf (dunkelrot) reicht. Grün sollten Tomaten überhaupt nicht verzehrt werden, dann enthalten sie noch erhebliche Mengen an Solanin, einem giftigen Alkaloid, das auch durch Kochen nicht zerstört wird. Wenn in manchen Rezepten trotzdem grüne Tomaten auftauchen, ist in Wahrheit die Tomatillo (Physalis philadelphia) gemeint, eine südamerikanische Vertreterin der Gattung der Blasenkirschen.

[20] Zimen ist selbst mit einer Theorie zur Domestikation des Wolfes hervorgetreten, die nicht weniger abenteuerlich klingt. Um einen Wolf zu zähmen, sei es notwendig, ihn von der Mutter zu trennen, noch ehe er die Augen voll geöffnet hat. Zu dieser Zeit, etwa zwei Wochen nach der Geburt, sei der Welpe noch auf Milch angewiesen. Zimen spekulierte nun, dass eine Mutter, deren Säugling gestorben sei, eines Tages auf die Idee gekommen sein könnte, einen Wolfswelpen an die Brust zu legen – sei es, um den Milchdruck loszuwerden, sei es aus Kummer oder Mitleid mit dem hilflosen Wesen. Untereinander verpaart hätten solche Ziehhunde einen Stamm begründen können, der keine Fluchttendenzen mehr gezeigt und sich in den Sozialverband des Menschen eingefügt habe. Nutzen hätte der Hundswolf durch seine besondere Affinität zu Kindern haben können. Erik Zimen will beobachtet haben, dass seine halbzahmen Wölfe auffallend gern mit seinen Kindern spielten, sie sauberleckten und beschützten.

[21] Der therapeutische Segen wird häufig ins Feld geführt, den ein Hund für Herrchen oder Frauchen hat. Und der Nutzen für die Volksgesundheit, wenn der Besitzer dreimal am Tag mit dem Hund raus muss, ob er nun will oder nicht. Der Schriftsteller Midas Dekkers bemerkt dazu: »Genaugenommen ist das Pinkeln- und Scheißenlassen von Hunden unsere wichtigste Freizeitbeschäftigung an der frischen Luft geworden. Und alle tun so, als ob nichts dabei wäre.«

[22] Auf dem Hermannshof sind durch jahrelange Beobachtung drei optimierte Staudenmischungen entwickelt worden: ›Präriesommer‹, ›Indianersommer‹ und ›Präriemorgen‹. Sie eignen sich für unterschiedliche Böden, der Pflegeaufwand wurde auf die Minute und den Quadratmeter berechnet. Adressaten sind die Gartenbauämter,

die dadurch ermuntert werden sollen, das übliche trostlose Straßenbegleitgrün durch pflegeleichte Staudenpflanzungen zu ersetzen.

[23] Der bekannte Versandhändler Manufactum (»Es gibt sie noch, die guten Dinge«) wirbt für Woessners Buch mit der Begründung, es sei imstande, alle einschlägigen Zwistigkeiten über den Rosenschnitt ein für allemal zu beenden. Es zeugt nicht gerade von Praxisnähe, solche Behauptungen in die Welt zu setzen.

[24] Wobei man wissen muss, dass die Menschheit die allermeiste Zeit ihres sesshaften Lebens ohne Gartenschere ausgekommen ist. Als Erfinder gilt der französische Adelige Antoine François Marquis Bertrand-Molleville, der 1792 während der Revolutionswirren nach England floh, weil er sich den Zorn des bretonischen Volkes zugezogen hatte. 1819 erschien in der Zeitschrift *Bon Jardinier* seine Beschreibung eines »Sécateurs«, der die bis dahin übliche Hippe ablösen sollte. Letzteres ist ein plumpes Haumesser, das in seiner Urform wahrscheinlich schon in der Eisenzeit zum Einsatz kam. Mit Hilfe des Sécateur mache man »in einer Stunde, was vier erfordert, wenn man die Hippe verwendet«, hieß es lobend. Gleichwohl blieb das Publikum skeptisch, erst in der zweiten Hälfte des 19. Jahrhunderts setzte sich die Gartenschere allgemein durch. Technische Verbesserungen kamen hinzu, bis die Entwicklung mit dem Modell der Bautzener Firma Oskar Butter (1888) weitgehend abgeschlossen war; als einzige grundlegende Neuerung darf noch die Patentierung einer Gartenschere mit »ziehendem Schnitt« nach dem Amboss-Prinzip durch Walter Schröder im Jahre 1923 gelten.

[25] Eine Minze freilich konnte ich nicht ausfindig machen, obwohl sie es im kommerziellen Anbau und in den Labors der Pflanzenzüchter weit gebracht hat. Die pilzresistente Sorte M. piperita ›Todd's Mitcham‹ wurde in den Fünfzigerjahren im Rahmen des Programms »Atome für den Frieden« durch heftige Gammabestrahlung im Brookhaven National Laboratory erzeugt. So etwas will offenbar kein Normalgärtner um sich haben.

[26] Das könne nicht gut sein, fand vor einigen Jahren die englische Thymian-Spezialistin Margaret Easter, denn die beiden genannten Arten gehören nicht zur selben Sektion und kommen von Natur aus in verschiedenen Regionen vor. Sie machte sich an eine DNA-Analyse. Das Ergebnis legt nahe, dass der Zitronen-Thymian in Wahrheit doch eine eigenständige Art ist. Das x in seinem Namen kann also vermutlich entfallen.

[27] Verlässlicher in dieser Beziehung ist der Schriftsteller Andreas Maier, der die schönste Liebeserklärung an den Apfelwein geschrieben hat (www.faz.net/aktuell/reise/nah/frankfurt-das-stille-bangen-jeden-herbst-1896258.html). Auf Reisen habe er meist einen Kanister voll vom rechten Stoff dabei, nur im äußersten Notfall kaufe er ein Erzeugnis von Großkeltereien. Eigentlich lässt Maier nur Apfelwein aus Apfelweinwirtschaften gelten, die selber keltern. Wenn man es genau nimmt, sogar nur den, der vom Wirt der Sachsenhausener Gaststätte »Zu den drei Steubern« ausgeschenkt wird.

[28] Der Weinkritiker Hugh Johnson, der nebenbei auch eine lesenswerte Gartenenzyklopädie verfasst hat und über fundierte Kenntnisse auf dem Gebiet der Dendrologie verfügt, hat dem Heidegarten einmal »fade Flachheit« bescheinigt. Er könne Gärtner nicht verstehen, die jahraus, jahrein den gleichen Anblick haben wollen.

[29] Ein Auskommen bot diese grüne Hölle auf den ersten Blick nicht. Bis der Kautschuk entdeckt wurde. Die Latexmilch des Gummibaums war eine Zeitlang so wertvoll wie das Gold, das man bis dahin vergeblich gesucht hatte. Von Belem bis Manaus entstand tatsächlich für kurze Zeit ein Eldorado. Mitten im Nirgendwo ließ der amerikanische Autobauer Henry Ford eine ganze Stadt in die Höhe ziehen. Auf zehntausend

Quadratkilometern wollte er Kautschuk anbauen. 25 Millionen Dollar steckte Henry Ford in das Projekt, das zu einem Desaster führte. Während der Baum in Asien, wohin die Samen von Hevea brasiliensis heimlich geschmuggelt worden waren, tatsächlich auf Plantagen gedieh, fiel er ausgerechnet in Brasilien, wo er heimisch war, der Braunfäule zum Opfer. Am Ende revoltierten die brasilianischen Arbeiter, das Land fiel für einen symbolischen Preis an Brasilien zurück, ohne dass es je auch nur das Gummi für einen einzigen Reifen von Henry Fords T-Modell hervorgebracht hätte.

30 Gibt es gar keine Hoffnung? Doch, es gibt sie. Die Umweltökonomin Elinor Ostrom von der Indiana University in Bloomington, die für ihre Arbeit 2009 mit einem Nobelpreis ausgezeichnet wurde, hat Wirtschaftsformen wie bäuerliche Almen oder asiatische Bewässerungssysteme untersucht und festgestellt, dass sich sehr wohl lokale Formen einer Selbstorganisation bilden können, die ein Stück Land oder eine andere Nahrungsquelle im Sinne des Allmendegedankens nachhaltig nutzen. Es müssen nur klare Regeln gefunden werden, Verstöße bestraft und Fremde von der Teilnahme ausgeschlossen werden.

31 Ein lokales Beispiel für die Tragik der Allmende, das ich täglich vor Augen habe, sind die Streuobstwiesen rings um meinen Garten. Zwischen Friedhof, Steinbruch und Wald gelegen, handelt es sich um einhundert Hektar Land, auf denen annähernd achttausend Obstbäume wachsen. Vor dem Einfall der Reblaus wurde dort Wein angebaut, Alteingesessene sprechen immer noch vom »Wingert«. Die Eigentumsverhältnisse sind kompliziert. Ursprünglich teilten es sich zwei Ministerialengeschlechter, dann stritten Grafen und Kurfürsten darum, im Laufe der Zeit ging der ehemalige Weinberg teils in den Besitz der Kommune, teils in Privathand über. Grundstücke wurden verkauft, getauscht, verspielt, vererbt und wieder geteilt. Die meisten Parzellen sind im Kataster mittlerweile schmal wie ein Handtuch, manche nur zwei Meter breit. Als ich dem Nachbarn mit dem Ansinnen kam, ein Mäuerchen zu errichten, verwies er auf eine angeblich in Kanada lebende Cousine, die, weil im Besitz von acht Quadratmetern Grund und Boden, konsultiert werden müsse. Dabei sind nur wenige Grundstücke eingezäunt. Der allergrößte Teil ist offene Wiese. Wie kann ein solches Stück Land, das Hunderten von Eigentümern gehört, überhaupt noch sinnvoll genutzt werden? Gemeinsam geht das eben nur in Form einer Allmende. Auf Streuobstwiesen wurden zu diesem Zweck traditionell hochstämmige Bäume gepflanzt, unter denen Schafe weiden konnten, die von einem einzigen Schäfer betreut wurden. Konflikte kamen erst auf, als jeder seine eigene Kuh auf die Weide trieb. Die fraßen die Wiesen im Handumdrehen leer. Die meisten Ökonomen sehen darin eine Bestätigung ihrer pessimistischen Annahmen und plädieren für strikten Privatbesitz.

32 Benannt sind diese oft verspotteten Kleingärten nach dem Arzt und Pädagogen Daniel Gottlob Moritz Schreber, der sie freilich nie propagiert noch je einen zu Gesicht bekommen hat, sie wurden bloß postum so getauft. Der 1808 in Leipzig geborene Bürgersohn hatte sich vielmehr vorgenommen, künftigen Generationen orthopädisch auf die Sprünge zu helfen. *Kallipädie* hieß sein Hauptwerk. Dem verdankt er einen zweifelhaften Ruf. Denn zu seinen speziellen Erziehungsmitteln zählte Schreber eine Reihe von Apparaturen wie zum Beispiel Kinnbänder, um das Gebiss zu korrigieren, lederne Riemen, die das Kind im Bett in Rückenlage zwangen, oder eiserne »Geradhalter« für ein aufrechtes Sitzen bei Tisch. Aus heutiger Sicht sind das Folterinstrumente. Der Dortmunder Rehabilitationsforscher Christoph Leyendecker hat dazu allerdings angemerkt, dass sie im Vergleich zu dem, was andere Orthopäden zu je-

ner Zeit an Martereinrichtungen benutzten, durchaus als human gelten können. Mit Schreber selbst nahm es kein gutes Ende. In seiner geliebten Turnhalle fiel ihm eines Tages eine schwere Eisenleiter auf den Kopf. Von den Folgen hat er sich nie wieder erholt und bis zu seinem Tod unter heftigen Kopfschmerzen und der Furcht gelitten, dem Wahnsinn zu verfallen. Auch das Schicksal seiner beiden Söhne war nicht dazu angetan, seine Erziehungsmethode zu fördern. Der ältere Sohn Daniel Gustav schoss sich eine Pistolenkugel in den Kopf, weil er fürchtete, an Gehirnerweichung zu leiden. Der jüngere Sohn Daniel Paul machte zwar Karriere bis ins Amt des Senatspräsidenten am Oberlandesgericht Dresden. Doch dann setzten auch bei ihm Wahnvorstellungen ein. Seine schriftlich niedergebrachten *Denkwürdigkeiten eines Nervenkranken* inspirierten Sigmund Freud zu einer Fallstudie, die weitreichende Spekulationen über die Rolle des Vaters bei der Entstehung von Kastrationskomplexen zur Folge hatten. Nur wie gesagt: Mit dem Kleingarten hat das überhaupt nichts zu tun.